나는 오늘도 행운을 준비한다

.

일과 사랑,
삶을 변화시키는
행운의 과학

제니스 캐플런,
바나비 마쉬 지음
김은경 옮김

HOW
LUCK

나는 오늘도 행운을 준비한다

HAPPENS

WINNER'S BOOK

나는 오늘도 행운을 준비한다

초판 1쇄 발행　2020년 1월 25일

지은이 ｜ 제니스 캐플런, 바나비 마쉬
옮긴이 ｜ 김은경
발행인 ｜ 홍경숙
발행처 ｜ 위너스북

경영총괄 ｜ 안경찬
기획편집 ｜ 안미성, 문예지

출판등록 ｜ 2008년 5월 2일 제2008-000221호
주소 ｜ 서울 마포구 토정로 222, 201호(한국출판콘텐츠센터)
주문전화 ｜ 02-325-8901
팩스 ｜ 02-325-8902

디자인 ｜ 어나더페이퍼
지업사 ｜ 월드페이퍼
인쇄 ｜ 영신문화사

ISBN　979-11-89352-21-9　(03320)

이 도서의 국립중앙도서관 출판예정도서목록(CIP)은 서지정보유통지원시스템 홈페이지(http://seoji.nl.go.kr)와
국가자료공동목록시스템(http://www.nl.go.kr/kolisnet)에서 이용하실 수 있습니다. (CIP제어번호 : CIP2019053452)

우리는 행운을 얻고자 할 때,
삶에 많은 역할을 하게 될 것이다.

— 애덤 그랜트 —

할리우드에 가면 스타덤에 오를 행운을 기다리며 우버 (Uber, 일반 승객이 개인이 등록한 차를 콜택시처럼 이용할 수 있는 서비스 – 역주) 차를 운전하거나 태스크래빗(TaskRabbit, 단기 일자리를 중개해주는 업체 – 역주)을 통해 일하는 사람들을 쉽게 만나볼 수 있다. 이 가운데 대학에서 연극을 전공했거나 지방에서 제작된 뮤지컬 〈렌트〉에서 주연을 맡은 사람들도 많다. 그들은 누군가 자신의 재능을 알아봐주기를 바라고 있다.

"행운이 찾아올 기회를 스스로 만들어야 해요." 어느 따스한 저녁, LA 선셋 대로에 위치한 한 카페에서 만난 빨강머리의 캐시가 눈빛을 반짝이며 말했다. 캐시는 카운터 뒤에서 자신의 주특기를 발휘해 보드카에 라임주스와 진저비어를 섞어 모스코우뮬Moscow mule 칵테일을 만들고 있었다. 하지만 캐시는 완벽한 칵테일을 만들겠다는 일념으로 일하는 것이 아니었다. 캐시는 최근에 대학 졸업 후 할리우드 입성을 목표로 서쪽 지역에서 낡은 기아 차로 자그마치 2천 마일을 달려 이곳에 왔다는 말을 해주었다. 그러면서 이제 자신을 스타로 만들어줄 행운의 만남을 기다리고 있다고 했다.

"그저 속으로 해리슨 포드만 되뇌고 있어요." 캐시가 말했다.

그렇다, 행운의 사나이 해리슨 포드Harrison Ford 배우의 초기 시절 경험담은 영화 〈인디아나 존스〉로 그가 이룬 업적만큼이나 배우 지망생들 사이에선 전설로 남아있다. 포드는 1960년에 로스 앤젤레스에 처음 도착했을 때 연기로 이렇다 할 주목을 받지 못했기에 목수 일을 시작했다. 그러다 한 젊은 신인 감독이 자기 집의 수납장 제작을 포드에게 의뢰했다. 이를 계기로 서로 친해지자 이 감독은 자신이 촬영하는 저예산 단편 영화에서 포드에게 역할을 주었다. 여섯 곳의 영화사에서 거절당했던 이 영화는 예상치 못한 흥행을 거두었다.

코미디 성장물 〈청춘 낙서〉가 바로 그 영화다. 조지 루카스 George Lucas 감독의 이름은 아마 한 번쯤 들어봤을 것이다. 몇 년 후 루카스는 여러 영화사에서 흥행을 믿지 않았던, 또 다른 앞선 영화 〈스타워즈〉를 만들었고 여기에 자신의 새로운 친구 포드를 캐스팅했다.

"그러니까 이 바에서 캐시 씨의 조지 루카스를 발견할 거라고 생각하시는 거예요?" 나는 캐시가 내 잔을 다시 채워줄 때 물었다.

"그럼요." 캐시가 활짝 웃으며 말했다.

하긴, 그러지 못할 이유가 어디 있겠는가? 캐시는 행운을 거머 쥐겠다고 많은 제작자와 감독이 사는 할리우드힐스의 외곽으로 이전한 사람이었다. 어쩌면 캐시가 상대할 다음 번 남자 손님은 그녀의 잠재력을 알아볼, 파라마운트 영화사의 경영진일지도 몰 랐다.

포드는 루카스와의 우연한 만남이 일련의 인연으로 이어지면서 당대 최고의 스타가 되었다. 그 수납장이 아니었다면 포드가 〈스 타워즈〉로 세계적인 스타가 되는 일도 없었으리라. 그랬다면 다른 배우가 카보나이트 덩어리에 꽁꽁 얼리는 한솔로 역할을 맡았을 것이다.

우연한 사건이 경력에 엄청난 영향을 끼칠 수 있다는 생각은 고무적이면서도 맥 빠지게 만들기도 한다.

'내게도 그런 일이 일어날 수 있어!'

'하지만 나한텐 그런 일이 안 일어나면 어쩌지?'

할리우드를 비롯한 여러 지역에 사는 많은 사람들이 자신의 행 운은 자신이 만드는 것이라고 믿는다. 이런 연유로 시나리오 작가 지망생들은 자신이 쓴 대본을 항상 갖고 다니며 호의적인 사람에 게 보여줄 준비를 한다.

환한 미소로 활발하게 수다를 떨며 실내를 바쁘게 오가는 캐시 를 보고 있자니 언젠가 영화관 스크린에서 그녀를 볼 수도 있겠다는 생각이 들었다. 하지만 캐시에겐 한 번의 우연한 만남에 대한 기대 외에 무언가가 더 있었다. 그녀는 할리우드로 거처를 옮겨 그 바에서 일하면서 나와 같은 사람들과 이야기를 나누며 자신의 기회를 만들고 있었다. 자신의 행운을 만들기 위해 모든 노력을 기울이고 있었다.

우리는 내 친구가 도착할 때까지 좀 더 수다를 떨었다. 캐시는 내가 한때 TV 방송 제작자에, 재미있고 흥미로운 경력의 소유자라는 사실을 알게 되었다. 캐시는 저녁 늦게 우리 테이블에 계산서를 놓아주면서 이렇게 물었다. "제가 행운의 주인공이 되는 방법에 대해 조언해주실 게 있나요?"

"그런 주인공이 될 거예요." 나는 격려하듯 말했다.

나는 후한 팁을 놔두고 그곳을 나왔다. 머릿속에서 좀 더 심오한 질문이 맴돌았다.

캐시를 포함하여 우리는 행운의 주인공이 되기 위해 무엇을 할 수 있을까? 물론 우연한 기회가 삶에 큰 영향을 끼치기도 하지만 그렇다고 행운을 마냥 기다릴 수만은 없는 일이다. 제대로 된 행동을 취하고 자신이 통제할 수 있는 부분은 통제를 해야 한다.

미국 시인 에밀리 디킨슨Emily Dickinson이 쓴 시가 생각났다. '행운은 우연이 아닌 노고의 결과요, 운명의 값진 미소는 노력으로 얻는 것이니…' 나는 항상 이 시구가 마음에 들었다. 그런데 문득 로스앤젤레스의 따스한 밤에 내 차가 주차되어 있는 쪽으로 걸어가면서 이런 궁금증이 피어올랐다. 운명의 값진 미소를 얻으려면 어떻게 해야 할까? 어떻게 해야 자기 자신의 행운을 만들어낼 수 있을까?

뉴욕으로 돌아와 친구 바나비 마쉬와 함께 차를 마시는 동안에도 그 질문이 머릿속에서 떠나지 않았다. 옥스퍼드 대학교 로즈 장학생(옥스퍼드 대학에서 매해 미국, 독일, 영연방의 유학생들에게 수여하는 장학금 - 역주) 출신인 바나비는 진한 차와 스콘을 여전히 좋아했고 나는 그와 함께 차 마시는 시간이 항상 좋았다. 40대 초반으로 특이하고 독창적인 생각을 잘하는 바나비는 프린스턴 고등 연구소Institute for Advanced Study와 하버드 대학의 진화 동학 프로그램Program for Evolutionary Dynamics의 연구원이다. 말하자면 그는 내가 뭔가를 알아내려고 할 때 자문과 조언을 구할 수 있는 사람이다.

그래서 나는 바나비에게 캐시에 대한 이야기를 해주고 해리슨 포드와 관련해 수수께끼 같은 질문을 던졌다. "지금은 유명해진 이 배우가 만일 조지 루카스를 만나지 못했더라면 여전히 망치와 못을 사용해 생계를 이어가고 있을까요?"

바나비는 그 문제를 생각하며 허공을 응시한 채 잠시 미동도 없이 앉아있었다.

마침내 그가 입을 열었다. "이건 복잡한 문제예요. 루카스와의 만남 같은 뜻밖의 일이 삶에 큰 영향을 끼칠 수 있어요. 하지만 그런 상황에 맞는 적절한 요소들을 충분히 갖추었다면 잘 된 것이 순전히 우연 덕분이라고만 할 수는 없는 거예요."

그 말은 고무적으로 들렸다. 나는 행운을 만들어내는 그러한 적절한 요소들은 과연 무엇일까 생각했다. 당연히 재능은 그 가운데 하나일 터였다. 노력도 여기에 포함될 테고.

"캐시에게 어떤 조언을 해줄 수 있을 것 같아요?" 내가 물었다.

바나비는 생각에 잠긴 듯했다. "저라면 행운은 자신이 발견되기를 기다리며 우리 주변에 존재하고 있다는 말을 해줄 것 같아요. 하지만 대부분의 사람들은 그것을 모르고 지나치고, 손에 넣을 수 있다는 사실을 깨닫지 못하죠. 우리가 어디를 봐야 하는지 알기만 한다면 이 세상에는 모두를 위한 충분한 행운이 존재해요."

그렇다면 우리는 왜 그토록 그걸 못 보는 걸까? 바나비는 생물학적 측면에서 인간의 주의 집중 범위가 생존에 필요하지 않은 것을 걸러내게끔 만들어졌다고 과학적으로 설명했다. 그러면서 이제 우리가 그러한 본능을 뒤집어 모든 것을 주의력 안으로 끌어들이는 법을 배울 필요가 있다고 말했다.

"기회는 우리 도처에 널려있기 때문에 그것을 보는 법을 배워야만 해요. 스스로 운 좋은 사람이 되는 방법은 누구에게나 존재하거든요."

바나비는 배우가 되고 싶었던 해리슨 포드도 그렇고, 진정한 사랑을 찾고 싶어 하는 젊은이도, CEO가 되고자 하는 기업 임원도,

삶에서 일어나는 일들을 그들이 생각하는 것보다 더 많이 통제할 수 있다고 확신했다. 흔히 우리는 자신이 한 행동으로 말미암아 얼마나 많은 일이 발생하는지 알아차리지 못한다. 때로는 우리가 심은 기회의 씨앗이 몇 주 후나 몇 달 후 혹은, 몇 년 후에야 행운으로 피어난다. 이때 다른 사람들 눈에는 이것이 우연으로 보이는 것이다. 하지만 이 일을 발생시킨 장본인은 우리 자신이다. 이를 계획된 행운이라 불러보자.

바나비는 옥스퍼드 대학에서 리스크에 대한 연구를 해왔고 고등 연구소에서는 행운의 이론적 개념을 연구하고 있다고 했다. 그는 학문적 연구를 통해 행운의 과학을 새롭게 발전시키는 과정에 있었다.

"나한텐 행운 연구실이 있어요." 그가 미소를 지으며 말했다.

나는 그의 이론적 연구를 기반으로 내 실용적인 접근법을 더한다면 우린 훌륭한 팀을 이룰 수 있겠다는 생각이 들었다. 우리는 다음 해에 사랑, 일, 가족, 재정에 이르는 행운의 모든 측면을 함께 탐구해보기로 했다. 바나비는 나의 안내자가 되어줄 터였다. 우리는 어떻게 행운의 주인공이 될 수 있는가라는 캐시의 질문에 해답을 찾기 위해 매주 만나기로 했다.

그렇게 해서 우리가 궁극적으로 찾아낸 결과에 우리 두 사람은 내심 놀랐다. 우리는 캐시를 행운의 주인공으로 만들어줄 것이 마법이나 뜻밖의 운도 아니고 말편자(예로부터 말편자는 행운을 상징한다 - 역주)를 문지르는 일도 아니며 바로, 적절한 행동들을 취하는 일이라는 사실을 발견했다. 이제, 이러한 발견을 하게 된 흥미로운 여정에 동참해주시길 바란다. 우리가 발견한 접근법은 행운을 안겨줄 것이다.

캐시와 바나비와 나와… 그리고 여러분에게.

1부

모든 행운의 시작점은
행동이다

행운이란
준비가 기회를 만났을 때 발생되는 현상이다.
세네카Seneca

HOW

LUCK

HAPPENS

1장 모든 성공은 준비에서 시작된다

기회에 열린 마음이 되어라…
필요한 정보를 습득하라…
우연, 재능, 노력의 교차점으로 운전해가라.

프린스턴 고등 연구소에 위치한 바나비의 행운 연구실은 뉴저지 프린스턴의 나무들이 아름답게 우거진 한적한 들판에 위치해 있었다. 행운을 만드는 과학을 폭넓게 생각하기엔 더없이 좋은 장소였다. 바나비는 알베르트 아인슈타인Albert Einstein이 자신의 유명한 이론들을 생각할 때 이처럼 나무가 늘어선 길을 거닐었다고 말했다. 우리는 우리의 새로운 생각들이 상대성 이론에 지장을 주지 않더라도 사람들이 행운에 대해 생각하는 방식에 변화를 주기를, 사람들의 미래에도 변화를 줄 수 있기를 바랐다.

전날 밤에 폭우가 쏟아졌던 터라 젖은 땅이 햇볕에 아직 다 마르지 않았다. 나는 물웅덩이를 빠르게 피하면서 이런 말을 했다. 내가 전작 《감사하면 달라지는 것들》을 쓰면서 사람들은 자신이 아는 것보다 더 많이 자신의 행복을 조절할 수 있다는 사실을 배웠다. 또한 수많은 사람이 예전보다 행복한 삶을 꾸려나가는 데 그 책이 고무적인 역할을 했다는 사실에 더없이 기뻤다. 어떤 상황에서도 자신을 운 좋은 사람으로 만드는 방법을 이해하는 것도 이와 비슷한 효과를 내리라는 느낌이 들었다.

"더 나은 인생을 만들고 싶어 하고, 만사가 자기 뜻대로 되지 않는 이유가 궁금한 사람들에게 자기 몫의 행운을 붙잡을 수 있게 해주겠죠." 바나비가 말했다.

우리는 행운이 무작위 확률과 같은 우연이 아니라는 데 동의했다. 당신의 미래를 결정하기 위해 동전을 열 번 던진다면, 당신은 우연에 의존하는 것이다. 그리고 대부분의 사람들은 이 행동이 상당히 어리석다고 생각할 것이다. 만일 당신이 사람들과 소통하고 자신을 준비하며 기회를 찾는 중에 우연처럼 보이는, 예기치 못한 일과 맞닥뜨렸다면 스스로 행운을 만들고 있는 것이다. 우리가 해야 할 일이 바로 이것이다.

"행운은 제로섬(zero-sum, 전체 이익이 일정하여 한쪽이 이득을 보면 다른 한쪽이 손해를 보게 되는 상태 – 역주) 게임이 아니에요. 사람들이 행운을 어디서 어떻게 찾아야 하는지 안다면 모두를 위한 충분한 행운이 존재하거든요."

바나비는 행운이 수동적으로 주어지는 것이 아니라는 증거가 분명히 존재한다고 생각했다. 그러니까, 행운을 얻으려면 어떤 행동이 필요하며 우연처럼 보이는 많은 사건이 결과적으로 보면 그렇게 우연은 아니라고 생각했다. 그는 행운의 근본적인 역학을 이해하면 예전에는 우연, 운명, 혹은 달의 위상에 따라 달라지는 것으로 보였던 삶의 여러 측면을 통제할 수 있다고 확신했다. 우리는 심리학, 행동 경제학, 수학, 신경 과학 분야에서 최근에 발견된 사실들과 통찰력을 이용하여 함께 연구하기로 했다.

"우리는 완전히 새로운 영역의 출발점에 있어요. 연구 결과를 찾기보단 우리가 연구 결과를 만들어내야 할 거예요." 그가 말했다.

행운 연구실은 그 일을 하기에 적합한 장소였다. 바나비가 연구자로 있는 프린스턴 고등 연구소는 굉장한 아이디어를 내는 곳으로 유명하기 때문이다. 과거 수년 동안 이곳은 전 세계 천재들을 끌어들였다. 아인슈타인과 같은 위대한 수학자이자 철학자인 쿠르트 괴델Kurt Gödel은 고등 연구소 교수였고, 초기 컴퓨터 과학자이자 게임 이론 선구자인 존 폰 노이만John von Neumann 역시 그랬다. 로스앨러모스 국립 연구소Los Alamos National Laboratory에서 최초로 원자 폭탄을 개발한 것으로 알려진 이론 물리학자J. 로버트 오펜하이머J. Robert Oppenheimer 역시 오랫동안 고등 연구소 소장으로 지냈다.

바나비와 나는 우리가 이 프로젝트를 맡기에 적절한 팀이라고 느꼈다. 우리의 배경과 삶의 경험은 서로 많이 달랐다. 나는 뉴욕 시에서 기자, 잡지 편집자, TV 방송 제작자로 경력을 쌓았고 잘생긴 의사 남편과 멋진 두 아들을 키우고 있었다. 바나비는 알래스카에서 다섯 형제의 맏이로 자랐고 홈스쿨링을 하며 대체로 독학을 했다. 많은 시간을 야외에서 보냈고 대학에 들어갈 때까지 교실이라는 곳에 가본 적이 없었다. 그는 대학에 들어간 후 전 세계를 돌아다니며 학문적으로도, 직업적으로도 많은 경험을 했다. 특이하고 독창적인 생각을 하며 내가 만난 그 누구보다 인맥이 광범위하다. 최근에 그는 아내 미셸과 두 어린 딸과 뉴욕시에 정착했다. '정착'은 그에게 결코 어울리지 않는 말이지만 말이다.

우리는 행운에 대한 우리의 연구가 강력하고 획기적인 영향을 줄 수 있기를, 사람들이 자신의 삶과 경험을 새롭게 바라볼 수 있는 계기가 되기를 바랐다. 바나비는 이미 예전부터 기회, 위험, 노력과 관련한 전략들에 대해, 이러한 요소들이 미래를 변화시키는 능력에 어떤 영향을 주는지에 대해 생각을 해왔다. 모두 상당히 박식하고 현명한 생각이었기에 나는 좀 더 실용적으로 접근하여 이러한 이론들이 일상에 어떻게 적용되는지 알아보면 될 것 같았다.

바나비는 매주 월요일과 화요일에 그 최고의 상아탑으로 도피하여 개념적 모델을 만들고 모든 상황에 적용되는 행운 이론을 개발하는 데 힘썼다. 직업을 구하든 짝을 찾든 혹은, 진화 경쟁에서 한 종으로서 살아남기 위해 애쓰든지 간에 말이다. 우리는 수요일마다 만나서 그러한 주제로 대화를 나누었다. 나는 그 과정에서 사람들이 의식적으로든 무의식적으로든 스스로 행운을 만들 수 있는가와 관련해 좋은 예가 될 여러 교수와 기업가와 명사를 찾아냈다.

한 해의 끝자락에 우리는 행운의 주인공이 되려면 어떻게 해야 하는지 정확히 알게 될 터였다. 우리는 새롭게 발견한 행운의 과학 안에 삶의 모든 측면에서 상황을 더 좋게 만들어줄 간단한 원리가 담겨있을 것으로 예상했다.

"이론도 이론이지만 원하는 삶을 창조하기 위해 취해야 할 올바른 행동을 이해하는 것도 중요해요." 바나비가 말했다.

우리는 대화에 너무 몰두했던 터라 길 위를 미끄러지듯 걸어가며 얼마나 진흙투성이가 되었는지 알아차리지도 못했다. 대화 끝 무렵엔 내 캔버스화가 완전히 축축해지고 진흙으로 뒤덮였다.

"행운은 상당 부분 개인의 관점에 달려있다는 점에선 감사와 비슷할 수도 있어요." 나는 우리가 숲길에서 나왔을 때 말했다.

"우리가 흥미로운 생각과 멋진 계획을 공유했다는 점에서 이 산책이 행운의 산책이었다는 생각이 드네요. 누군가는 제가 이 신발을 버릴 수밖에 없으니 운 없는 산책이었다고 생각할지도 모르지만요."

그가 미소를 지었다. "과학이란 대의를 추구하다 보면 희생이 뒤따르기 마련이죠."

나는 진흙이 묻은 발을 내려다보았다. 어떻게 보면 행운은 새로운 기회를 찾는 것과 관련이 있었다. 이에 비한다면 새로운 신발을 찾는 일은 그리 어렵지 않으리라.

우리가 프린스턴에서 돌아온 지 이틀이 지난 후 바나비는 우리의 기본 이론이 실제로 어떻게 작용하는지 알아보기 위한 시도를 해보는 것이 어떠냐고 제안을 했다. 자신의 행운은 자신이 만든다는 우리의 이론이 맞는다면 나는 특정한 하루 동안 운을 좋게 만들기 위해 노력할 수 있는 걸까?

이 실험을 위해 방정식이 가득 써진 칠판 같은 건 필요하지 않았다. 그저 나의 행운을 만들어내기 위해 노력만 하면 되었다.

실험을 하기로 한 날은 그리 흥미로운 날이 될 것 같진 않았다. 그 날은 오전에 몇 가지 볼일을 보고 펜실베이니아 역으로 가서 기차를 타고 멋진 시어머니를 뵈러 갈 예정이었다.

"이 일정 가운데 행운이 발생할 것처럼 보이는 부분이 있어요?" 내가 바나비에게 물었다.

더욱이 그날은 5월 13일 금요일이었다. 그러니 하늘에서 황금 같은 기회가 떡하니 떨어질 가능성과는 거리가 먼 날이었다.

하지만 바나비는 내게 그 날을 평소와 좀 다른 관점으로 시작해보라고 했다. 그러면서 행운을 위한 기본적인 지침을 알려주었다. 그건 바로 내가 마음의 문을 열고 어떤 일이든 할 준비를 하며 예상치 못한 일을 시도해야 한다는 점이었다.

"그렇게 하면 행운이 제게 비처럼 쏟아질까요?" 나는 의구심을 내비치며 물었다.

밖에선 이미 세찬 비가 내리고 있었기에 해가 모습을 드러낸다면 더 좋을 것 같았다. 하지만 도전은 도전이었기에 나는 강한 흥미를 느꼈다.

우체국과 드러그스토어 방문과 함께 나의 하루는 평범하게 시작되었다. 뒤이어 나는 펜실베이니아 역으로 향했다. 시간이 많이 남아 오전 10시 15분 행 기차를 타기엔 너무 일찍 도착했다. 펜실베이니아 역은 우중충하고 을씨년스러웠기에 그곳에 오래 머물면 행운이 전혀 깃들지 않을 것 같았다.

하지만 무엇이든 할 마음의 준비를 하라는 조언에 따라 열차 시간표를 훑어보았다가 더 일찍 출발하는 9시 46분 행 기차가 있다는 사실을 알게 되었다. 그 기차를 타기에는 시간이 촉박했다. 하지만 시도하지 못할 이유는 없지 않은가?

내가 게이트로 달려갔을 때 이상하게도 위로 올라가는 에스컬레이터만 있고 내려오는 것은 없었다. 나는 근처에 있는 보안요원에게 급히 달려가 어떻게 해야 하는지 물었다.

"저 반대편으로 가서 계단으로 가셔야 합니다." 그가 말했다.

나는 순간적으로 낭패감을 느꼈다. 기차는 약 일 분 후에 출발하는데 반대편 구역은 너무 멀어 보였다. 하지만 고등학교 때 코치가 "되든 안 되든 해보는 거야!"라며 힘을 북돋아주던 말이 생각났다. 그래서 반대쪽으로 달려가 계단 아래로 힘차게 내려가서 문이 닫히기 직전에 기차에 올라탔다.

'정말 운이 좋은데!'

나는 승리감에 휩싸였다. 작은 승리였지만 어쨌든 내가 해낸 일이었다. 이게 행운의 비결이란 말인가? 생각보다 내가 상황을 더많이 통제할 수 있다는 사실이?

일주일 전에도 나는 이와 비슷한 상황에 놓였지만 지금처럼 애써 달리지 않았다. 그때 기차 문은 내 면전에서 말 그대로 쾅 닫혔다. 그때는 운 없는 날로 느껴졌는데 지금 상황은 훨씬 더 긍정적으로 보이는 것이었다.

기차 탑승에 성공하자 자신감이 솟구치는 기분이 들었다. 나는목적지에 예상보다 일찍 도착했으며 비도 이미 그친 상태였기에시어머니가 사시는 아파트까지 택시를 타지 않고 여유롭게 걸어갔다. 우리는 음식점으로 점심을 먹으러 가서 종업원과 기분 좋게한담을 나누었다. 나는 종업원에게 메뉴에 없던 샐러드를 갖다주어 고맙다고 말하고 하루 동안 운 좋은 일들을 만들기 위해 노력하고 있다고 털어놓았다. 그녀는 초 하나가 꽂힌 초콜릿 컵케이크를 후식으로 갖다주었다.

"이건 저희가 그냥 드리는 거예요. 행운의 날은 마땅히 축하해드려야죠." 그녀가 말했다.

더 일찍 출발하는 기차에 올라타고 초콜릿 컵케이크를 무료로받은 것은 무슨 엄청난 사건은 아니었다. 하지만 13일의 금요일에이러한 일들은 분명 행운을 믿게 해주었다.

나는 다음날 바나비에게 이 이야기를 해줄 때 놀라우면서도 어리둥절한 기분을 느꼈다. 나는 행운이란 하늘에서 뚝 떨어지는 마법의 힘이나 신비한 힘이 아니며, 적어도 어느 정도는 스스로 만들어낼 수 있는 것이라는 사실을 믿기 시작했다. 이러한 사실을 깨닫자 상당히 놀라웠다. 사실 대부분의 우리들은 행운이 발생하도록 적절한 조치를 취해야 하는데도 가만히 앉아서 행운이 찾아오기를 바라지 않는가 말이다. 독설로 유명한 오스트레일리아 소설가 크리스티나 스테드Christina Stead는 "자수성가한 사람이란 행운도 믿고 자식도 옥스퍼드 대학에 보내는 사람이다"라는 말을 했다. 다시 말해, 인생에서 우연은 일정한 역할을 해도 전부는 아니라는 것이다. 행운이 일어나기 위한 기반은 우리의 행동으로 만들어진다. 그러니까, 우리가 어떤 노력을 기울이는가, 누구에게 말을 하는가, 기차를 잡기 위해 얼마나 빨리 달리는가에 따라 만들어진다.

만일 행운이 우리 주위에 존재하며 자신이 발견되기를 기다리고 있다면 우리는 그것을 그냥 지나쳐 걷거나 차에 탄 채 쌩하고 지나가면 안 된다. 일반적으로 행운은 우리가 언뜻 생각하듯 무작위로 발생하는 것이 아니다. 물론 누구나 공평한 운명을 타고나지 않으며 어떤 선택 안은 우리의 통제 영역을 벗어난다는 점은 사실이다. 나는 내가 성공하길 바라시는, 미국 중산층 부모로부터 태어났다. 세계의 역사에 비추어볼 때 이는 믿기 어려울 만큼 엄청난 특권임이 분명하다. 하지만 출발점이 어떠하든, 자신이 살고 싶은 곳이 어디가 되었든지 간에 운의 역학을 이해한다면… 자신의 운을 바꿀 수 있다.

"행운을 발견해서 그것을 스스로 붙잡고 친구들과 나눌 수 있다니까요!" 바나비가 내게 말했다.

행운을 만들려면 우선 올바른 정보가 필요하다. 그래야 올바른 행동을 하기 위한 준비를 할 수 있기 때문이다. 제대로 된 조치를 알면 자신이 통제하지 못하는 힘에 시달리는 것을 피할 수 있고 삶의 좀 더 많은 측면에 스스로 영향력을 행사할 수 있게 된다. 흔히 우리는 미래에 대해 우리 자신이 아는 것보다 더 많은 통제력을 지니고 있다. 나는 행운의 날들이 오기를 기다릴 필요 없이 내가 그러한 날을 만들 수 있다는 생각에 흥미진진함을 느꼈다.

바나비와 나는 전국적 규모의 설문 조사로 우리의 프로젝트를 시작하기로 했다. 폭넓고 통계적으로 유의한 조사가 되어야 했기에 우리는 신중하게 준비했다. 조사 결과가 나왔을 때 우리는 놀라면서도 기뻤다. 정확히 조사 참여자 가운데 82퍼센트의 사람들이 삶에서 자신의 운에 자신이 어느 정도 혹은 상당 부분 영향을 끼친 것으로 믿는다고 응답했다. 자신이 무엇을 하든지 간에 운을 바꾸지 못했다고 응답한 사람들은 5퍼센트에 지나지 않았다. 그러니 스스로 행운을 만들 수 있다는 우리의 믿음은 우연한 일들이 발생할지라도 삶이 자신의 통제력을 벗어나 있는 것은 아니라는 미국인들의 전반적인 태도와 잘 맞아 떨어진다. 우리는 그저 올바른 접근법을 알면 된다.

이러한 올바른 접근법을 발견하는 일이 우리의 큰 과제였다. 모든 세부적인 요소들을 꼼꼼히 살펴봐야 하기 때문이다. 위대한 과학자 루이 파스퇴르Louis Pasteur는 "행운은 준비된 사람에게 주어진다"고 말한 적이 있다. 현명한 말이지만 그는 여기서 준비가 어떤 것인지는 언급하지 않았다. 그래서 우리는 이러한 공백을 메우고자 행운을 맞이할 준비를 위한 단계적 과정을 알아내기로 했다.

친구 리즈는 내가 스스로 행운을 만드는 방법을 배워가고 있다고 말하자 복권을 샀느냐고 곧바로 물었다. 하지만 남은 인생에서 복권은 행운을 얻기 위한 좋은 방식이 아니다. 복권은 로마 제국 시절부터 존재해왔고 수많은 구매자를 그리고 몽상가를 현혹시키지만 사실 사람들의 돈과 희망을 모으는 게임에 지나지 않는다. 일단 복권을 사면 나머지는 온전히 우연의 몫이다. 우리에게 승산은 없으며 우리가 할 수 있는 일도 없다.

인생에서 자신이 진정 운이 좋다고 느끼게 하는 좋은 직업, 행복한 가정, 성공했다는 기분 등 여러 측면을 살펴보면 인생은 복권과 전혀 거리가 멀다. 우연이 우리의 삶에 영향을 끼치고 말로 쉽게 설명되지 않는 뜻밖의 사건이 발생하기도 하지만 우연은 행운이라는 그림에서 한 요소에 지나지 않는다. 만일 행운을 오로지 우연한 사건으로만 생각한다면 중요한 사실을 놓치고 있는 것이다. 행운을 거머쥐려면 자신이 통제하지 못하는 부분은 제쳐놓고 순전히 자신의 통제 영역에 있는 부분에 초점을 맞추어야 한다.

바나비는 내가 다음번에 행운 연구실을 방문했을 때 수학 도서관으로 나를 데려갔다. 그는 거기서 연구하는 것을 좋아했다. 도서관 서고는 환하지 않은 경우가 많은데 그가 좋아하는 테이블은 햇빛이 쏟아져 들어오는 퇴창 옆에 있었다. 더욱이 아인슈타인이 썼던 연구실이 아래층, 우리 자리 바로 밑에 있었다.

과거의 천재에 대해 이야기하다 영감을 얻은 우리는 우리가 아는 성공한 사람들에 대한 이야기를 나누며 그들을 행운의 주인공으로 만들어준 요소들을 열심히 찾아보았다. 지성, 결단력, 열정, 독창적 사고 같은 특정한 특징들은 모두에게 발견되었다. 때로는 절호의 타이밍 같은 우연이 그들에게 영향을 주기도 했지만 우연 그 자체로만 영향을 끼친 것은 아니었다.

바나비는 전국적인 조사를 실시한 것 외에도 행운과 관련한 질문지를 수백 명의 로즈 장학생에게 보냈다. 우리는 그들의 대답을 살펴보기 시작했다. 예상치 못한 사건이 자신의 삶에 영향을 주었다고 응답한 사람들이 많았다. 이를테면 해외여행을 하다가 일자리를 구한 일이나 재단에서 보조금을 받게 된 일이나 저녁 식사 자리에서 옆에 앉았던 투자자가 회사 창업에 도움을 준 일 등이 그러했다.

'뜻밖의 행운!!!' 한 사람은 이렇게 썼다.

하지만 뜻밖의 행운으로 보이는 일도 조금만 추적해보면 흔히 확실한 근거가 존재한다. 가령, 투자자를 만났던 이는 애초에 흥미로운 아이디어를 생각해냈었고 자기 말에 귀 기울이는 사람들에게 상세히 이야기를 하던 사람이었다. 그의 생각에 깊은 인상을 받은 한 동료는 그를 저녁 식사에 초대했다. 운이 좋은 걸까? 이는 우연한 일인가? 꼭 그렇지는 않다. 나는 사람들이 자신의 행운을 만들 때 하는 역할을 살펴보다 간단한 공식이 떠올랐다.

"진정한 행운은 우연, 재능, 노력의 교차 지점에서 발생돼요." 내가 말했다. 바나비는 생각에 잠긴 표정으로 고개를 끄덕거렸다. "훌륭해요. 우연과 재능과 노력." 그는 미소를 살짝 짓더니 덧붙여 말했다. "약간 시적이지만 훌륭해요."

우리는 시적인 공식에 과학적 요소를 가미하기 전에 각각의 요소들을 정의할 필요가 있었다. 우선, 우연은 제쳐놓고 나머지 두 가지 요소에 초점을 맞추었다.

노력은 누구나 기울일 수 있는 것이고 놀랍게도 재능 역시 누구에게나 있는 것이다. 행운을 손에 쥐기 위해 비욘세Beyonce처럼 노래해야 하거나 메릴 스트립Meryl Streep처럼 연기할 줄 알아야 하는 것은 아니다. 재능에는 누구나 계발할 수 있는 요소들도 포함되기 때문이다. 이를테면 기회에 대한 열린 마음, 모험을 감수하려는 의지, 다른 사람들과 다르게 생각하는 능력, 심지어 긍정적인 태도가 그렇다. 우리는 올바른 접근법을 쓴다면 우연, 재능, 노력이 행운의 방향으로 결합하도록 만들 수 있으며 그 결과 삶의 모든 부분에서 좀 더 행운을 누릴 수 있다.

나는 운 좋았던 13일의 금요일에 이러한 기본적인 원리를 분명하게 느꼈다. 일찍 출발하는 기차에 타겠다는 면밀한 준비와 시도하려는 의지가 행운에서 노력이라는 요소에 해당된다. 종업원에게 말을 걸어 감사를 표하고 친절함을 보여준 긍정적인 태도는 컵케이크를 얻는 행운에 일조한 기술이다.

행운의 세 가지 요소가 손잡이를 당기면 세 가지 그림이 죽 나열되는 전형적인 슬롯머신 같다는 생각이 들기 시작했다. 사람들은 체리 그림 세 개가 나란히 나오기를 기다리는 것에 중독된다. 심리학자들은 이를 '변동 비율 강화(variable ratio reinforcement, 승리의 불확실성과 불규칙성 때문에 행동이 강화되는 현상 – 역주)'라 부른다. 사람들은 언제 보상을 받을지 모르기 때문에 손잡이를 잡아당길 때마다 보상이 주어지길 기대하며 계속 시도하게 된다.

이는 현실에서도 일어나는 현상이다. 우리가 새로운 직장이나 새로운 사랑 등 어떤 영역에서 좋은 결과를 원한다고 해보자. 그러면 이러한 체리들이 나란히 나오게 하기 위해 오로지 좋은 운만 기다릴 필요가 없다. 재능과 노력이라는 체리는 우리의 통제권에 있기 때문이다. 우리는 이 두 가지를 투입하는 방법을 배울 수 있다. 이렇게 하면 행운의 인생으로 향하는 과정에서 3분의 2 지점까지 가는 셈이다.

그러니 행운을 만드는 방법을 알 때 인생을 체리가 담긴 바구니로 만들 수 있다고 말할 수 있겠다.

2장

세잎클로버 보다
네잎클로버 찾는 게 더 쉽다

올바른 정보를 얻어라…
스스로 운이 좋다고 믿어라…
네잎클로버를 끝까지 찾겠다고 결심하라.

바나비와 나는 다음번 만남에서 행운에 대한 사람들의 선입견을 주제로 대화를 나누었다. 우리가 전국적으로 실시한 조사에서 나타났듯 행운이 순전히 우연이라고 생각하는 사람들 수는 놀라울 정도로 적었다. 조사 참가자 가운데 약 67퍼센트의 사람들이 자신의 삶에서 노력이 운 좋은 결과를 얻는 데 일조했다고 응답했고, 64퍼센트의 사람들이 호기심으로 새로운 기회를 찾았더니 행운을 얻었다고 응답했다.

행운을 만드는 미묘한 차이를 인식하는 것은 복잡한 일인지도 모른다. 수천 년 동안 철학자들과 신학자들은 행운에 대한 열띤 논의를 벌여왔다. 기원전 293년에 고대 로마인들은 최초의 신전을 운명과 행운의 여신 포르투나Fortuna에게 바쳤다. 포르투나는 풍요와 번영을 가져다주는 여신으로 여겨져 널리 숭배 받았다. 중세 화가들은 포르투나가 공 위나 운명의 수레바퀴 옆에 서있는 모습을 그리며 이 여신이 관장하는 운명의 불확실성을 묘사했다.

고대 로마 시인 오비디우스Ovidius는 추방당했을 때 침울한 모습으로 이렇게 지적했다. "포르투나는 불안정한 수레바퀴로 자신의 변덕스러움을 인정하고 있다. 항상 바퀴 윗부분을 자신의 흔들리는 발밑에 두고 있다." 변덕스러운 운명의 발이라니. 이와 대응하는 그리스의 여신이 바로 티케Tyche다. 이 여신은 종종 눈을 가린 모습으로 묘사되었다. 운명을 관장하는 여신의 눈이 가려져있다면 우리에게 예상치 못한 일들이 발생해도 그다지 놀랄 일은 아니리라.

포르투나에서 바나 화이트Vanna White에게 가려면 수천 년의 세월을 지나 아주 먼 거리를 가야 한다. 바나 화이트는 인기 있는 TV 퀴즈쇼 〈휠 오브 포춘Wheel of Fortune〉에서 글자판을 뒤집는 진행자다. 이것은 최장수 게임쇼로 1975년 이후 이런저런 구성으로 방송되어 왔다. 이 TV 퀴즈쇼는 무작위적인 운의 요소로 시작된다. 참가자가 3백 달러나 1만 달러 등의 액수가 적힌 실제 바퀴를 돌리면 상금이 결정된다. 룰렛이 24개 칸 중 어떤 칸에 멈추면 모든 돈을 잃기도 한다. 오비디우스가 운명의 변덕에 대해 한 말은 맞았다.

하지만 이렇듯 카지노 스타일의 바퀴 돌리기가 끝나면 포르투나는 뒤로 물러서고 진짜 게임이 시작된다. 실제로 이기려면 노력을 기울이며 빈 칸을 채워야 하고 경쟁자보다 앞서 답을 추측하는 기술이 있어야 한다. 이러한 운, 재능, 노력의 결합이 행운을 결정 짓는 중요한 요소이며 이는 TV 퀴즈쇼에서든 일상생활에서든 마찬가지다. 훌륭한 포르투나에게는 미안한 말이지만 바나 화이트와 그녀가 진행하는 게임쇼는 오늘날 행운이 실제로 어떻게 생겨나는지 더 잘 보여준다. 이 쇼의 참여자는 노력, 재능, 우연의 교차 지점에 오롯이 놓이기 때문이다.

원래 운이 좋아 보이는 사람들이 있다. 하지만 그들이 재능, 노력, 기회의 끈을 자신에게 유리하게 잘 엮는데 능숙해서 운이 좋을 가능성이 높다. 나는 누구든지 그러한 기술을 배울 수 있다는 생각이 들었다. 그래서 주위를 살펴보며 그런 경우를 찾아보기로 했다.

며칠 후 동네 공원에 나갔다가 내가 아는 일곱 살짜리 아이가 소프트볼을 하는 모습을 지켜보았다. 아이들은 경기를 소극적으로 했다. 외야에 서 있으며 지루함을 느낀 한 여자 아이가 자기는 네잎클로버나 찾으러 가겠다고 소리쳤다. 그러자 몇몇 아이들이 그 아이를 재빨리 뒤따라갔다. 잠시 후 대부분의 아이들이 네잎클로버 찾기를 포기하고 다시 경기를 재개했고 일부는 열의 없이 옆으로 재주넘기를 했다. 하지만 노란색 티셔츠에 밑단을 가위로 자른 듯한 스타일의 바지를 입은 한 여자 아이는(이 아이를 써니로 부르겠다) 계속 찾더니 마침내 흥분한 채 폴짝폴짝 뛰었다. 네잎클로버를 발견한 것이다! 써니는 친구들에게 달려가 행운의 부적을 자랑했다.

"와, 넌 참 운이 좋다. 이제 운이 더 좋아지겠네!" 써니를 에워한 친구들 가운데 한 명이 말했다.

그렇다, 써니는 운이 좋았다. 하지만 무슨 신비함 힘에 의해 그렇게 된 것이 아니다. 써니에겐 다른 친구들이 포기한 후에도 계속 찾는 끈기와 모두 못 보고 지나친 모양이나 다른 점을 찾아내는 능력이 있었다. 수없이 실망해도 신경 쓰지 않고 다시 찾는 회복 탄력성이 있었다. 세잎클로버는 거의 1천 대 1의 비율로 네잎클로버보다 많다. 따라서 써니는 이것을 발견하기까지 수없이 많은 실패와 맞닥뜨려야 했다. 하지만 써니는 도전을 즐겼고 자신이 원하는 것을 찾을 거라고 기대했다. 어쩌면 그것을 찾으며 즐거움을 느꼈을지도 모를 일이다.

써니가 운이 좋았는데 앞으로 운이 더 좋아질 것이라고 말한 친구의 말도 맞다. 끈기, 집중력, 가능성에 주의를 기울이는 능력처럼 써니가 네잎클로버를 찾게 해준 특성들은 써니가 삶에서 자신의 행운을 만들어가는 과정에 든든한 뒷받침이 될 것이다. 누군가 운이 좋다는 것은 실제로 우연, 재능, 노력이라는 세 가지 중요한 요소가 한데 어우러져 좋은 결과로 이어졌다는 것을 의미한다. 네잎클로버를 발견했다는 결과는 감탄스럽고 마법 같지만 써니의 행동이 그러한 결과로 이어진 것이다. 정작 본인은 그 사실을 알아차리지 못하더라도 말이다.

다른 사람들이 자신을 운 좋은 사람으로 생각하는 것은 써니에게 유리하게 작용할 것이다.

행운은 연이어 발생한다. 사람은 일단 행운의 길에 들어서면 그 길 위에 머무는 경향이 있다. 그 귀여운 일곱 살 꼬마들이 집에 돌아가 저녁 식사 때 친구의 행운에 대해 불평을 늘어놓는 모습이 머릿속에 그려졌다. '어떻게 걔가 네잎클로버를 찾은 거지? 걔는 항상 너무나 운이 좋다니까. 왜 나는 찾지 못한 거야?' 아이를 달래는 부모라면 아마 "너도 다음번엔 운 좋게 찾을 수 있을 거야"라고 장담했을 것이다. 하지만 그렇게 해서 저녁 식사 자리가 좀 더 평온해지겠지만 실제로 그 아이의 운이 좋아지지는 않는다. 일곱 살이든 일흔 살이든 스스로 통제하지 못하는 힘에 의해 자신이 시달린다고 생각하는 사람은 쉽게 포기하고 운명을 한탄하는 경향이 있다. 집중력과 노력으로 자신의 운을 바꾸었던, 네잎클로버를 찾은 여자 아이를 늘 상기해보자.

극작가 테네시 윌리엄스Tennessee Williams가 쓴 희곡 〈욕망이라는 이름의 전차〉에 나오는 거친 남자 스탠리 코왈스키는 행운에 대해 이렇게 말한다. "행운이 뭔지 알아? 행운은 자신이 운이 좋다고 믿는 거, 그게 다야." 스탠리 역을 맡은 말론 브란도Marlon Brando는 아주 밝은 혹은 친절한 사람은 아니지만 티셔츠가 아주 잘 어울렸고 행운에 대해 올바른 생각을 한 것은 분명하다. "이 치열한 경쟁에서 선두를 차지하려면 자신에게 운이 있다고 믿어야해." 그는 이렇게 말한다.* 치열한 경쟁 상황이든 아니든지 간에 이러한 관점은 이치에 맞다. 우리는 우리를 운 좋게 만들어줄 행동을 취하려면 자신에게 운이 있다고 믿어야 한다.

살면서 예상치 못한 일들이 발생하기 마련이다. 그것에 어떻게 반응하느냐는 운 좋은 사람이 될 준비가 되어 있는가 그렇지 않은가를 잘 보여준다. 지나온 삶의 우여곡절을 돌아보며 현재의 위치에 오게 만든 뜻밖의 순간을 떠올릴 때 놀라움을 금치 못하는 사람들이 있을 것이다. 어쩌면 갈 생각이 없던 파티에 친구가 억지로 끌고 갔는데 인생의 연인을 만난 사람이 있을지도 모른다. 엘리베이터에서 CEO를 우연히 만나 어쩌다 대화를 나누었는데 그 일을 계기로 현재 직업을 얻은 사람이 있을지도 모른다. 만일 그 파티에 가지 않고 집에 있었거나 다른 엘리베이터를 탔다면 어떻게 되었을까? 아마 이런 생각을 한다면 고개를 절레절레 흔들며 자신은 정말 운이 좋다고 느낄 것이다.

우리가 계획하지 않았던 일이 이후의 삶에 엄청난 영향을 끼칠수 있다. 하지만 객관적으로 발생하는 일보다 훨씬 더 중요한 점은 각각의 상황에 직면할 때 내가 어떻게 행동하는가이다. 그 엘리베이터에 탔을 때 너무 위축되어 CEO에게 말을 걸지 못할 수도 있

---

* 영화의 브란도 장면에서 또 다른 인상적인 부분은 브란도가 "스텔라! 이봐, 스텔라!"라고 외치는 장면이다. 하지만 대사는 행운에 대한 그의 통찰력만큼 큰 의미가 있지는 않다.

다. 그렇다면 그 엘리베이터에 탄 순간을 운 좋은 순간이라고 할 수 없다. 조지 루카스가 해리슨 포드에게 수납장 제작을 의뢰한 일은 그저 파스타와 케첩을 보관할 괜찮은 공간 마련 이외에 어떤 결과도 보장하지 못하는, 우연한 일이었을 뿐이다. 스타로서의 성공은 포드가 그 이후에 한 행동에서 비롯되었다.

우연은 우리 모두의 삶에 영향을 끼치지만 우리가 생각하는 만큼 결정적인 역할을 하는 것은 아니다. 멋진 내 저작권 대리인 앨리스 마텔은 대형 법률 사무소에서 변호사로서 첫발을 내디뎠다가 얼마 가지 않아 자신이 실수를 했다고 느꼈다. 앨리스는 법을 좋아하지 않았다. 앨리스의 고객 가운데 베스트셀러 작가가 있었다. 앨리스는 이 작가와 친구가 된 후 이 작가가 쓴 중요한 책의 계약 협상을 옆에서 도왔다. 그때 맞은편에 있던 출판인은 앨리스에게 좋은 인상을 받아 그녀에게 저작권 대리인이 되는 것이 어떻겠냐고 제안했다. 사실 앨리스는 그때까지 그 일을 해본 적이 없었다.

"하지만 그 분이 그렇게 말한 후 출판계 일을 계속 했고 그러다 결국 제 에이전시를 시작하게 된 거죠." 어느 날 앨리스는 그녀의 예쁜 사무실에서 나와 함께 인생과 운에 대한 이야기를 나누다가 이런 말을 했다. "전 지금 하는 일이 너무 좋고 제가 얼마나 운 좋은 사람인지 생각하면 항상 놀라워요. 그 출판인이 그런 말을 하지 않았더라면 여전히 지금도 변호사 일을 하고 있겠죠. 그리고 매일 행복하지 못했을 테고요!"

직업이 단순한 우연으로 시작되었다고 한다면 여기엔 어떤 낭만적 매력이 느껴진다. 하지만 행운은 불쑥 나타나는 것이 아니다. 어떤 일이든 발생하려면 우선 행운의 씨앗이 비옥한 땅에 뿌려져있어야 하고 우연한 사건이 개인의 의도와 방향과 합쳐져야 한다. 나는 앨리스에게 그동안 변호사로서 약간 괴로움을 느꼈던 터라 다른 기회에 두 눈이 열려있었을 거라고 말해주었다. 베스트셀러 작가를 고객으로 둔 것이 행운의 길로 향하는 기회가 되었지만 설령 그러한 기회가 주어지지 않았더라도 앨리스는 다른 기회에 마음의 문이 열려 있었을 것이다.

"만약 다음 고객이 배우였고 그 배우의 계약 협상을 도왔다고 해봐요. 그랬어도 앨리스 씨는 똑같은 길을 갔을 거예요. 하긴, 그런 경우였다면 어쩌면 지금 할리우드에서 영화 스튜디오를 운영하고 있을지도 모르지만요!" 나는 반 농담으로 말했다.

앨리스는 우리가 그런 대화를 나눈 지 2주 후에 전화를 걸어와 자신의 일을 새로운 관점으로 보게 된 것에 여전히 흥분된다고 말했다. 그동안 앨리스는 자신의 통제권 밖에 있는 어떤 힘이 자신의 일을 결정했다고 그러니까, 불행한 변호사에서 행복하고 성공을 거둔 저작권 대리인으로 옮겨가게 해주었다고 믿었다. 하지만 이제 자신의 결단력과 의지가 행운의 시동을 걸었다고 믿게 되었다.

"저는 몇 년 동안 행운의 사건들이 내게 일어나지 않는다면 계속 괴로운 변호사 일이나 하며 살게 될 거라는 조바심을 느꼈어요. 그런데 제니스 씨가 제 시각을 완전히 바꿔주었어요!" 앨리스가 말했다. 그러면서 영화 스튜디오를 운영하고 있지 않은 건 좀 애석하다고 넉살 좋게 말했다.

사람들은 앨리스와 마찬가지로 삶에서 모든 것이 변하는 결정적 순간을 경험하기 마련이다. 지난날을 되돌아보면 이를 명확하게 알 수 있다. 누군가 어떤 말을 해준 순간, 누군가 무엇인가를 제안한 순간, 사람들로 북적대는 공간에서 누군가와 시선이 마주쳤던 순간 말이다. 자신의 인생에 대한 이야기를 할 때 그러한 순간은 자세히 설명하게 되는 중요한 사건이다. 하지만 스스로 알아차리지 못했을지라도 그러한 순간이 발생할 수 있도록 자신이 했던 일은 무엇일까? 이처럼 중요한 질문을 더하자면, 그냥 놓쳐버린 다른 순간들은 얼마나 많을까? 여기서 중요한 점은 우리를 지나가는 그러한 행운의 순간들을 알아차리는 법을 배우는 것이다.

사랑과 직업 같은 인생에서 아주 중요한 문제를 변화시키는 우연, 재능, 노력의 결합은 일상적인 일에도 영향을 끼친다. 사람들이 우연한 행운이라고 생각하는 일이 알고 보면 그렇게 우연한 일이 아닌 경우가 많다. 당신이 미국의 큰 도시에서 차를 몰고 가다가 주차를 해야 할 상황이 되었다고 상상해보자. 앞에는 트럭이 가고 있고 당신이 블록을 따라 천천히 움직이고 있을 때 큰 SUV가 한 주차 지점에서 빠져나온다. 당신은 잽싸게 그 자리로 들어가 자동차 엔진을 켜둔 채로 주변 간판을 확인하다가 그곳이 합법적 주차 공간이라는 사실을 발견한다. 주차장에 주차했다면 발생했을 비용 32달러 50센트를 아꼈다. 그 돈으로 저녁에 음료와 에피타이저를 추가로 주문할 수 있을 터였다.

당신은 그 자리에 주차한 일을 적시적소의 전형적인 사례로 생각할 수 있다. 자신은 다른 사람이 빠져나온 주차 자리로 차를 몰아갔을 뿐 뭔가 특별한 일을 하지 않은 것 같다. 얼마나 운이 좋은가! 하지만 만일 주차 자리를 발견하는 일이 진정 우연이라면 모든 사람이 그 일을 똑같이 잘해야 하는데 실제론 그렇지 않다. 나역시 그렇지만 많은 사람이 자신은 노상 주차를 잘 못한다고 말하며 실제로 시도조차 하지 않는다. 반면 내 남편 론을 포함하여 노상 주차를 아주 잘하는 사람들도 있다. 남편은 일주일에 최소한 두 번 이상 맨해튼의 극장이나 행사장에 운전해 가는데 한 번도 주차장에 주차한 적이 없다. 남편은 관찰력이 아주 뛰어나고 눈썰미가 있어서 누군가 주차된 차로 가는 모습을 잘 발견하며, 엔진이 켜질 때의 미묘한 흔들림을 잘 포착해서 곧장 그 방향으로 간다. 물론 주차를 허용하는 시간대가 거리마다 다르긴 하지만 기억력이 좋고 숫자에 밝아서 어떤 거리로 가야 가장 확실한지 잘 안다. 남편은 경험, 준비, 지식, 관찰력을 통합하여 자신을 운 좋은 사람으로 만들 뿐이다.

눈썰미가 안 좋고 인내심 없는 사람은 주차를 잘하지 못할 것이다. 하지만 자신의 장점과 단점을 안다는 것은 자신의 운을 좋게 만드는 데 필요한 기술을 발견할 수 있음을 의미한다. 행운에 단순한 우연 이외의 요소가 있음을 안다면 자신의 접근법을 바꾸어 행운을 만들 가능성을 높일 수 있다. 가령, 내 남편처럼 각 거리에 대해 속속들이 알아두고 오후 여섯 시에 주차할 수 있는 곳에 일찍 도착한다면 '운 좋은' 주차 자리를 차지할 수 있다. 심지어 나 같은 사람도 이따금 그렇게 한다.*

행운을 만들어내는 요소들을 알게 되면 행운이 우연으로만 발생되는 것이 아님을 깨닫게 된다. 누군가는 행운을 계속 만들어낸다고 해도 말이다. 일반적으로 운 좋은 일은 처음에 언뜻 느껴지듯 우연하게 발생하지 않는다. 하늘을 날아가는 유성처럼 처음에는 마법처럼 보일 수 있다. 하지만 그 이면에 있는 원리를 알게 된다면 이러한 일들은 예측과 설명이 가능하다. 흔히 사람들은 적시적소에 대한 이야기를 하지만 이러한 '알맞은' 시간과 장소는 그동안 필요한 모든 조치를 취했기 때문에 마련되는 경우가 많다.

작가이자 영화 제작자인 장 콕토Jean Cocteau는 이렇게 냉소적으로 말한 적이 있다. "나는 행운을 믿는다. 그렇지 않다면 우리가 싫어하는 사람들의 성공을 어떻게 설명할 수 있겠는가?"

나도 이에 공감한다. 아주 유명해진 사람은 재능, 열정, 지능이 뛰어나서가 아니라 단순히 나보다 더 운이 좋아서 그런 거라고 믿

---

* 나는 바나비가 경험으로 알게 된 주의 사항을 듣고 이렇게 할 수 있었다. 바나비는 운 좋게 거리에 주차를 하고 안내판을 굳이 확인하지 않았다. 볼일을 보고 돌아가니 차는 사라지고 없었다. 행운으로 여겨졌던 일은 결국 오후 내내 견인차고지에서 시간을 보내는 일로 마무리되었다.

는 것이 마음 편하다. 어쩌면 그 사람에게 이러한 요소들이 없었을지도 모른다. 그럴만한 자격이 전혀 없어 보이는데도 값비싼 차를 소유했거나 인스타그램에서 팔로워 수가 엄청난 사람들이 많이 존재하는 것은 사실이다. 하지만 그들을 굉장히 운 좋은 사람들로 치부하지 말고 그들이 어떻게 그러한 위치에 이르렀는지 파악을 해보려고 노력해보는 건 어떨까.

좋은 소식이라면 행운은 제로섬 게임이 아니라는 점이다. 그러니 자기 행운의 몫을 키우겠다고 누군가를 깎아내릴 필요가 없다. 행운의 기회는 우리 주변에 많이 존재한다. 그 행운을 구하는 방법을 안다면 여기서 해봐야 할 질문은 '어떻게 스스로 행운을 발생하게 만들 것인가?'이다.

때로 행운은 올바른 정보를 얻는 일과 관련이 있다. 정보를 얻기 위해 질문을 한 가지 더하면 곧바로 가장 운 좋은 사람이 될 수 있다! 한 예로, 바나비는 사고 실험을 제안한다. 당신은 저 끝에 큰 보상이 기다리고 있는 캄캄한 터널을 걸어갈지 결정해야 한다. 당신은 터널을 지나가는 사람 백 명 가운데 한 명 꼴로 깊은 구멍에 빠져 거기서 나오지 못한다는 말을 들은 상태다. 당신이라면 가겠는가?

"저라면 안 갈 것 같아요." 나는 내가 위험을 무릅쓰는 사람이 아니라는 점을 근거로 들어 이렇게 말했다.

바나비는 웃으며 말했다. "좋아요, 안 가겠다는 거군요. 하지만 승산이 높다고 보고 시도하려는 사람들이 많을 거예요. 만일 50퍼센트의 사람들이 구멍에 떨어진다고 한다면 어떻게 할 건가요?"

"그렇다면 터널 근처에도 안 가겠죠. 어떤 보상이라도 그러한 위험을 감수할만한 가치는 없을 것 같아요."

"그건 그래요. 하지만 제가 이제 정보를 더 줄게요. 터널 끝까지 가서 큰 보상을 받은 사람들에겐 손전등이 있었어요."

이제 보니 그 여정이 그렇게 무작위적인 요소를 수반하거나 위험해 보이지 않는다. 근처 월마트에 가서 가장 견고해 보이는 LED 손전등을 산 후 보상을 위해 출발하면 된다. 그렇다면 운을 거머쥐는 방법을 알고 있는 것이다.

현실에선 정보가 그렇게 간단하지만은 않다. 하지만 비유적으로 말하자면 우리는 항상 저 끝에서 특별하고 가치 있는 무엇인가를 기대하며 터널을 걸어간다. 이는 더 좋은 직업, 더 큰 성공, 완벽한 남자나 여자를 만날 기회 등이 될 수 있다. 그 여정에서 실제로 우리가 빠질 가능성이 있는 함정이나 위험은 항상 존재한다. 그러한 상황에 빛을 비출 수 있다면 다른 사람들보다 운 좋은 사람이 되어 위험과 기회를 잘 통제할 수 있다.

일단 손전등을 쥐고 있다면 어디를 비추어야 하는지 알아야 한다. 우리는 잘못된 방향을 보거나 앞에 놓인 것을 알아차리지 못하기 때문에 운 좋은 기회들을 종종 놓친다. 대부분의 사람들은 자신이 세상을 있는 그대로 보고 있다고 생각하지만 실제로 그렇지 않다.

운이 좋아 보이는 사람들이 지닌 가장 중요한 재능은 아주 기본적인 것이다. 바로 기회에 주의를 기울이고 기회를 알아차리는 능력이다. 중요한 것을 놓치기가 얼마나 쉬운지 보여주는 좋은 예는 심리학자 크리스토퍼 차브리스Christopher Chabris와 대니얼 사이먼스Daniel Simons의 실험 결과에서 찾아볼 수 있다.

약 20년 전에 하버드 대학에서 만난 두 사람은 주의력과 인식에 대한 연구를 실시했다. 그들은 대학생 또래의 남녀 여섯 명이 등장하는, 이제 유명해진 한 비디오를 촬영했다. 절반은 검은색 티셔츠를 나머지 절반은 흰색 티셔츠를 입은 사람들이 농구공을 주고받는다. 이 비디오를 본 실험 참가자들은 흰색 티셔츠를 입은 사람들이 농구공을 몇 번 패스했는지 세어보라는 질문을 받았다.* 짧은 비디오가 끝난 후 몇 번의 패스를 세었느냐는 질문을 받았다. 만일 당신이 열다섯 번이라는 정답을 맞혔다면 아마 스스로 뿌듯했을 것이다. 뛰어난 관찰력이다. 하지만 다음 질문을 받는다면 이러한 기분이 싹 사라질 것이다. "고릴라를 보았나요?"

사실 비디오에서 사람들이 공을 주고받는 중간에 고릴라 복장을 한 사람이 화면 한가운데 등장해 가슴을 치고 유유히 사라졌다. 첫 대상자는 하버드 대학생들이었다. 이어 연령대와 사회적

---

* 유튜브에서 〈The Invisible Gorilla〉를 찾아볼 수 있다.

배경이 다양한 사람들을 대상으로 여러 번 실험한 결과 50퍼센트 이상의 사람들이 고릴라를 보지 못했다. 비디오를 못 본 사람이라면 자신은 아마 고릴라를 놓치지 않을 거라고 확신할 수도 있다. 누구나 그렇게 생각한다. 하지만 패스 회수를 세는 데 골몰하느라 눈앞에서 발생하는 다른 행동을 놓치고 마는 것이다.

그 비디오가 처음 나왔을 때 수많은 사람의 관심을 받자 이 연구자들은 비디오를 업데이트했다. 나도 그것을 인터넷에서 찾아서 보았다. 이번에는 그 고릴라의 존재를 알았던 터라 패스 회수를 세면서도 고릴라의 등장을 알아차렸다. 모든 것을 볼 수 있다는 생각에 얼마나 뿌듯했는지 모른다. 하지만 이 연구자들은 마지막에 놀랄만한 질문을 던졌다. 코트 밖으로 걸어 나간 사람을 봤나요?

경기 중간에 배경 커튼이 빨간색에서 금색으로 바뀐 것을 보았나요? 대부분의 사람들은 나처럼 두 질문에 모두 아니라고 대답했으리라.

가슴을 치는 고릴라와 바뀐 배경 색을 못 보고 지나간 사람이라면 주변에서 많은 것을, 행운으로 바뀔 수 있는 것들을 못 보고 놓칠 가능성이 높다. 그렇다면 이를 어떻게 바꿀 수 있을까? 바나비와 나는 그러한 문제를 숙고하던 차에 시카고에서 열린 한 학회에 참석했다가 그날 저녁에 주의력 분야를 연구하는 두 명의 신경 과학자 옆에 앉게 되었다. 맛있는 생선구이가 차려진 저녁 식사 자리에서 나는 보이지 않는 고릴라 실험과 주의를 기울이는 문제를 화제에 올렸다. 듀크 대학과 노스캐롤라이나 대학에서 교수를 지냈고, 현재 미국 노스캐롤라이나주 애슈빌에 소재한 인간 잠재력 증진 센터Center for the Advancement of Human Potential를 운영하는 에드 햄린Ed Hamlin 박사는 주의력이 좋은 사람은 좁은 초점과 폭넓은 초점 사이를 유연하게 오간다고 설명했다. 고릴라가 등장하는 비디오에서 사람들은 초점을 좁게 맞추어 패스 회수만 세기 때문에 큰 그림을 보지 못한다. 좀 더 넓은 관점으로 화면 전제를 본다면 고릴라를 발견하더라도 패스 회수를 세지 못한다.

그렇다면 모든 것을 포착하려면 어디를 봐야 하는 걸까?

"주의력이 좋다는 건 유연하다는 걸 뜻해요. 우리는 항상 주위의 요구 사항과 환경에 주파수를 맞추어야 해요." 야구팬인 햄린 박사는 얼마 전에 본 올스타전 이야기를 했다.

"2루수가 자신에게 날아오는 공을 놓쳤어요. 실제로 그러한 경기를 수없이 자주 했을 테고 공을 놓친 적이 한 번도 없던 선수였어요. 하지만 이번에는 주자가 달리는 방향을 보더니 초점을 놓치고 말더군요." 좁은 초점에서 넓은 초점으로 옮겨가는 능력은 운좋은 경기를 하는 데 중요하지만 원통하게 공을 놓치는 결과로 이어질 수도 있다.

초점을 옮겨 적시에 봐야 할 적절한 지점을 아는 것은 항상 쉬운 일은 아니다. 햄린 박사는 자신이 인지력 문제를 연구하는 사람이지만 아내는 저녁을 차려놔도 자신이 알아차리지 못한다는 점에 불만이 있다고 인정했다. 그는 앞에 놓인 일에 정신없이 몰두하느라 다른 신호들을 놓친다고 했다. 이를테면 저녁 일곱 시 반이 되었다는 사실과 부엌에서 솔솔 풍기는 구운 닭고기 냄새를 인지하지 못한다고 했다.

바나비와 나는 그날 저녁 식사를 하고 걸어오면서 행운의 기회들을 알아차리는 일이 만만치 않다는 이야기를 나누었다. 더 많은 가능성을 보기 위해 앞으로 더 노력하자는 데 서로 동의도 했다. 하지만 그것은 첫 단계이자 포괄적인 단계일 뿐이었다. 이제 세부적으로 접근하여 행운에 기여하는 구체적 단계와 행동을 이해할 때가 되었다. 하지만 우선 우리가 논의하고 이해해야 할 주제가 하나 더 있었다. 어떤 일이 일어날 가능성에 우연은 얼마나 작용할까?

HOW

LUCK

HAPPENS

아무도 몰랐던 행운을 찾을 수 있는 확률

3장

확률을 이해하라…
위험과 행운을 혼동하지 마라…
큰 위험을 무릅쓰고 도전해보라.

바나비와 나는 스스로 자신의 행운을 만들어야 할 필요성에 대해 언급할 때 간단하게 '운은 하늘에서 떨어지는 것이 아니다'라는 말을 자주 했다. 하지만 우리는 글자 그대로 볼 때 이 말 자체가 100퍼센트 정확하지 않다는 점을 이해했다. 1954년 어느 날 앨라배마 주 실라코가에 사는 앤 호지스라는 여성은 집에서 이불을 덮고 소파에 누워 잠깐 잠이 들었다. 그때 검은색 암석 조각이 천장을 뚫고 그녀의 허벅지로 떨어졌다. 운 나쁘게도 암석 조각이 그녀에게 떨어지는 바람에 그녀는 역사상 운석에 맞은 유일한 사람으로 기록되었다.

그렇다고 운석에 맞을까봐 걱정하며 많은 시간을 보낼 필요는 없다. "운석에 맞을 가능성보다 한 번에 회오리바람과 허리케인에

노출되고 번개에 맞을 가능성이 더 크기 때문이다." 이는 플로리다 주립 대학교 천문학자 마이클 레이놀즈Michael Reynolds가 오래 전 그 사건을 두고 한 말이다. 하지만 우리는 걱정을 한다. 과학자들은 6,600만 년 전에 소행성이 지구와 충돌하여 기후가 변하면서 공룡이 멸종되었다고 말한다. 오래 전 일이고 흔치 않은 일이었지만 누가 알겠는가. 만일 소행성 충돌이 6,600만 년 단위로 발생하는 현상이라면 내일 그렇게 될지도 모를 일이다.*

나는 행운을 우연, 재능, 노력의 결합으로 생각하게 되면서 우연은 제쳐두고 우리가 통제할 수 있는 나머지 두 가지에 초점을 맞추는 것이 가장 현명한 접근법이라고 판단했다. 하지만 돌발적이고 예기치 못한 일은 모든 것을 압도할 수 있다는 사실도 이해했다. 만일 우리가 운석에 맞는다면 다른 모든 것은 중요하지 않게 보일 것이다.

그래서 행운을 만드는 원리를 파악하기 전에 우연성에 대해 좀 더 알아보고 싶었다. 누구나 말도 안 되는 우연의 일치로 보이는 상황을 경험해보았을 것이다. 먼 곳을 여행하다가 아는 사람을 만난다든가 오래전 대학 동기를 생각하던 순간 그 친구에게 전화가 오는 상황 등이 그렇다. 이럴 때 아마 이런 생각이 들 것이다. '놀랍네! 이럴 가능성이 얼마나 되지?'

---

* 최고의 흥행 수익을 거둔 1998년 영화 〈아마겟돈〉에서 다수의 석유 굴착업자들이 소행성 충돌이 임박하자 지구를 구하기 위해 우주로 간다. 결국 지구의 생존은 브루스 윌리스에게 달린 것으로 드러난다.

알고 보면 그러한 가능성은 우리가 생각하는 것보다 굉장히 다양하다. 우리는 예상 밖이고 가능성이 없어 보이는 일들에 항상 놀란다. 놀라는 이유 중에는 이러한 일들로 삶과 자신의 기대가 극적으로 바뀔 수 있다는 사실도 포함된다. 세계 인구는 70억 명이다. 따라서 만일 어떤 일의 발생 가능성이 백만분의 일이라 해도 그 일이 이 세상 사람들 가운데 7천 명에게 발생할 수 있다는 말이다. 이는 맑은 하늘에 날벼락치기에 적지 않은 수다.

불가능해 보이는 일들이 실현 불가능하다는 의미가 아니다. 2016년에 프리미어리그의 챔피언십에서 잉글랜드 축구 클럽 레스터시티Leicester City의 우승 확률은 5천분의 1로 전망되었다. 호사가들은 이것이 보노(Bono, 록밴드 U2의 리더 – 역주)가 다음 황제가 될 가능성과 같은 거라고 떠들어댔다. 그러한 가능성에 대한 기본적인 생각은 이러했다.

'미쳤나? 그런 일이 어떻게 일어나?'

프리미어리그는 드래프트제(Draft System, 프로팀이 선수 지명을 하는 제도 – 역주)나 연봉 상한제를 적용하지 않는, 크고 영향력 있는 리그로 지난 20년 동안 네 개의 팀이 챔피언십에서 우승을 독식했다. 재정 부족에 별 볼일 없는 팀이던 레스터시티는 이전 시즌에서 워낙 자주 패배했던 터라 프리미어리그에서 퇴출되는 것을 겨우 모면한 상태였다. 레스터시티가 우승을 거머쥘 뻔했던 적이 있는데 바로 1928년과 1929년 시즌에서 준우승을 했던 때다. 레스터시티는 맨체스터유나이티드Manchester United나 아스널Arsenal

처럼 유명한 팀들이 선수들에게 쓰는 돈의 약 10분의 1정도만 쓰는 팀이었다.

그러한 상황에서도 레스터시티는 우승했다. 여기서 5천분의 1의 확률을 따져보자면 프리미어리그의 팀들이 5천 년 동안 경기를 할 때 레스터시티가 한 번 우승을 거머쥘 수 있다는 말이다.

BBC 방송 관계자는 이를 "역사상 가장 위대한 스포츠 사건"이라고 언급했다. NBC스포츠 진행자는 "미국에선 전혀 이해할 수 없는 일이다"며 정곡을 찔렀다. 미국에서 프로야구팀 봄철 훈련 기간에 최하위 팀들조차 월드 시리즈World Series에서 이길 확률이 500분의 1 정도로 점쳐졌다고 말하는 사람들도 있었다. 한마디로 레스터시티는 최악의 팀들보다 열 배는 더 최악인 팀으로 여겨졌던 것이다.

레스터시티가 우승을 거둔 후 다양한 전문가들이 이 팀의 우승 원인을 설명했다. 이 팀은 선수들을 채용하여 계약할 때 활용한 분석을 높이 평가했고 코치의 놀라운 능력을 지적했으며, 유명한 상위 네 개의 팀이 불협화음을 내고 있다고 언급했다. 레스터시티의 선수들은 스스로 행운을 만든 걸까 아니면, 오래 기다린 끝에 그 5천분의 1이라는 확률이 그 해에 발생된 걸까? 내가 영국 축구에 대해 잘 알지 못해서 뭐라 말할 순 없지만 어떤 사건이 발생되기 전보다 그 이후에 원인을 설명하기가 훨씬 쉬운 것은 분명하다.

어떻게 설명을 하든지 간에 레스터시티의 일화는 영국의 풋볼

football과 미국의 사커soccer가 같은 것이라는 사실을 모르는 사람에게조차 고무적인 이야기다. 아무리 확률이 희박해도 행운을 발생시키고 싶다면 포기하지 말아야 한다. 그러다 보면 어떤 일이든 발생할 수 있고 우리가 그러한 확률을 바꿀 수 있다. 그 결과 우리자신과 다른 모든 사람을 놀라게 할 수 있다.

누가 세상을 지배할 수 있는지 알아보기 위해 주사위를 던진두 통치자에 대한 일화가 있다. 한 통치자가 주사위 두 개를 던지자 모두 숫자 6이 나왔다. 숫자 합이 12라면 가장 좋은 경우였다.

"내가 이겼소. 그쪽이 포기를 하시오." 그가 경쟁 상대에게 말했다.

하지만 상대편은 자신도 해보겠다고 우겼다. 그가 주사위 두 개를 던지자 한 개는 6이 나왔다. 다른 한 개는 두 동강 나서 한쪽은 6이 다른 한쪽은 1이 나왔다. 그래서 도합 13이 되었다. 이렇게 될확률은 얼마나 되는 걸까? 우리는 계속 시도를 해보기 전까지는어떤 최상의 결과가 나올지 알지 못한다. 끝판에 처음의 예상을넘어서는 결과로 모두를 놀라게 할 수도 있다.

바나비는 학자로서 수년 동안 리스크에 대한 연구를 하며 보냈다. 내가 다음번 수요일 만남에서 확률의 문제에 대해 말을 꺼내자 그는 확률을 깨는 한 방법은 그것을 자신의 필요에 맞게 적용하는 것이라고 말했다.

"원하는 통계자료를 선택하는 거예요." 그가 말했다.

"그게 무슨 말이죠?" 내가 물었다.

우리는 지역 카페에서 아침 식사를 하는 중이었다. 나는 탁자에 놓인 바나나 빵 한 조각을 먹어야 하나 말아야 하나 결정하려고 빵을 흘긋 쳐다보았다. 바나비는 내 시선을 포착하고 미소를 짓더니 그것을 예로 들어 말했다.

"자, 이렇게 생각해봐요. 요즘 통계 자료에 따르면 미국인의 3분의 1이 비만이에요. 하지만 이것은 개개인이 비만이 될 확률이 3분의 1이라는 걸 의미하진 않아요. 제니스 씨는 무엇을 먹고 얼마나 운동을 할지 정할 수 있는데 바로 그러한 부분이 체중에 영향을 줄 거예요. 어떤 통계를 받아들일지는 자신이 결정해야 해요."

"그렇다면 제가 바나나 빵을 먹지 말아야겠군요." 나는 한숨을 쉬며 말했다.

바나비는 웃으며 말했다. "사실 그런 통계는 제니스 씨한테 정말 문제가 되진 않는데 바로 이점이 중요해요. 비만인 비율이 30퍼센트라는 사실과 누가 되었든지 간에 어떤 사람이 비만이 될 확률이 그 정도라는 것은 서로 별개의 문제거든요."

나는 바나나 빵을 먹었다. 바나비와 나누었던 대화 주제에 흥미를 느꼈던 터라 나중에 좀 더 조사를 했는데 바나비의 말이 완전히 맞았다는 사실을 발견했다. 대부분의 조사 결과에 따르면 비만에서 유전적 요인이 끼치는 영향은 얼마 되지 않고 생활 방식이 그 무엇보다 중요하다. 하버드 보건 대학원에서 실시한 조사 결과 비만과 관련된 유전자를 가지고 있더라도 무엇을 먹고 얼마나 운동하는가가 유전자보다 훨씬 큰 영향을 끼친다는 사실이 드러났다. 어디에 사는가도 비만에 어느 정도 영향을 끼친다. 미국 일부 주들의 경우 비만인 비율이 35퍼센트 이상인 반면 항상 비만 인구가 가장 적은 콜로라도 주의 비율은 20퍼센트 정도다. 하지만 비만 인구가 가장 많은 주에 살더라도 과일과 야채를 먹고 매일 달리기를 한다면 그러한 확률을 깰 것이다. 이렇게 할 때 사실 전반적인 확률은 자신에게 전혀 적용되지 않는다.

바나비는 그날 아침 위험률과 통계에 대한 토론을 하던 중 첫째 딸 맨더린이 태어났을 때 자신은 딸이 자신과 아내가 쓰는 침대에서 자기를 원했다고 말했다. 나는 이 말에 내심 놀랐다. 하지만 그의 아내 미셸은 그건 말도 안 된다고 생각했다. 미셸은 그에게 부모와 함께 자는 아기들은 아기 침대에서 따로 자는 아기들에 비해 죽을 확률이 더 높다고 말했다. 이런 아기들은 뒤척이는 부모 밑에 깔리거나 시트나 이불에 질식하거나 침대 가장자리에 낄 수 있다. 비참한 영아 돌연사 증후군SIDS과 부모와 한 침대에서 자는 것 사이에도 분명한 관련성이 있다. 한 포괄적인 조사 결과 SIDS로 사망한 영아들의 69퍼센트가 부모의 침대에서 잤던 것으로 밝혀졌다. 통계 결과에 따르면 아기에게 가장 안전한 장소는 아기 침대라는 것이다.

"하지만 전 세계에서 전통적으로 아기들은 엄마와 함께 잤고 난 그 방식이 아기를 돌보는 데 이점이 있다고 보았어요. 그리고 그 통계에 다른 고려 사항들이 있을 것이라 판단해서 그 통계를 다시 검토해봤어요." 바나비가 말했다.

그는 아기가 부모와 함께 잘 때의 위험성은 부모가 술이나 약물에 취했거나 비만이거나 교육 수준이 낮을 때 대부분 발생한다는 사실을 발견했다. 여기서 또 다른 중요한 문제점은 소파, 물침대, 헐거운 매트리스 등 헐렁한 표면에서 잘 때와 이불 수가 과도하게 많을 때였다. 이 모든 문제점은 그의 가정에 해당되지 않았다.

"그래서 천분의 일의 위험 확률에 해당되는 참조 표준 통계치 확률이 우리에겐 훨씬 낮을 거라고 판단했죠. 특정한 위험 요소들을 바꾸거나 제거하면 위험 곡선을 바꿀 수 있어요. 그러면 가능성 혹은 운을 효과적으로 바꿀 수 있는 거죠."

맨더린은 1년 동안 엄마 아빠 곁에서 잤고 새로 태어난 재스민도 그렇게 한다고 했다. 두 딸은 건강하고 예쁘게 잘 크고 있다. 아기들과 함께 자기로 한 그의 결정에 동의하지 않는 사람들도 많지만 열렬히 지지하는 사람들도 있어서 여전히 논란의 여지는 남아있다. 하지만 더 본질적인 문제가 중요한 건 사실이다.

"우리는 모든 위험 요소를 제거할 순 없고 인생이란 항상 얻는 게 있으면 잃는 것도 있거든요. 중요한 것은 자신이 처하는 위험의 본질을 이해하는 것이에요." 바나비가 말했다.

우리는 각자의 행운을 만들어갈 때 그리고 각자의 삶을 꾸려갈 때 가정에서 재정에 이르는 모든 영역에서 위험을 얼마나 감수할 지에 대해 아주 개인적인 판단을 하게 된다.

내가 아는 한 20대 젊은이는 빙벽 등반을 하며 많은 시간을 보냈다. 그는 강인하고 신중했으며 그 등반이 통계상 사고율이 높은 것으로 나왔지만 그러한 실수를 저지르지 않겠다고 확신했다. 하지만 갈수록 위험한 경로를 오를 수 있게 되고 미끄러운 로프에 의지해 더 많은 시간을 보내게 되자 그는 높은 사고율이라는 확률을 앞으로도 계속 피해가기 힘들다는 점을 깨달았다. 그 이후로 그는 빙벽 등반을 그만두었다. 매우 험난한 곳을 오르다 보면 자신이 예상치 못한 사건이 발생하기 마련이다. 그러나 여전히 많은 등반가들은 암벽과 산을 오르고 위험한 암벽 등반 스포츠를 하고 있다.

세계적으로 유명한 알프스 산 등반가 율리 스텍Ueli Steck은 2017년에 에베레스트 산의 위험한 산등성이를 빠른 속도로 오를 준비를 하다가 목숨을 잃었다. 그는 마터호른 같은 유명한 산을 최고 속도로 오른 기록을 세웠고 한때는 62일 만에 알프스 봉우리 82개(모두 4천 미터가 넘는다)를 오르는 여정에서 알프스의 모든 높은 봉우리를 기록적인 속도로 등정했다. 40세에 목숨을 다한 것은 정말 유감스러운 일이다. 하지만 그는 자신이 냉혹한 확률에 맞서 싸우고 있다는 사실을 분명 알았을 것이다.

그럼에도 그는 스릴과 아드레날린이 샘솟는 삶을 위해 위험을 감당할 가치가 있다고 판단했다. 당신과 나와 빙벽 등반을 하던

20대 젊은이는 율리 스텍과 다른 선택을 했다. 하지만 그렇게 함으로써 자신의 삶을 행운이 깃드는 삶으로 만드는 것이 무엇인지 스스로 판단한 것이다.

바나비와 나는 다음번에 행운 연구실을 방문했을 때 다시 숲길을 산책했다. 나는 우리가 한 조사에서 약 66퍼센트의 사람들이 기꺼이 위험을 감수하며 행운을 스스로 만들 수 있다고 생각했다는 점을 언급했다. 그러자 바나비는 이에 전적으로 동의하지 않는다고 말했다.

"위험을 바라보는 관점은 사람마다 다르고 위험을 더 많이 감수한다고 해서 반드시 더 많은 행운을 얻는 것도 아니에요."

미국인들의 의식에는 위험 감수와 행운 사이에 깊은 관련성이 있다는 생각이 자리하고 있다. 예전에 미국인들은 자신의 운을 만들겠다고 평야를 가로질러 달리는 배짱 있는 카우보이를 경외했고 지금 미국인들은 원리원칙을 버리고 대담하게 여러 모험을 감수하며 성공을 향해 가는 모험적인 사업가를 칭송한다. 이는 영화나 전설의 내용으로는 좋지만 그다지 현실적이진 않다.

"흔히 가장 운 좋고 가장 성공을 거둔 사람들은 위험을 감수하고 있는 것처럼 보이지만 그들은 항상 발을 디딜 바닥이 있기 때문에 저 아래로 떨어질 일은 없어요. 이건 성공한 사람들에게 직접 들은 얘기에요. 그들은 모든 위험을 감수하기보단 타인이 보지 못하는 것을 보고 기회를 붙잡아서 자신의 행운을 만든 거예요." 바나비가 말했다.

대화를 나누며 걷다가 저쪽 한편에 목판과 철사로 만들어진 긴 출렁다리가 있는 것을 알아차렸다. 다리는 연못 위에 놓여 있었다. 저쪽 풍경은 여기와 다를 게 없어 보였지만 나는 바나비에게 다리를 건너고 싶은지 물어보았다.

"프린스턴 대학교 공대생들이 저 다리를 설계하고 만들었다고 들었어요." 바나비는 두어 계단 올라 다리 위에 올라서더니 다리가 흔들리는 데도 주저하지 않고 다리 중앙까지 걸어갔다.

"저도 거기로 가야 하나요?" 나는 땅 위에 서서 말했다.

그는 잠시 주위를 둘러본 후 아니라는 뜻으로 고개를 가로젓더니 다시 돌아왔다.

"이 다리는 운이라는 것에 때로는 불균형이 존재한다는 사실을 보여주는 좋은 본보기예요. 이 다리에서 만들 수 있는 행운이라는 건 제한적인데 만일 여기서 떨어지기라도 한다면 엄청난 불운이 닥치잖아요. 그러니 모든 위험이 그것을 감당할 가치가 있는 건 아니에요."

우리는 다시 행운 연구실로 돌아갔다. 바나비는 연구 생활 초기에 정유 회사에 자문을 해준 적이 있는데 그때 다양한 위험과 그러한 위험이 가져다주는 보상에 대해 많은 생각을 했다고 말했다. 바나비는 일반적으로 지질학자들은 석유가 묻혀있을지도 모를 광맥을 찾기 위해 수심 측정 장치를 가지고 다닌다고 설명했다. 지질학자들이 광범위한 데이터를 수집하다가, 확실하지는 않지만 가능성 있는 지점들을 발견하면 회사 측에선 어떤 지점을 탐사할지 결정해야 한다. 시추 작업은 비용이 많이 들기 때문에 모든 곳에서 시추 작업을 할 수 없다.

"가능성을 가장 높이기 위해 회사에 수익성을 가져다줄만한 중간 사이즈 지점에 시추 작업을 해요. 하지만 탐사에 많은 비용이 들더라도 예상 외 장소에서 대박을 발견해야 할 압박감도 존재해요. 이 두 가지를 모두 할 수는 없기 때문에 두 가지 안에서 선택을 해야만 하는 거죠. 기술자나 경영진이 위험을 어느 정도 감수하는 유형이냐에 따라 어느 것을 선택하는지가 달라지는 거지요." 바나비가 말했다.

우리는 살아가면서 이와 비슷한 유형의 결정을 해야 하는 상황에 자주 직면한다. 성공 확률은 낮지만 보상이 큰 것을 시도할 것인가? 아니면 좀 더 안전한 길을 선택해, 극적이지 않지만 좀 더 안정적인 결과를 추구할 것인가? 혹시 당신은 농구 경기를 보면서 나중에 꼭 NBA 선수가 되겠다고 말하는 아들을 고무시켜주어야 할까? 만일 아들이 신장 2미터에 3점 슛을 한 번도 실수 없이 날리는 아이가 아니라면 당신은 그렇게 하지 않을 것이다. 우리는 크게 생각하고 불가능에 도전하여 성공을 거둔 사람들의 이야기를 좋아하지만 좀 더 확실하고 안전한 길을 걸어가도 훌륭한 인생을 꾸려갈 수 있다.

"모험적인 길을 가는 것이 행운을 얻는 유일한 방법이 아니에요. 비범한 결과는 흔하지 않아요. 자신의 행운을 만드는 데 이 방법밖에 없다고 생각한다면 자신에게 모진 짓을 하는 거예요." 바나비가 말했다.

바나비는 석유 시추를 예로 들면서 석유 기술자가 인생을 송두리째 바꿔줄, 발견되지 않은 분유정을 찾기 위해 남극에서 추위에 떨며 10년을 보내기로 결정할 수도 있다고 했다. 혹은 예측이 가능한 구역이고 꾸준한 수익을 보장해줄 따뜻한 휴스턴 지역으로 가기로 결정할 수도 있다고 했다. 영화사도 이와 비슷한 문제에 직면한다. 그러니까, 안전한 쪽을 택해 어느 정도 예측 가능한 주제를 다룰 수도 있고 아마도 망하겠지만 엄청난 흥행 몰이를 할 가능성도 있는, 기발하고 특이한 주제를 시도할 수도 있다.

앞날을 생각하는 대학 4학년생도 이와 비슷한 상황에 직면한다. 확실하고 안정적인 미래를 위해 치과 대학원에 갈까? 아니면 아이스크림 샌드위치 통신 판매 업체를 만들어 사업가로서 모든 아이디어를 사업에 쏟아 부을까?

통계에 근거하여 인생의 선택들을 내리는 것은 이론적으로 타당하다. 우리는 얼마나 많은 의사가 파산하는지와 얼마나 많은 벤처 기업가가 파산하는지를 비교할 수 있다. 아이스크림 샌드위치를 파는 경쟁 업체들이 얼마나 되는지 확인할 수 있다. 성공 확률을 따져서 가장 운 좋은 길을 선택할 수 있다. 하지만 실제로 대부분의 사람들은 '성공 확률이 얼마나 되는가?'라는 접근법에 이끌리지 않는다. 사람들은 널리 알려진 정보나 친구들이 이룬 결과에 근거하여 결정을 내리거나 마음이 끌리는 대로 결정을 한다. 이는 어리석은 모험으로 이어지기도 한다. 사람들은 가능성이

거의 없어 보일 때도 부정적인 측면을 무시하면서 좋은 결과를 기대한다.

나는 캘리포니아 공대 물리학자인 레오나르드 플로디노프 Leonard Mlodinow의 열혈 팬이었다. 그의 베스트셀러 《춤추는 술 고래의 수학 이야기》는 내 침대 옆 탁자 위를 오랫동안 차지하고 있었다. 그는 통계적 가능성을 아주 그럴듯하게 설명을 잘한다. 기발하게도 그런 그가 한때 만일 당첨 확률상 수많은 사람 가운데 단 한 명만 행운의 주인공이 되며 이 과정에서 한 사람이 뜻밖의 사고로 죽는다고 할 때 얼마나 많은 사람이 주에서 발행하는 복권을 살까 궁금해했다. 이러한 사고가 흔히 일어나기 때문에 그는 이런 의문을 품었다. 그는 자동차 사고에 대한 통계 자료와 차를 타고 나가 복권을 사는 사람들 수에 대한 추산을 합쳐서 주요 복권 한 회당 자동차 사고 사망자가 약 한 명 더 발생한다고 예상했다.

수년 전 내가 큰 잡지사 편집자였을 때 잡지사 직원들은 한 달에 한 번씩 함께 아침 식사를 했다. 과일 접시들과 크림 도넛이 준비되었고 그 자리에 참석한 모든 직원은 상이 걸린 복권도 받았다. 그러면 CEO가 상을 수여하기 위해 모자에서 숫자를 뽑았다. 레스토랑 2인 식사권, 선물 바구니, 유명 디자이너가 만든 스카프가 상이었다. 복권에 뽑혀서 상을 받으러 앞으로 달려가는 사람들 중에 적어도 한 명은 이렇게 소리쳤다. "믿을 수 없어! 지금까지 이런 거에 당첨된 적이 한 번도 없는데!"

물론 놀랄 일은 아니다. 어떤 종류이든 복권에 당첨되었다는 것은 확률을 깼다는 의미다. 바나비는 아내 미셸이 동네 트레이더조 Trader Joe's에서 일주일치 무료 식료품이 걸린 응모권에 주기적으로 응모한다고 했다. 그 유명한 마트에 가는 사람이 수없이 많을 텐데 미셸은 세 번이나 당첨되었다.

"말이 안 되죠." 그가 말했다.

하지만 좋은 일이든 나쁜 일이든 예상치 못한 일은 항상 일어나기 마련이다. 수학자들은 미셸이 세 번 당첨될 가능성이 얼마나 되는가라는 질문과 누군가가 세 번 당첨될 가능성이 얼마나 되는가라는 질문 사이에 큰 차이점이 존재한다는 점을 지적하기를 좋아한다. 이것을 이렇게 생각해보자. 만일 매주 1만 명의 사람들이 응모권을 응모함에 넣는다면 당신의 당첨 확률은 1만분의 1이다. 하지만 누군가는 반드시 당첨되며 한 달 안에 똑같은 사람이 두 번 당첨되는 것이 생각처럼 그렇게 진기한 일은 아니다. 수학자들은 이를 대수의 법칙(law of big numbers, 어떤 특정한 현상이 일어날 확률은 적은 횟수로 측정했을 땐 뚜렷이 나타나지 않지만 그 횟수를 크게 늘리면 이론적 확률에 근접한다는 원리 - 역주)이라 부른다. 이 법칙은 확률을 생각하는 새로운 방식을 제시한다.

몇 년 전에 뉴저지에 사는 한 여성은 주에서 발행하는 복권에 4개월 동안 두 번 당첨되었다. 이는 미셸의 당첨보다 더 놀랍지 않은가? 취재진들은 그녀가 17조분의 1이라는 확률을 깬 거라고 보도했다. 하지만 퍼듀 대학교의 두 통계학자 스티븐 사무엘스

Stephen Samuels와 조지 맥캐브George McCabe의 생각은 이와 달랐다. 그들은 17조분의 1이라는 확률은 어떤 한 사람이 복권을 두 번 사서 각 복권이 다 당첨된 경우를 근거로 산출된 것이라는 점을 지적했다. 하지만 많은 사람이 수없이 많은 복권을 사기 때문에 미국 어딘가에서 두 번 당첨된 사람이 나올 확률은 이것과 완전히 달라진다. 17조분의 1의 확률일까? 아니다. 아마 30분의 1에 더 가까울지도 모른다.

또 다른 예가 있다. 만일 당신이 23명이 참석하는 생일 파티 모임에 간다면 그곳에서 두 명 정도 생일이 같을 가능성이 존재한다. 하지만 당신이 당신과 생일이 같은 사람이 있을 가능성이 있는 생일 파티 모임에 가고 싶다면 그곳에는 훨씬 많은 수의 사람들이 있어야 한다. 수학적으로 약 183명 정도여야 한다.

때로는 확률을 무시하고 자신의 행운을 스스로 만들겠다고 결심하는 것이 중요하다. 바나비는 이를 잘 아는 한 사람이 자신의 지인 더그 라우Doug Rauch라고 생각했다. 더그 라우는 트레이더조를 수년 동안 운영했던 사람이다.

"아 그래서 미셸이 응모권에 당첨된 거군요! 이미 정해져있던 거네요!" 내가 말했다.

"절대 그렇지 않아요! 더그 라우는 이제 거기서 은퇴했고요!" 바나비가 강조했다.

그래서 우리는 라우에게 전화를 걸었다. 나는 미셸이 당첨된 수수께끼에 대해 그가 아는 것이 전혀 없다는 사실을 이내 확신했다. 하지만 그는 식품점 업계에서 행운을 만드는 것에 대해서는 많이 알고 있었다. 트레이더조가 로스앤젤레스에 있는 작은 마트였을 때 초창기 직원이었던 그는 일찍이 성공을 거두었다. 땅콩버터를 대체할 버터를 생각해낸 장본인으로 명성을 얻은 일도 여기에 포함된다.

"땅콩버터보다 단백질 함량이 높고 가격도 훨씬 저렴해서 엄청나게 팔려나갔어요." 그는 오래전 일인데도 여전히 자랑스러워하며 말했다.

어떤 해에 미국에서 땅콩 작물이 흉년이어서 점심 식사의 기본 식료품 값이 급등했다. 그래서 라우는 목화씨로 땅콩을 대체해야 겠다는 생각을 했다. 제품 개발은 복잡했지만 그는 그 과정에서 중요한 교훈을 배웠다. "행운은 획기적인 사고를 할 때 찾아온다는 교훈이었어요. 현 상태를 그저 보고만 있지 말고 현재 존재하지 않는 것과 존재할 수 있는 것을 고민해봐야 해요."

마법처럼 들리는 말이기도 하지만 라우는 목화씨를 땅콩으로 변신시킨 것 외에 여러 가지 모험을 시도했다. 그는 회사를 아주 멀리 떨어진 곳까지 그러니까, 캘리포니아에서 동해안 지역까지 확장할 계획을 세웠다. 이것은 위험한 모험이었을까? 이는 무모하고 어리석고 터무니없는 모험에 가까웠다. 회사 소유주들과 CEO는 그 생각을 반겼지만 회사 설립자로 그동안 회사를 떠나있던 조 콜럼비Joe Coulombe는 라우를 점심 식사 자리에 데리고 가서 보스턴으로 가더라도 캘리포니아에 있는 집을 팔지 말라고 했다. 보스턴 지역은 장사가 안 될 것이기 때문에 다시 돌아오게 될 거라고 말했다.

"이런 생각이 들더군요. '이 분은 트레이더조의 설립자다. 이건 신이 내게 넌 실패할 거야라고 말하는 것과 같아.'" 라우가 말했다.

신의 메시지로는 부족하기라도 했는지 탐스오브메인Toms of Maine 치약 회사를 창립한 잉글랜드인 탐 차펠Tom Chappell이 더 그에게 저녁을 사주며 똑같은 의구심을 드러냈다. 탐은 직원들 유니폼도 그렇고, 마트 운영이 순조롭지 않을 거라고 생각했다.

"탐은 이렇게 말했어요. '거기서도 하와이안 셔츠를 입진 않을 거 아닌가? 해변이며 서퍼들이 있는 캘리포니아에서야 그 옷이 통하지만 보스턴에서 직원들이 그런 옷을 입으면 모조리 천치로 보일 텐데.'" 더그는 그 순간을 떠올리며 말했다. 탐은 카운터나 신선 조리 식품이 없는 마트의 전반적인 구성도 실패할 거라고 생각했다. 보스턴은 신선한 생선이 넘치는 도시인데 누가 냉동 생선을 사겠는가? "그 날 음식점을 나오며 몹시 낙담했어요. 심지어 셔츠 공급업자에게 긴 소매 하와이안 셔츠를 부탁해서 유니폼으로 어떤지 검토도 해봤어요."

긴 소매 하와이안 셔츠는 그 이름만큼이나 우스꽝스러워보였다. 그래서 더그는 모두가 예상한 큰 위험을 무릅쓰고 일반 하와이안 셔츠와 냉동 생선과 함께 동부 지역으로 진출했다. 만일 가망성이 없다면 자신이 믿는 마트 구성을 고수하여 자신의 가망성을 스스로 만들 생각이었다. "더디고 힘들었어요. 길고긴 고투의 시간이었죠. 하지만 사업도 인생도 원래 그런 거잖아요. 갑자기 성공하는 경우는 거의 없어요. 사람은 자신을 다른 누군가로 바꾸지 못해요. 그저 자기 자신을 믿고 그대로 밀고 나가는 용기가 필요하죠." 더그가 말했다.

더그와 그의 팀은 그들의 계획을 고수하며 동부 지역 여러 곳으로 확장했다. 결국 더그는 트레이더조의 사장이 되었고 2008년에 그가 은퇴할 무렵 104호점까지 생긴 상태였다.

낮은 가능성에 도전할 때 항상 성공하는 것은 아니다. 하지만 위대한 성공 스토리는 대개 사람들이 예상하지 못했던 것이다. 사람들은 보스턴의 트레이더조는 직원들이 자수를 놓은 멋진 셔츠를 입고 카운터 뒤에서 신선한 생선을 팔아야 성공 가능성이 높다고 말했다. 더그는 자기만의 직감과 조사와 통찰력을 바탕으로 식품점 업계에서 다른 접근법을 썼다.

도박을 하느냐 마느냐를 판단하는 일은 적어도 수학자들에겐 간단한 방정식과 같다. 그들은 어떤 일이 발생할 확률에 예상되는 수익을 곱하면 된다고 본다. 이를테면 당신이 천 달러를 획득할 확률이 10퍼센트라고 해보자. 그러면 10퍼센트(0.1)에 1,000을 곱해 100이 나온다. 이론적으로 당신은 기꺼이 시도하여 100달러를 얻으려 할 것이다. 하지만 현실에선 확률과 예상되는 수익이 항상 그렇게 명확하지 않으며 감정이라는 요소도 개입된다. 내가 이러한 상황에 놓인다면 나는 무엇을 투입하든 실패할 확률이 90퍼센트라고 생각할 것이다. 그래서 어쩌면 5달러만 모험을 할지 모른다.

더그는 보스턴에 트레이더조를 열었을 때 성공할 확률이 10퍼센트였을까? 아니면 20퍼센트? 혹은 50퍼센트? 그가 취한 모든 행동이 그러한 확률을 바꾸었다. 자신의 운을 만드는 과정에서 궁극적으로 중요한 것은 바로 이러한 행동이다. 더그와 이야기를 나눈 지 얼마 후 나는 한 에이전트에서 걸려온 전화를 받았다. 에이전트 측에서 아주 흥미로운 프로젝트의 책임자로 고려되는 인물 중에 내가 포함되어 있다고 알려주었다. 수많은 후보를 걸러서 현재 열 명의 이름이 후보 명단에 있다고 했다.

나는 그다지 흥분되지 않았다. 사실 10분의 1이라는 확률은 그다지 가능성이 높지 않기 때문에 내가 될 가능성이 없다는 생각이 들었다. 더욱이 다른 후보들은 쟁쟁한 사람들이었다. 그래서 그냥 마음을 접고 상황을 지켜보기로 했다.

그런데 그러한 확률을 바꿀 방법이 있을까? 뒷걸음질 치자는 것이 나의 본능적인 생각이었다. 아무 기대도 하지 말아야 실망도 하지 않으니까. 하지만 그렇다면 행운도 얻지 못한다. 그래서 나는 나를 돋보이게 만들 방법을 생각했다. 몇몇 사람에게 전화를 걸었고 재미있는 내용을 담은 이메일도 보냈다. 도움이 될지도 모른다는 생각에 예전에 내가 진행했던 비슷한 프로젝트의 자료들도 급히 꺼냈다. 처음에는 내가 유력한 후보가 아닐 수도 있었다. 하지만 보스턴에서 하와이안 셔츠도 처음에는 가망이 없어 보이지 않았던가. 그러한 시도를 행운으로 만들려면 누군가의 노력이 필요했다.

일주일이 지나자 후보자가 4명으로 좁혀졌고 결정을 내리는 사람들이 돌아오는 수요일에 나를 만나고 싶어 한다는 내용의 전화가 걸려왔다. 공교롭게도 나는 연설을 하기 위해 비행 편으로 바하마에 가야 했다. '스스로 기회를 만들어야 했다! 원하는 확률을 스스로 만들어야 했다.' 나는 큰 수수료를 내고 표를 다음 날로 바꾸었으며 연설에도 늦지 않게 잘 도착했다. 그리고 모든 노력을 기울여 수요일의 만남을 준비했다.

나는 확률이 내게 유리하게 변하도록 최선을 다했으며, 행운이 발생하도록 이런저런 노력을 기울였다. 이렇게 가능성을 바꾸기 위해 자신을 믿으며 밀어붙이고 노력했다면 자신은 운 좋은 사람이라는 기분을 느낄 수 있다.

나는 한때 콜로라도 볼더에 살았는데 크리스틴 클락이라는 여성과 이에 대한 대화를 나누었다. 우리가 대화를 나누던 당시 크리스틴은 다음 주에 남편과 1학년 딸과 함께 파리로 이사를 간다고 했다. 내가 들어본 개인적인 모험 가운데 그들의 모험은 상당히 대담한 것이었다.

뉴저지에서 자란 어린 시절부터 파리에 흥미를 느낀 크리스틴은 고등학교 시절 남자 친구 클리프와 결혼하여 그 아름다운 도시로 신혼여행을 갔고 딸이 아기였을 때도 그곳에 여행을 갔다. 그들은 그곳에서 휴가를 자주 보냈고 결국 생제르맹데프레 근처에 있는 멋진 아파트를 매입 후 수리했다. 그녀는 새로운 모험을 하는 것이 옳다는 생각을 하기 시작했다.

프랑스어를 하지 못하는데 어린 아이를 데리고 파리로 이사하는 것은 상당히 위험한 시도처럼 보인다. 하지만 크리스틴은 이사가 옳은 선택이 될 수 있도록 자신이 할 수 있는 모든 것을 했다.

"저희 가족은 볼더에서도 잘 지냈지만 전 파리에 있으면 심장이 뛰는 걸요." 크리스틴이 말했다.

개인 병원 심리 치료사인 크리스틴은 부부들에게 그동안 해본적 없는 일들을 시도하여 행운과 사랑을 만들어보라고 주기적으로 말해준다. "자신이 어떤 일을 왜 하고 있는지 항상 자문해봐야해요. 이 일이 익숙하니까 하고 있는 건가? 자문해봐야 하죠. 변화는 쉽지 않고 두렵게 하지만 어느 정도의 불편함을 기꺼이 감수했을 때 자신이 만들 수 있는 모든 행운을 생각해봐야 해요."

나는 크리스틴과 대화를 나눈 지 며칠이 흐른 후에도 그녀 생각이 계속 났다. 크리스틴이 루브르 박물관을 거닐고 팽오쇼콜라(초콜릿을 넣어 만든 프랑스 페이스트리 – 역주)를 먹고 룩셈부르크 공원에서 딸아이와 노는 모습을 상상했다. 그녀는 행운이 깃든 삶의 확률을 높였을까?

볼더와 파리에서 얼마나 많은 사람이 행복감을 느끼는지 보여주는 통계 자료가 있을지도 모르며, 틀림없이 일부 수학자들은 현상태에 머물지 않고 꿈에 그리던 도시로 이사했을 경우 결혼 생활에 행복을 느낄 확률을 산출해냈을 것이다. 그렇더라도 나는 크리스틴에게 그 모든 통계와 확률을 무시하라고 정중하게 말해줄 것이다. 어느 인생이든 좋은 날도 나쁜 날도 있기 마련이며 좋은 날이 더 많아지도록 노력할 때 자신의 행운을 만들 수 있다. 어쩌면 가슴을 뛰게 하는 일을 하는 것이 자신이 원하는 통계치를 만드는 한 방법일지도 모른다.

확고한 삶의 목표가
행운의 방향키가 된다

나는 모든 것은 운명 지어져 있어서
우리가 무엇도 바꾸지 못한다고 주장하는 사람들도
길을 건너기 전에 좌우를 살피는 모습을 보았다.

스티븐 호킹 Stephen William Hawking

HOW
LUCK
HAPPENS

4장

테레사 수녀는 왜 일등석을 탔을까

한 가지 일이 다른 일로 연결된다는 사실을 인지하라…
어머니와 멀리 떨어져 살아도 괜찮다…
테레사 수녀는 왜 일등석을 탔을까.

바나비는 매주 월요일과 화요일을 프린스턴에 있는 행운 연구실에서 보낸 후, 새로운 아이디어와 이론을 나누는 우리의 수요일 모임에 참석했다. 그가 뉴욕으로 왔을 때 가장 먼저 제기된 문제는 어디서 만나는가 하는 점이었다. 예전에는 내가 뉴욕에서 좋아하는 장소가 한두 곳이었던 반면 이제는 찾아가는 곳의 범위가 엄청나게 확장되었다. 콜럼버스서클에 새로 생긴 음식점, 센트럴파크에 있는 로브 보트하우스, 웨스트사이드에 있는 커피숍 등. 바나비는 항상 우리가 가보았던 곳보다 더 좋은 장소를 찾았다.

"시간을 어디서 보내느냐 하는 것은 중요해요." 어느 날 바나비는 대도시에서 급증하고 있는 공유사무실에 나와 앉아 있을 때 이렇게 말했다. "행운을 얻으려면 기회가 존재하는 곳에 있어야 하거든요."

바나비는 장소가 행운에 어떤 영향을 끼치는지 생각할 때면 아이스하키 선수인 웨인 그레츠키Wayne Gretzky를 떠올리게 된다고 말했다.

"그에겐 행운을 만드는 것에 대한 놀라운 통찰력이 있었어요." 바나비가 말했다.

그레츠키는 1980년대와 1990년대에 스탠리컵(Stanley Cup, 미국, 캐나다의 내셔널 하키 리그의 우승팀에게 주는 우승컵 - 역주)을 차지한 네 팀에서 활약했고 지금도 회자되는 엄청난 득점 기록을 세웠다. 그는 어떻게 득점을 그리 많이 했느냐는 질문을 받을 때면 항상 한 가지 대답을 했다. "저는 퍽(Puck, 아이스하키에서 공처럼 치는 고무 원반 - 역주)이 갈 곳으로 움직여요."

나는 실망감을 보이지 않으려 애썼다. 바나비가 그 말을 명언으로 생각한다면 명언이겠지. 하지만 정말 그럴까?

"퍽이 갈 곳으로 움직인다고요?" 나는 그 말을 반복하며 물었다.

바나비는 고개를 끄덕였다. "그건 비단 하키뿐만 아니라 삶에서도 정말 중요해요. 행운을 거머쥐는 사람들은 기회가 존재하는 곳으로 가거든요. 그리고 조용히 기다리다가 행운이 나타날 때 그걸 붙잡는 거죠."

"하지만 모두 그렇게 하지 않나요?" 내가 물었다.

바나비는 고개를 내저었다. "대부분의 사람들은 집에서 TV를 보고 있죠."

나는 웃음을 터뜨렸다. 그의 말이 맞았다. 닐슨Nielsen에서 최근에 발표한 통계에 의하면 미국인들은 하루에 TV 방송을 이런 저런 방식으로 시청하는 데 약 다섯 시간을 쓰고 휴대전화기와 태블릿 같은 시간을 소모하는 기기에 약 두 시간을 쓴다고 한다. 하루 일곱 시간이면 상근직의 근무 시간에 해당된다. 하지만 당신은 〈댄싱 위드 더 스타(Dancing with the Stars, 미국의 댄스 경연 대회 방송 프로그램 - 역주)〉의 심사원이 될 준비를 하는 게 아니라면 그저 집에서 방송을 보기만 해서는 행운을 거머쥘 수 없다. 우리가 예상치 못한 기회를 활용할 수 있는 장소에 가있어야 행운이 찾아오는데 소파는 그러한 장소가 되지 못한다.

"우리는 TV에 붙일 '행운 킬러LUCK KILLER' 스티커를 만들어야 한다니까요!" 바나비가 농담을 했다.

나는 그에게 내가 한때 TV 방송 제작자였다는 점을 상기시켜 주긴 했지만 그의 말을 이해했다.

퍽이 갈 곳으로 움직인다는 그레츠키의 말은 재미있으면서도 현실적이고 진지했다. 실제로 퍽이 그에게 도착할 즈음 그는 이미 몸을 움직일 준비가 되어 있었는데 선수들 가운데 그레츠키만 그러는 경우가 많았다. 우리는 실제로든 비유적으로든 긍정적인 일이 일어나도록 적절한 장소에 가있을 때 온갖 종류의 골을 넣을 수 있다. 직업을 찾든 배우자를 찾든 스포츠 트로피를 목표로 하든지 간에 말이다.

나는 운 좋은 일이란 흔히 생각하듯 우연으로만 발생하는 것이 아니라는 점을 이미 깨달았다. 적시에 적절한 장소에 있는 것도 순전히 우연일 수도 있지만 대개 그 장소에 존재하기까지 논리에 맞는 궤도가 존재하기 마련이다. 우리는 행운을 얻고자 한다면 어디로 향해가고 있는지, 픽이 어디에 있을 것인지 생각해봐야 한다.

나는 오스카상을 수상한 여배우 샤를리즈 테론Charlize Theron에 대해 들었던 이야기를 생각했다. 샤를리즈는 유난히 다사다난한 어린 시절에 일련의 불행한 사건들을 겪은 후 고국 남아프리카를 떠났다. 샤를리즈는 어머니가 알코올 중독인 아버지를 정당방위로 총으로 쏴 죽이자 더 나은 운을 찾아 이탈리아로, 뒤이어 미국으로 건너갔다. 어머니는 정당방위를 인정받아 처벌 받지 않았다.

행운은 곧바로 찾아오지 않았다. 샤를리즈는 무용수가 되고 싶었지만 무릎 부상을 당하고 말았다. 심한 우울증에 빠진 샤를리즈에게 어머니는 집으로 돌아오라고 했다. 하지만 열아홉 살의 샤를리즈는 자신에게 마지막 기회를 주고자 로스앤젤레스로 갔다. 그곳에서도 전망이 좋아 보이지 않았다. 한 은행에서 어머니가 남아프리카에서 보내준 수표를 현금으로 바꾸는 것을 거절당하자 직원을 향해 한바탕 소리를 지른 그 순간까지는 그랬다.

도대체 그녀에게 행운이 언제 찾아온 건가 싶었지만 은행에서의 행동이 샤를리즈에게는 행운이었다. 그날 은행에는 한 남자가서있었는데 그 남자는 탤런트 에이전트였고, 아름다운 여성이 감정을 격하게 분출하는 모습을 보고 샤를리즈에게 명함을 내밀었다. 그렇게 그녀의 연기자 인생이 시작되었다.

그렇다고 격분하는 것이 행운을 얻는 한 방법이라는 말을 하려는 것은 아니다. 어쨌든 샤를리즈는 불행한 일들을 겪은 후 무거운 발걸음으로 로스앤젤레스로 향했고 그렇게 해서 기회가 발생할 가능성이 아주 높은 곳에 자리를 잡았다. 만일 그녀가 포기하고 남아프리카로 갔다면 고향에 있는 사람들이 그녀의 불운을 이해하고 위로해주었을 것이다. 하지만 그녀는 그렇게 하지 않았고 행운을 얻을 기회를 자신에게 주었다. 그리하여 2004년 아카데미 여우주연상은 다름 아닌 그녀의 차지가 되었다.

미국인들은 항상 이동이 잦은 것으로 유명하지만 샤를리즈처럼 고향에서 아주 멀리 이동하는 것이 미국에서 그리 흔한 일은 아니다. 〈뉴욕 타임스〉에 나온 한 분석에 따르면 미국인 가운데 어머니 집과 차로 두 시간 이상 걸리는 지역에 사는 성인은 20퍼센트에 지나지 않고 어머니 집과 18마일 이내에 사는 성인은 50퍼센트라고 한다.* 나는 어머니라는 존재를 무척 좋아하지만 어머니가 모든 운의 원천은 아니다. 어머니와 먼 곳으로 이사한다면 새로운 인맥과 더 나은 가능성을 얻을 수 있다.

기회란 항상 예측 가능한 것이 아니기 때문에 행운을 붙잡는 일은 복잡할 수 있다. 방송 오디션을 받을 요량으로 로스앤젤레스

---

* 부모님이 항상 같이 사는 것은 아니기 때문에 아버지보다 어머니를 추적하는 것이 더 효율적으로 보인다.

에 갔건만 은행에서 발끈 화를 냈다가 한 에이전트의 눈에 띄어 연기 수업을 받다가 결국 주역을 맡고 오스카상을 거머쥘 수도 있는 것이다. 이러한 각각의 사건들이 다양한 결과로 이어질 가능성이 있기에 우리는 그 가능성을 보고 기회를 붙잡아야 한다.

바나비는 기회가 존재하는 곳으로 가서 행운을 만든 사람들의 사례를 많이 알았다. 그리스 출신 선박왕 아리스토텔레스 오나시스Aristotle Onassis는 운 좋게 시작한 사람이 아니었다. 오나시스는 그리스-터키 전쟁으로 모든 것을 잃은 가족과 함께 10대 때 부에노스아이레스로 날아갔다. 하지만 그는 너무 가난해서 외식할 상황이 아닐 때에도 값비싼 호텔에 가서 차를 주문하곤 했다.

"오나시스는 부자가 되고 싶다면 부자들이 있는 곳으로 가야 한다는 점을 알았던 거죠!" 바나비가 말했다.

오나시스는 그 과정에서 상식을 깨는 행동을 했고 사람들이 업무상 전화하는 것을 엿들어 세상 보는 눈을 키우기 위해 전화 교환수라는 일을 했다. 그는 자신에게 도움이 될 사람들을 만날 수 있는 장소를 항상 손수 찾아갔다. 이러한 원칙 때문에 그가 세계적인 갑부가 되고 오페라 가수 마리아 칼라스Maria Callas의 연인이 되고 미망인 재클린 케네디Jacqueline Kennedy의 남편이 된 거라고 말하는 것은 지나친 비약일 수도 있다. 하지만 자신의 행운을 만들려는 단호한 노력은 그가 비상하는 데 분명 도움이 되었다. 목표를 향해 부딪혀본다는 그의 원칙은 지금도 많은 사람에게 귀감이 되고 있다.

나라면 내게 남은 마지막 돈을 고급 호텔에서 차를 마시는 데 쓰지 않겠지만 어쩌면 그런 이유 때문에 내가 오나시스 같은 부자가 되지 못했는지도 모른다. 행운을 얻으려면 기회를 만들 수 있는 장소에 있어야 한다. 어떤 일을 하지 않기 위한 이유와 변명을 찾기란 항상 쉽다. 때로는 패배주의자의 태도가 논리적인 것처럼 보이기도 한다. 어쩌면 논리적일 수도 있다. 하지만 이러한 태도로는 행운을 거머쥐지 못한다.

"두려움과 자신감 부족은 행운을 저해하는 큰 요인이에요. 왜냐하면 이 두 가지가 있으면 자신이 원하는 것을 추구할 수 없고 원하는 지점에 이르게 해줄 인맥을 형성하지 못하기 때문이죠." 바나비가 말했다.

우울하게 집에 틀어박혀있거나 침대 이불 속에서 나오지 않는 사람은 행운의 주인공이 되지 못한다. 행운을 만들고 싶다면 조금씩 용기를 내어 예상치 못했던 일을 시도해봐야 한다.

바나비는 퍽이 갈 곳으로 움직인다는 그레츠키의 신조는 누구에게나 효과적이라고 확신했다. 이 원리를 각자의 목표에 적용하면 되고 성인聖人도 행운을 만들 필요가 있다고 보았다.

"테레사 수녀가 일등석을 탄 이유도 바로 그거예요. 인도에서 런던으로 가는 비행기 일등석에서 자선단체를 위한 기금을 더 많이 모을 수 있었으니까요."

나는 집에 돌아오자마자 바나비가 말한 내용이 사실인지 확인해보았다. 테레사 수녀는 인생의 대부분을 인도에서 보내며 사회에서 환영과 사랑과 보살핌을 받지 못하는 사람들을 위해 헌신했다. 테레사 수녀는 사랑의 선교 수녀회라 불리는 수도회를 설립했다. 이곳은 시간이 지나면서 빠르게 확장되어 1997년 테레사 수녀가 눈을 감을 즈음에는 수많은 나라의 수녀가 이곳에 소속되어 있었다. 그들은 "최빈곤층을 대가 없이 전적으로 돕겠다"고 맹세했다.

테레사 수녀는 가난하고 무시당하는 사람들을 보살피려면 많은 돈이 필요하다고 판단했다. 그래서 자선 기부금을 모으는 데 열중했다. 테레사 수녀는 가난한 사람들을 이해하려면 그들과 뒤섞여 살아야 한다고 믿었지만 비행기 일등석을 자주 이용했다. 그것 때문에 일부 비난을 받기도 했다. 하지만 이동이 잦은 테레사 수녀가 비행기 앞자리에 앉았기에 결과적으로 행운을 불러들였고 이를 바탕으로 누군가에게 행운이 될 도움의 손길을 널리 내밀 수 있었다. 인도에서 런던 그리고 다른 지역까지 긴 여정 동안 자기 자리에 붙박인 사람들에게 기금 모금과 관련한 이야기를 할 수 있었고 이로써 상당한 기부금을 모았다. 그녀는 일등석에 탄 경영자가 이코노미석 마지막 줄에 앉은 사람보다 자신의 대의에 좀 더 후하게 기부할 수 있다는 사실을 이해했다. 이 여리고 열정적인 여성을 대면한다면 기부를 거절하기 힘들었으리라. 그녀의 열정은 그녀의 힘이었다.

2016년 가톨릭교회는 테레사 수녀를 성인으로 공표하여 캘커타의 성녀 테레사로 칭했다. 일각에선 그 시성식에 대한 논란이

제기되었다. 그래도 일등석 탑승에 대해선 언급되진 않았다. 심지어 성인으로 공표되기 전에도 이따금 비평가들은 그녀가 부자이지만 수상한 경영자들이나 권위자들과 폭넓은 인맥을 형성하고 있다는 점을 지적했다. 이를 긍정적인 시각으로 본다면 그녀는 중요한 활동을 위한 기금을 마련하고 몹시 궁핍한 사람들에게 약간의 행운을 선사하는 데 필요한 행동을 무엇이든 한 것이었다.

그녀는 기부에 도움이 될 사람들을 때로는 인도에서 때로는 국제회의에서 때로는 비행기 일등석 구간의 화장실로 걸어가면서 발견했다. 기부자가 있을 만한 곳이면 어디든 다녔다.

1980년대 뉴웨이브 록밴드 픽스Fixx의 인기곡으로 '하나가 다른 하나로 이어져One Thing Leads to Another'라는 곡이 있다. 팬들은 가사에 담긴 철학적 추론보다 강렬한 비트에 더 흥미를 느꼈겠지만 이 노래 제목에는 단순한 진리가 담겨있다. 인생과 행운에서 한 가지 일이 정말로 다른 일로 이어지기 때문이다. 한 가지 긍정적 결과를 위한 토대를 마련하면 거기서 다른 긍정적 일들이 파생된다. 이 과정에서 흔히 행운은 점점 커지기 마련이다.

포부가 큰 사람들은 행운이 또 다른 행운으로 이어진다는 점을 무의식적으로 이해하기 때문에 함께 모이는 경향이 있다. 페이스북Facebook 창업자인 마크 저커버그Mark Zuckerberg는 하버드대생

시절 페이스북을 오픈했을 때 회사가 행운을 거머쥘 가능성을 높이기 위해 여름에 팰로앨토로 건너갔다. 한마디로 행운이 존재할만한 곳으로 간 것이다. 하이테크 기업들의 본사가 몰려있는 환경에서 한 가지 일은 다른 일로 연결되었다. 한 사람이 다른 사람으로 연결되었기 때문이다.

저커버그는 냅스터(Napster, 온라인 음악 파일 공유 서비스 - 역주)를 만든 숀 파커Sean Parker를 이 신생 기업의 사장으로 영입했다. 파커는 투자자를 찾다가 소셜 네트워크 사이트 링크드인LinkedIn의 회장인 레이드 호프만을 찾아갔다. 호프만Red Hoffman은 파커의 아이디어가 마음에 들었지만 이해관계가 상충된다고 생각했기에 투자할 수는 없었다. 그래서 파커를 자신이 페이팔PayPal에서 함께 일했던 피터 틸Peter Thiel에게 소개시켜주었다. 그리하여 저커버그는 처음으로 50만 달러라는 엔젤 투자(개인 투자자가 아무 담보 없이 창업 기업의 주식 등을 받고 투자금을 대주는 것 - 역주)를 받았다.*
저커버그는 행운과 지원이 흘러들어올 수 있는 곳으로 갔기에 상당한 수익을 거둘 수 있었다. 저커버그와 페이스북의 경우 한 사람이 다른 사람으로 즉, 파커에서 호프만으로 그리고, 다시 틸로 연결되면서 행운이 발생했다.

---

* 틸은 50만 달러 투자로 이 신생 기업 지분의 10퍼센트를 얻었고 이는 결과적으로 그가 했던 그 어떤 투자보다 행운의 투자였음이 드러났다. 몇 년 후 페이스북이 주식을 상장한 후 틸은 자신의 지분을 10억 달러가 넘는 돈에 매각했다.(그가 그 돈을 유용하게 썼는지는 분명하지 않다.)

만일 당신이 신규 업체를 만들 뛰어난 아이디어가 있는데 사업을 진행할 거금이 필요하다면 실리콘밸리로 이사를 간다거나 적어도 그곳을 여행해볼 생각을 해보았을 것이다. 세계적으로 영향력 있는 벤처 투자자들의 사무실이 밀집해있는 곳의 근처로 갈 때 적절한 인맥을 형성할 가능성이 한층 높아지는 것은 당연하다. 당신은 이렇게 함으로써 행운의 기회가 발생할 가능성이 큰 곳에 가 있는 것이다.

하지만 샌프란시스코 행 편도 비행기 표를 사기 전에 기억할 것이 있다. 바로, 실리콘밸리나 할리우드처럼 큰 기회가 존재하는 곳은 사람들이 엄청난 경쟁을 직면하는 곳이기도 하다는 사실이다. 바나비는 생물학자들은 오랫동안 이러한 현상을 자연계에서 발견하고 이를 '최적 자유 분포ideal free distribution'로 부른다고 내게 말했다. 이는 자원이 가장 풍부한 곳에 더 많은 동물이 모여든다는 것을 나타낸다. 다람쥐에겐 수많은 견과류와 과일이 여기저기 흩어져있는 풀밭이 아마 최적의 장소일 것이다. 하지만 모든 다람쥐가 그곳에 몰려온 상황에서 몸집이 작고 날카로운 발톱이 없는 다람쥐라면 먹을 것이 많지 않은 저 아래쪽 땅에서 지내는 것이 훨씬 낫다. 그곳에서 견과류와 산딸기류를 많이 구하지 못하더라도 잘 지내며 심지어 겨울이 와도 만족스럽게 살아갈 수 있다.

직업을 구하거나 애인을 찾거나 부자가 될 기회를 찾는 사람들에게도 이와 똑같은 원리가 적용된다. 그들은 최고의 기회가 존재하고 경쟁을 할 수 있는 곳으로 가고 싶어 한다. 만일 당신이 규모가 작은 신규 업체의 운영자인데 고향인 인디애나 시골 지역에서 이렇다 할 성공을 거두지 못하고 있다면 실리콘밸리로 가기 전 업체를 좀 더 발전시킬 필요가 있다. 반면 업체가 급성장하고 그 지역에서 자신이 그 누구보다 운영을 잘한다면 캘리포니아 해안 지역으로 진출할 생각을 해볼 수 있다. 행운을 받을만한 준비가 되어 있어야만 대담한 조치를 취했을 때 행운을 얻을 수 있다.

나는 몇 개월 전에 앨리스 브룩스라는 젊은 여성을 만났다. 둘 다 여성 리더십 학회에서 강연을 맡아 아이오와 주 시더래피즈에 있을 때였다. 이곳은 운 좋은 일들이 발생하기에 최적의 장소였다. 나는 기조연설을 했고 앨리스는 오후 세미나를 열었지만 우리는 공항으로 돌아가는 길에 차 안에서 만났고 쉴 새 없이 대화를 나누었다. 나는 비행기 연착으로 오래 기다리는 일을 처음으로 달가워했다.

앨리스는 2010년에 매사추세츠 공대(MIT)를 졸업하고 기계 공학 석사 학위를 받기 위해 스탠포드 대학에 갔다. 바로 그곳에서 앨리스는 적소에 있는 이점을 누렸다. 앨리스는 그 과정에 참여한 몇 안 되는 여성 가운데 한 명이었고 그곳에서 고무시켜준 기업가 정신에 자극을 받았다. 그리고 자신처럼 공학 기술에 흥미를 느끼도록 여자아이들을 고무시켜주는 장난감을 만들겠다고 결심했다. 그녀는 여자 아이들이 직접 설계한 후 조립하고 연결하는 장난감을 상상했다.

"어렸을 때 크리스마스 선물로 바비 인형을 사달라고 했는데 아빠가 인형 대신 톱을 사주셨어요. 그래서 인형이랑 인형 집을 만들었다니까요. 여자 아이들은 바로 그런 경험을 해봐야 해요." 앨리스가 웃으며 말했다.

앨리스는 스탠포드 대학에서 섬광등과 회로가 들어간 여아용 장난감을 설계하기 시작했고 기계 공학 석사 과정을 함께 밟고 있던 친구 베티나 첸과 회사를 차리기로 결심했다. 이는 좋은 아이디어이긴 했지만 그 당시 실리콘밸리에 있던 사람들에겐 모두 좋은 아이디어가 있었다. 그들은 그 아이디어를 성공으로 이끌기 위해 행운으로 연결될 만한 모든 요소에 노력을 기울였다. 그러니까, 적절한 연락처를 찾고 크라우드소싱(crowdsourcing, 일반 대중이나 아마추어들의 노동력, 제품, 컨텐츠 등 사외 자원을 활용하는 것 – 역주)을 하고 멘토를 만났으며 우연한 기회가 발생할 수 있는 시장을 직접 찾아갔다. 그러다가 많은 창업자들이 가고 싶어 하는 자리에 가게 되었다. 바로 창업 오디션 프로그램 〈샤크 탱크(Shark Tank, 투자자들과 창업자들이 만나는 리얼리티 TV 방송 – 역주)〉다.

이 프로그램은 제목에서 샤크(shark, 원래 '상어'라는 뜻이다 – 역주)는 큰 성공을 거둔 다섯 명의 사업가를 말하며 이 방송에서 그들을 '업계의 타이탄'이라 부른다. 그들은 창업자들의 홍보를 듣고 신규 업체에 돈을 투자할지 결정한다. 수년 전에 〈서바이버 Survivor〉라는 리얼리티 프로그램을 만든 마크 버넷Mark Burnett이 제작한 〈샤크 탱크〉는 자본가들을 위한 일종의 서바이버 프로그램이라 할 수 있다. 방송이 유명해져서 방송 프로듀서들은 탱크

안으로 헤엄쳐 들어오고 싶어 하는 사람들로부터 매해 지원 신청을 4만 건씩 받는다. 하지만 그들은 방송의 질을 높이기 위해 창업가들을 직접 찾아 나서기도 한다. 여자 아이들을 위한 똑똑한 장난감을 만든 스탠포드대 출신의 매력적인 두 공학자에 대한 소문은 이내 그들의 귀로 흘러들어 갔다.

앨리스는 그 프로듀서들이 처음 전화를 걸어왔을 때 어깨가 으쓱해졌지만 제안을 거절했다. 그 방송이 시청자들에게 재미를 주기 위해 제작되었지만 실제로는 약삭빠른 사업가들이 수익을 낼 잠재력이 있는 회사를 창업한, 수완 좋은 사람들에게 투자하고 싶어 한다는 사실을 알았다. 기회가 찾아왔다 해도 기회를 온전히 활용할 준비가 되어 있지 않다면 적소에 있는 것이 도움이 되지 못한다. 그녀는 TV 방송에 나가기 전에 회사의 매출액을 키우고 좀더 인상적인 이력을 만들고 싶었다.

마침내 그 회사는 앨리스가 방송에 나갈 준비가 되었다고 느낄 정도의 위치가 되었다. "우린 시즌6의 첫 출연자로 예정되어 있었어요. 그래서 우린 이전의 다섯 가지 시즌 방송을 모두 챙겨 보면서 모든 질문을 메모해두고 각자에게 질문 유형을 배분했어요. 질문을 받았을 때 서로를 멀뚱멀뚱 쳐다보지 않고 곧바로 대답할 수 있게 하려고 말이죠." 그녀가 말했다.

그 방송에 출연한 것은 확실히 적소에 간 것과 같았다. 그들은 매끄러운 발표와 재빠른 대답으로 출연진에게 깊은 인상을 남겼다. 그 방송의 결과는 행운이 준비된 사람을 좋아한다는 점을 제대로 보여준 사례였다. 미국의 억만장자인 마크 쿠반은 이 회사 지분의 2.5퍼센트를 받고 25만 달러를 투자했다.* 그들이 방송에 나올 즈음 매출액은 이미 170만 달러를 기록했고 다음 해에는 5백만 달러로 급증했다. 몇 년이 지나 2016년 1월에 그들은 위스콘신에 본사를 둔 한 장난감 회사에 자사를 매각했다. 이로써 앨리스는 서른 번째 생일을 맞이하기 전 굉장한 부자가 되었다.

　사람들은 행운이나 성공을 추구할 때 다른 사람들이 이미 발견한 곳으로 자연스럽게 가려고 한다. 어쩌면 그곳에서 행운이나 성공을 얻을지도 모른다. 과학자들도 번개가 같은 장소에 두 번 친다고 말하지 않는가. 하지만 가장 큰 행운의 기회는 다른 곳으로 움직일 가능성도 크다. 다른 사람들이 이미 행운의 장소로 몰려들기 때문에 당신은 행운이 이제 어디로 갈 것인지 파악하려고 노력하는 편이 낫다.

　앨리스 같은 젊은 기업인들은 항상 자사 제품의 다른 버전을 고민하며 아주 유연한 태도로 항상 변하는 미래를 향해 나아간다. 앨리스는 시내의 많은 가정에 자사의 조립장난감의 초기 모델을

---

* 방송에서는 쿠반과 또 다른 샤크 그러니까, QVC(미국 홈쇼핑 채널 - 역주)의 로리 그레니어가 같은 지분으로 함께 투자하기로 되어 있었다. 하지만 로리는 나중에 투자에서 빠졌다. TV으로 보는 투자금액이 항상 창업가들이 실제로 받는 금액인 것은 아니다.

나누어주고 여자 아이들이 그것을 어떻게 가지고 노는지 관찰하면서 장난감에 변화를 주었다. 열심히 일하려는 의지를 보이고 끊임없이 계획에 변화를 주었기에 앨리스의 성공 가능성은 커졌다. 신생 기업의 경영자들은 항상 자사의 베타 버전(소프트웨어 등을 출시하기 전 테스트를 위해 일반인에게 배포하는 판 - 역주)에 대한 이야기를 한다. 이는 그들이 항상 자사 제품을 시험해보고 품질을 향상시킬 방법을 찾는다는 의미다. 혹은 그들이 현재 버전 2.0 상태라는 말도 하는데 이는 첫 번째 계획이 성공적이지 못해서 다른 계획을 세웠다는 것을 의미한다. 이 두 가지 접근법 모두 인생에서 중요하다. 항상 있는 일이지만 원칙이 변할 때 앞서 가는 유일한 방법은 말 그대로 앞서서 가는 것이다. 자기만의 베타 버전을 중심에 두든가 버전 2.0인 삶으로 나아가야 한다. 지금은 거액의 수익이 보장되지 않더라도 뒤를 돌아보기보다 앞을 향해갈 때 그러한 가능성이 높아진다.

젊은 기업가는 진화해야 할 필요가 있는 다른 모든 종種과 별반 다르지 않다. 관심 분야가 다양해 수년 동안 조류학을 공부한 바나비는 어느 날 대화를 하던 중 한때 유럽과 북아프리카의 지중해 연안에 살았던 양비둘기에 대한 이야기를 꺼냈다. 도시들이 성장하면서 해안과 떨어진 곳에서 먹을 것을 찾을 기회가 점점 많아지자 많은 양비둘기가 내륙으로 이동했다. 이 새들은 먹을 것이 있는 곳으로 가며 계속 기회를 찾아갔다. 이 새들은 현재 비둘기로 불린다. 당신이 좋아하는 도시에서 비둘기들을 본 적이 있지 않은가?

마찬가지로 붉은꼬리매가 맨해튼 5번가의 근사한 건물의 화려한 석조 장식물을 좋은 둥지로 생각하기 전까지 맹금류는 도시 새가 아니었다. 한 작가가 페일 메일Pale Male이라고 이름 붙여준 이 새는 그 건물의 부유한 거주자들이 이 새의 거주를 원치 않아 둥지를 철거하기로 결정하면서 지역 명사가 되었다. 조류 애호가들과 야생동물 보호 협회에서 개입하여 결국 둥지를 다시 만들었고 그 밑에 4만 달러의 비용이 든 것으로 알려진 받침대도 설치했다. 아래 보행자들에게 부스러기가 떨어지지 않도록 하기 위해서였다. 페일 메일은 자신의 펜트하우스에서 25년 이상 거주해오고 있으며 여러 짝들과 많은 새끼를 낳았다. 최근까지 여덟 마리로 알려져 있다. 현재 플라자호텔을 비롯한 뉴욕 곳곳에서 붉은꼬리매들이 둥지를 틀고 있는 것으로 알려져 있다.

양비둘기 무리와 페일 메일은 미래의 기회를 찾아 과거에 살던 곳에서 이동하여 운을 만들었다. 이렇게 하는 것은 상당한 위험처럼 느껴질 수 있지만 인간을 포함한 모든 종류의 동물에게 좋은 결과로 이어질 수 있는 모험이기도 하다.

행운을 거머쥐려면 적소에 있어야 한다는 점이 구구절절하게 들어맞는 상황이 있다. 1972년 올림픽 때 미국의 단거리 주자 레이 로빈슨Rey Robinson과 에디 하트Eddie Hart는 100미터와 200미터에서 금메달 우승 후보였다. 하지만 코치가 예선전 일정을 잘못 파악한 바람에 그들은 준준결승전을 놓치고 말았다. 애원해도 소용없는 상황이었고 그들은 결국 탈락했다. 너무 부당하게 느껴져서인지 이 사건은 수십 년이 지난 후에도 사람들의 입길에 오르내리고 있다. 이전에 로빈슨과 하트에 대해 들어본 적이 없는 사람일지라도 그들이 올림픽 출전을 최우선으로 삼고 수년 동안 혹독한 훈련을 했을 것이라고 짐작할 수 있다. 코치는 책임을 인정하고 모든 비난을 받아들였다.* 어쨌든 적소에 있지 못하면 행운을 거머쥐지 못하는 것이다.

이 일화는 다시 그레츠키를 떠올리게 한다. 행운을 얻을 수 있는 곳으로 항상 향해갔던 그레츠키. 그는 하키뿐만 아니라 인생에도 적용되는 통찰력 있는 말을 한 가지 더 했다. "슛을 날리지 않으면 실패율은 항상 100퍼센트다." 다시 말해, 직접 뛰어들지 않으면 행운을 얻지 못한다. 이렇게 하려면 자신이 편안함을 느끼는 영역에서 빠져나와 한 가지 일을 다른 일로 연결되게 해줄 수 있는 사람들을 만나야 한다. 겉으로 볼 때 운이 좋아 보이는 사람이라도 실제로 알고 보면 퍽이 향하는 방향으로 달려가는 노력을 기울였던 사람이다.

---

* 나중에 드러난 사실이지만 이 코치는 갱신된 일정을 알 수 있도록 한 경기 임원과 시간을 확인했다고 한다.

5장

모든 파티에 참석해야 행운이 따라온다

새로운 인맥을 찾아라…
행운을 얻으려면 행운을 베풀어라…
약한 연결망을 활용하라.

내가 운영하는 독서회에서 어느 날 저녁 엘레나 페란테의 소설로 짧게 토론을 한 후 회원들은 디저트가 차려진 탁자로 몰려갔다. 우리가 과일과 젤라또, 초콜릿 쿠키를 먹는 동안 한 여성이 할 말이 있다고 했다. 남편 친구 한 명이 디지털 업계에서 재능 있는 남자와 함께 일을 했었는데 그 남자가 얼마 전 해고를 당해 새로운 일을 찾아야 한다고 했다. 그러면서 연결해줄 만한 사람을 혹시 아느냐고 물어보았다.

일자리가 필요한 남자의 이름은 스리 스리니바산이었다. 나는 바나비가 그를 안다는 사실을 알았을 때 그렇게 놀라지 말았어야 했다. 스리는 분명 인맥이 넓은 사람이었기 때문이다. 그렇지 않다면 어떻게 도쿄에서 태어난 인도 저널리스트가 어퍼이스트사이드에서 열린 독서회에서 여자들의 화제에 올랐겠는가? 내가 이력을 확인해본 결과 스리는 바나비가 다음에 말한 행운의 원리 즉, 사람들을 통해서 행운을 만들 수 있다는 점을 잘 보여준 본보기였다.

스리는 메트로폴리탄 미술관 디지털 총책임자로 채용되었을 때 소셜미디어 업계에서 이미 잘 알려져 있는 인물이었다. 이 디지털 총책임자라는 직책은 오직 그를 위해 만들어진 자리였다. 그는 그 일을 꿈의 직업으로 생각했다. 하지만 3년 후 미술관 측은 고위 직원들을 축소하기로 결정해서 그를 해고했다. 나중에 그는 처음엔 낭패감을 표출했지만 이내 물러서야겠다고 생각했노라고 지난 날을 술회했다.

아래로 떨어지면 다시 기어 올라가는 것이 자연스러운 반응이지만 돌아갈 자리가 없으면 어떤 곳으로도 이끌어주지 못한다. 그래서 그는 많은 친구와 소셜미디어에서 알고 지내는 팔로워들을 통해 도움을 받기로 결심했다. 그는 페이스북에 자신의 상황을 알렸다. 그러면서 예전에는 하루에 대체로 5마일을 걸었는데 이제 시간이 많으니 10마일을 걸어야겠다는 글을 남겼다. 그는 자신과 함께 걸으며 대화를 하고 사람들을 초대했고 이러한 서식을 올렸다. '스리가 다음에 꼭 해봐야 할 한 가지 일은 … 이다.' 약 1,300명의 사람들이 그에게 조언을 해주었고 그는 이를 '글로벌 디지털 포옹global digital hug'이라고 불렀다. 확실히 그는 우리의 독서회를 포함하여 곳곳에서 사람들의 화젯거리로 올랐던 것 같다. 그달 말에 그는 뉴욕시의 디지털 총책임자로서 새로운 일자리를 얻었다. 예전보다 더 큰 직책이었다.

스리는 인맥과 폭넓은 네트워크를 활용하면서 자신의 행운을 손에 쥐었다. 그는 새로운 직업을 얻게 되자 이런 글을 남겼다. '저는 마음을 열고 솔직하게 도움을 청했기에 이 역할을 맡게 된 것입니다. 우리가 필요한 도움을 명확하게 밝힐수록 사람들이 우리를 더 많이 돕는다고 생각합니다.'

어쩌면 나의 행운은 다른 사람들에게 달려있는 경우가 많다고 말하는 것이 타당할지도 모른다. 하버드 로스쿨의 로런스 레식 Lawrence Lessig 교수는 사람들은 서로 더 공유할수록 더 창의적이고 혁신적으로 변한다고 주장했다.*

행운을 얻는 단순한 비결은 나를 위해 좋은 일을 발생시킬 수 있거나 앞으로 그럴 가능성이 있는 사람들과 함께 있는 것이다. 이러한 사람들이 항상 내가 생각하는 사람들인 것은 아니다. 가족과 친구들은 내 평생 나를 가장 견고히 지지해주는 사람들이겠지만 때로는 의외의 사람들이 나를 행운의 길로 나아가게 해준다.

프린스턴 대학과 하버드 대학에서 학위를 받았고 현재 스탠퍼

---

* 그는 이러한 생각이 아주 강해서 저작권법 적용을 완화해야 한다고 주장한다. 그래서 자신의 저서 《아이디어의 미래》를 온라인에서 무료로 볼 수 있게 했다.

드 대학교 사회학과 석좌 교수로, 많은 존경을 받는 사회학자 마크 그래노베터Mark Granovetter는 이를 '약한 연결의 힘the strength of weak ties'이라 부른다.* 우리는 일주일에 한 번 이상 보는 친한 친구들이나 동료들과 강하게 연결되어 있고 이처럼 자주 만나지 못하는 사람들과는 약하게 연결되어 있다. 디지털 미디어에서 잠재적 동료나 새 직장을 찾을 때 중요한 것은 일반적으로 약한 연결망이라는 사실은 흥미롭다. 당신과 당신의 가장 친한 친구들은 이미 비슷한 사람들을 알고 있다. 흔히 사회학자들은 이를 '중복되는 사회망overlapping social circles'이라 부른다. 하지만 가령, 스리와 독서회 여성 회원들처럼 약하게 연결된 사람들의 경우 서로의 사회망이 완전히 다르다. 이렇게 사회망이 다른 사람들과 연결된다면 완전히 새로운 가능성의 연결망이 열린다. 새로운 사람들은 각각 다른 사람들과 연결되어 있기 때문에 가능성은 순식간에 증폭된다.

유용한 모순성이 있는, 약한 연결의 힘을 통찰한 그래노베터는 정보와 행운이 어떻게 전파되는가와 연결망에 대한 복합적인 연구를 고무시켰다. 이른바 연결망을 형성하는 방법을 아는 사람은 결국 가장 운이 좋은 사람처럼 보이기 마련이다.

---

* 1973년에 〈미국 사회학 저널American Journal of Sociology〉에 이 제목으로 출간된 논문은 사회학에서 가장 자주 인용되는 논문 가운데 하나다.

수학자들은 앞서 독서회처럼 같은 공간에 있는 누군가가 젊은 여성의 바람을 이루게 해줄 연결 고리가 되는 것이 통계적으로 타당하다고 서슴없이 말할 것이다. 당신이 아는 사람이 많을수록 메시지는 더 빨리 퍼지면서 더 많은 연결이 만들어진다.

앨버트 라슬로 바라바시Albert-Laszlo Barabasi는 연결망의 힘과 관련해 아주 인상적인 연구 업적을 남겼다. 바라바시 박사는 전문적인 직함이 워낙 많은 터라 자신만의 연결망으로도 행운을 얻을 수 있을 것처럼 보인다. 그는 노스이스턴 대학에서 컴퓨터와 정보 과학 교수일 뿐만 아니라 물리학 교수이고 동 대학 네트워크 과학 연구소를 운영하며 하버드 의과대학원과 주요 의대 부속 병원 두 곳에서 여러 직책을 맡고 있다. 루마니아 트란실바니아에서 태어난 그는 전 세계 곳곳에서 강연을 자주 한다. 그런 그가 비행기에서 테레사 수녀를 우연히 만난 적이 한 번도 없다는 사실이 놀랍다.

바라바시 박사는 정보와 행운이 어떻게 전파되는지 설명하기 위해 서로 알지 못하는 백 명이 참여한 칵테일파티를 예로 든다. 파티를 연 주인은 한 손님에게(그를 존이라고 부르겠다) 아무런 표시가 없는 유리병에 담긴 레드와인은 사실 희귀하고 값진 빈티지 와인이라고 귀띔해준다. 주인은 자신의 와인이 아주 안전하다고 판단한다. 그렇다면 존은 파티가 열리는 동안 얼마나 많은 사람을 만나 그 정보를 공유할까?

그 답은 '당신이 생각하는 것보다 훨씬 많다'이다. 파티가 시작될 때 손님들은 자연스럽게 두, 세 개의 대화 그룹으로 나뉠 것이다. 값비싼 와인에 대한 가벼운 이야기는 처음의 어색함을 누그러뜨릴만한 좋은 화젯거리다. 따라서 존은 새로 만난 사람들에게 분명 이 이야기를 할 것이다. 마침내 그 그룹에 있던 모든 사람은 잔을 채우거나 에피타이저를 먹거나 다른 사람을 만나기 위해 흩어질 것이다. 처음에 존과 함께 있던 세 명의 사람들이 각자 세 개의 그룹에 합류한다면 빈티지 와인에 대한 이야기는 아홉 명에게 더 퍼진다. 그리고 이 아홉 명도 다른 그룹에 합류하여 이 소식을 전할 것이다.

바라바시 박사에 따르면 수학자 폴 에르도스Paul Erdos와 알프레드 레니Alfred Renyi는 이 문제를 연구하여 '파티장의 모든 손님이 포함된, 눈에 보이지 않는 사회망이 형성되는 데' 30분밖에 걸리지 않는다고 결론지었다. 그러니까 그 파티에 갔다가 그저 돌아다니기만 해도 빈티지 와인을 맛보는 행운을 누릴 수 있는 것이다.

하지만 어떤 파티는 다른 파티들에 비해 행운이 더 잘 발생한다. 이는 미국의 일부 도시와 시내와 대학도 마찬가지다.

코넬 대학교의 존경받는 사회학 교수이자 경제 사회 연구 센터Center for the Study of Economy and Society 소장인 빅터 니Victor Nee는 대도시 환경에서 사람들이 서로를 위해 어떻게 행운을 발생시키는지 조사해왔다. 또한 대도시에 창의적 집단과 학문적 집단이 많은 경향이 있는 이유가 무엇인지 발견하기 위한 조사를 진행해왔다.

빅터는 지식 기반 경제에 대한 조사를 하는 과정에서 다음과 같은 사실을 알게 되었다. 즉, 2008년 금융 위기 이후 뉴욕시가 금융, 광고, 미술의 중심지로서의 명성을 회복했을 뿐만 아니라 이른바 '혁신 클러스터innovation cluster'도 개발하여 미국에서 (스탠퍼드 대학교가 뒷받침해주는 실리콘밸리에 뒤이어) 둘째로 규모가 큰 기술 경제를 구축했다는 점이다. 그는 이러한 회복력과 엄청난 혁신 이면에 어떤 요인이 존재하는지 호기심을 느꼈다.

바나비와 빅터는 학문적인 생각을 주고받기 위해 산책을 자주 했다. 빅터는 센트럴 파크 산책 시 잉글리시코커스패니얼(English cocker spaniel, 스패니얼 종種 개 - 역주)을 데리고 나왔다. 그 공원은 아름답고 평화로우면서도 저수지 둘레로 조깅하는 사람들, 자전거 타는 사람들, 로브보트하우스 레스토랑 바깥에서 커피를 마시며 우연히 만나 사람들과 대화하는 사람들로 북적였다. 이름이 더스틴이었던 빅터의 얌전한 스패니얼은 다양한 푸들, 잡종개, 프렌치 불독의 관심을 받았다. 다양한 개의 주인들이 함께 이야기를 나누는 모습을 보니 뉴욕이 얼마나 작은 공동체처럼 느껴지는지 쉽게 알 수 있었다.

빅터는 뉴욕의 혁신을 조사하면서 "공간적 역학이 여러 아이디어의 조합이 좋은 운으로 이어지는 데 뒷받침을 한다"는 사실을 알게 되었다고 했다. 산책에 합류한 내가 이 말을 해석해 달라고 하자 빅터는 미소를 지었다. "뉴욕은 좁고 작은 섬이기 때문에 대면 교류가 쉬운 곳이에요. 오늘 우리가 만나는 게 얼마나 쉬웠는지 생각해봐요. 그저 아파트에서 나오기만 해도 도움이 되는 누군가를 만날 수 있어요. 뉴욕시 활력의 비결은 사람들이 만나기가 아주 쉽다는 점이에요."

빅터는 개를 산책시키며 예리한 관찰을 한다. 그는 지난 2년 동안은 "사람들이 모여서 기술에 대해 이야기하는 모든 상황에 대한 수백만 가지의 데이터를 수집했다"고 했다. 그는 발표자들을 중심으로 매달 모임을 여는 단체인 뉴욕 테크밋업New York Tech Meetup 뿐만 아니라 사교 행사와 파티의 회원 5만 명에 대한 정보를 수집했다. 또한 구성원들이 특정 분야에서 모임을 구성하여 만나는, 규모가 좀 더 작은 전문적인 모임에 대한 정보도 추가했다.

빅터는 창의적인 사람들의 끊임없는 아이디어 교류에 동참하기 위해 첨단 기술 분야의 사람들이 크고 작은 모임과 파티에 참여한다는 사실을 알게 되었다. "대부분의 혁신은 기존의 아이디어들을 재결합하는 과정에서 나오기 때문에 그렇게 얼굴을 마주하는 모임은 중요해요. 그러한 모임은 아이디어의 새로운 조합을 생각해낼 가능성을 높여주죠." 제3자가 볼 때 독창적이고 흥미로운 아이디어를 떠올리는 사람은 굉장히 운 좋은 사람이라는 생각이 들기 마련이다. 하지만 수많은 만남과 의견을 교환하는 자리에 자주 있었던 사람들은 그것이 확률 게임이라는 사실을 안다. 사람들과 더 많이 소통할수록 사람과 아이디어를 조합하여 엄청난 영향력이 있는 혁신을 만들어낼 확률은 높아진다.

사람들과의 활발한 교류는 이른바 '지식의 확산knowledge spillover' 현상을 야기한다. 자신의 연구에는 직접 쓰지 못하는 아이디어나 식견을 지닌 사람이 맥주를 마시는 자리나 행사 자리에서 누군가에게 그것을 공유한다고 해보자. 이를 들은 사람은 그러한 정보가 자신이 창업하려는 회사에 필요한 연결 고리가 된다고 느낄 수 있다. 빅터는 이렇게 말했다. "우리는 사람들이 경쟁적이고 자신의 아이디어를 보호할 거라고 생각하지만 그들은 도움을 다시 받을 기대를 하지 않고 기꺼이 지식을 공유해요. 지식을 공유함으로써 자신의 평판에 투자하는 일은 상당히 합리적인 거예요. 그룹의 다른 사람들이 그 사람을 신뢰하게 되고 그 결과 간접적인 호혜 관계가 형성될 수 있거든요." 다시 말해 당신이 누군가를 도우면 모든 사람이 당신 편이 되고 그들이 당신에게 운 좋은 결과가 발생하는 데 기여하고 싶은 마음이 든다는 것이다.

설령 엘리트 분위기의 스탠포드 대학이나 뉴욕 첨단 기술 분야 모임의 일원이 아니라 해도(대부분의 사람들이 그렇겠지만) 다른 사람들 속에서 행운의 실마리를 찾는다는 원리를 활용할 수 있다. 그러니까, 엄마들 모임, 독서회, 요가 교실 또는, 라이온스 클럽(Lions Club, 미국의 사회봉사 단체 – 역주)에 나가 행운의 연결 고리를 만들 수 있다. 물론 항상 자기 집 소파에서 몸을 웅크리고 책을 읽거나 침실에서 사이드플랭크 자세로 요가를 하는 사람들도 있다. 하지만 사람들과 함께 경험을 공유해야 행운의 기회에 자신을 노출시킬 수 있다. 많은 사람이 혼자서 일하거나 생각하거나 휴식을 취하는 것을 좋아하며 이는 분명 만족스러운 생활의 일부가 된다. 하지만 사람들과 교류해야 행운의 불꽃이 인다.

그동안 나는 유능하고 재능이 있으면 그것으로 충분하다고 생각했다. 하지만 바나비는 내게 흔히 사람들과의 연결 고리와 인맥이 차이를 만들어낸다는 확신을 주었다. 외부에서 보면 우연한 행운으로 보이는 일이 알고 보면 겉으로 드러나지 않은 인맥에서 비롯된 경우가 많다. 빅터는 〈나의 그리스식 웨딩〉이 예상치 못한 흥행을 한 사례라는 점을 지적했다. 이 영화가 저예산으로 제작된 것은 맞지만 배우이자 작가인 니아 바달 로스Nia Vardalos가 이 영화의 대본이 리타 윌슨Rita Wilson의 손에 들어가게 할 방법을 강구한 것도 사실이다. 윌슨은 도움을 주겠다고 약속하고 남편 톰 행크스Tom Hanks에게 대본을 보여주었다. 그는 영화에 투자하고 영화 배급에 힘쓰는 제작사를 운영하고 있었다. 이 영화의 성공은 행운일 수도 있다. 하지만 이것은 사람들 사이의 인맥에서 나온 행운이다.

그렇다면 어떻게 인맥을 만들 수 있을까? 행운의 연결망을 확장하는 가장 쉬운 방법은 소셜미디어를 통한 방법일 것이다. 페이스북이나 다양한 트위터 포스트에 새로운 친구를 추가하는 일은 그리 어렵지 않다. 하지만 이는 첫 단계일 뿐이다. 많은 조사 결과 온라인 인맥은 직접 대면하는 만남을 대체하지 못하는 것으로 나타났다. 소셜미디어 전문가인 스리 스리니바산이 일자리를 찾을 때 페이스북을 활용한 것은 매일 하는 산책을 통해 사람들을 직접 만나려는 한 방법일 뿐이었다. 수많은 사람이 인터넷을 이용해 직업을 찾으며 그렇게 하지 않을 이유도 없다. 하지만 여러 조사 결과 40에서 80퍼센트의 사람들이 친구, 동료, 지인을 직접 만남으로써 직업을 구했다는 사실이 드러났다. 링크드인에서 한 시간을 더 쓰는 것보다 예전 동료를 만나 커피를 마시는 것이 직업을 구할 때 더 많은 행운으로 연결될 수 있다.

나는 대학을 졸업하자마자 뉴욕으로 왔을 때 헨리 자레키라는 이름의 남자를 만났다. 그리고 헨리와 평생 친구가 되었다. 나보다 스무 살 정도 연장자인 그는 회사를 창립하고 매각하며 세 번의 기회에 걸쳐 부를 축적했다. 나는 몇 달 동안 만나지 못할 때도 그를 항상 친한 친구로 생각했다. 그는 일이 아무리 바빠도 항상 사람들과 교류하고 친구들을 돕고 다른 사람들을 운 좋게 만들어주는 데 시간을 썼다.* 다른 사람들의 행운을 만들어주려고 항상 노력하는 헨리 같은 사람들은 자신도 행운의 주인공으로 만들기 마련이다.

헨리는 집요할 정도로 목록을 잘 만든다. 그래서 자신이 성공

---

* 헨리는 수년 전에 그가 후원하는 자선 만찬 행사에서 나를 바나비에게 소개시켜주고 옆자리에 앉게 해주었다. 헨리는 "두 사람이 서로에게 흥미를 느낄 것 같다는 생각이 들었어요"라고 말했다. 바나비와의 첫 만남을 떠올려보면 헨리는 이 책을 탄생하게 만든 행운의 힘이라는 생각이 든다.

을 거두기까지 걸린 시간 동안 자신이 경험한 행운의 만남들을 모두 색인으로 만들 정도다. 이뿐만 아니라 자신에게 영향을 준 모든 친구, 동료, 지인에 대해 기록해둔 내용을 목록으로 만들어 보관하고 있다. 그는 혼자만의 힘으로 성공하는 사람은 없다는 사실을 뼛속 깊이 인지하는 사람이다.

"그렇게 똑똑하고 재능 있는 사람들에게 둘러싸여 있다니 내가 얼마나 운 좋은 사람인지 놀라운 생각이 들어요." 헨리는 그래머시 파크에 소재한 그의 저택에서 어느 날 나와 앉아있을 때 이렇게 말했다.

"하지만 그 행운은 본인이 만든 거잖아요! 헨리 씨는 자신이 원하는 것을 알았고 모두가 헨리 씨 옆에 있기를 좋아할 만큼 흥미로운 인생을 만들었잖아요." 내가 말했다.

헨리는 고개를 끄덕이긴 했지만 반신반의하는 표정을 보였다. 그래서 나는 행운을 발생시키는 데 가장 중요한 비결을 무엇이라고 생각하는지 물어보았다. 그는 주저하지 않고 대답했다.

"난 모든 파티에 참석해요." 그는 입매 한쪽을 올리며 씩 웃었다.

이 대답에는 말 그대로의 의미와 비유적 의미가 모두 담겨있었다. 헨리는 파티, 행사, 기념식에 수많은 초대를 받는다. 그리고 본인 역시 파티와 행사를 자주 연다. 그는 자신이 손에 술잔을 들고 시끄러운 공간에 서있기보다 사무실에서 혼자 서류 보는 것을 더 좋아한다고 강조하지만 항상 초대된 곳에 간다. 그는 자신이 가지 않은 파티가 자신의 삶을 변화시킬 사람을 만났을지도 모를 자리일 수 있다고 생각했다. 그는 기회란 기대를 별로 하지 않을 때 나타나며 사무실보다는 파티에서 기회가 찾아올 가능성이 높다는 사실을 몸소 깨달았다.

헨리는 파티에 가면 만나는 모든 사람에게 깊은 인상을 남겼다. 자신이 상당히 독창적인 사람이라는 사실을 숨기지 않았다. 그는 젊었을 때 두꺼운 안경을 쓰고 흥미진진한 이야기를 사람들에게 해주고 다녔으며 개성 있는 지식인으로서 사람들의 감탄을 자아냈다. 나이가 든 지금은 영국령 버진아일랜드에 있는 자신의 섬에서 카프탄(터키 사람 등이 입는 소매가 긴 옷 - 역주)을 입고 사람들에게 접대하는 것을 좋아한다. 그는 두뇌가 명석하고 천재수준의 IQ를 지녔다. 터틀넥을 자주 입던 스티브잡스나 후드티를 즐겨 입는 마크 저커버그처럼 헨리의 스타일에서도 일과 개인 생활에서 자기만의 방향을 추구한다는 메시지가 드러난다. 이러한 메시지가 마음에 드는 사람이라면 그에게 다가가 말을 걸면 된다. 만일 좀 더 관습적이고 보수적인 사람이라면 파티에서 다른 사람에게 말을 걸 것이다.

헨리처럼 개성이 강하고 자기만의 스타일이 있는 사람은 파티에서 두드러져 보이며 다른 사람들에게 잘 기억된다. 그래서 다른 사람들은 어떤 기회가 생겼을 때 그 사람을 떠올리기 쉽다. 하지만 헨리와 스타일이 다른 사람이라도 행운을 만들 수는 있다.

나중에 나는 모든 파티에 가는 헨리의 접근법에 대해 바나비와 이야기를 나누었다. 그때 바나비는 그가 잘 쓰는 비유법을 써서 헨리의 방식이 낚시를 떠올리게 한다고 했다. 그는 물속에 낚싯줄을 두 개 던져놓을 때보다 다섯 개 던져놓을 때 뭔가를 잡아 올릴 가능성이 커진다고 했다.

항상 그럴듯한 비유를 할 수는 없으므로 뒤이어 바나비는 상업 어부들은 잡으려는 어종에 따라 다양한 기술을 쓴다는 사실만 지적했다. 가공 설비를 갖춘 큰 어선의 어부들은 바다의 모든 어종을 잡기 위해 거대한 그물을 던져놓는다. 그들은 그물의 구멍 크기를 결정해야 한다. 구멍이 너무 작으면 어떤 물고기도 놓치지 않겠지만 수많은 바다 쓰레기도 함께 건져 올리게 된다. 만일 특정한 종류의 고급 물고기를 잡을 생각이라면 시간을 들여 각각의 낚시 바늘에 미끼를 세심하게 달아야 한다. 어업 회사들은 한 마리가 엄청난 가격에 팔리는 참다랑어처럼 크고 값비싼 물고기를 잡으려 할 때 헬리콥터를 이용해 공중에서 정찰하며 표적으로 삼은 물고기를 찾아낸다.

여기서 중요한 점은 아주 분명하다. 행운의 물고기를 잡으러 나서기 전에 무엇을 원하는지 알아야 하며 한 가지 기술이 모든 사람이나 모든 목표에 다 들어맞는 것은 아니라는 점이다. 거대한 그물을 쳐놓으면 원하는 것을 얻을 가능성이 커지지만 거기에 딸려오는 수많은 쓰레기도 기꺼이 감수해야 한다. 낚싯줄을 몇 개만 던져놓으면 확률은 떨어지지만 좀 더 초점을 맞출 수 있다.

나는 친구 마니를 생각했다. 사교적이고 외향적이며 활기 넘치는 마니는 돌멩이와 이야기를 나누고 그것조차 친구로 만들 수 있는 사람이다. 마니에겐 운 좋은 일들이 항상 일어나는 것처럼 보인다. 하지만 이제 우리가 알게 되었듯 그러한 행운은 우연히 찾아온 것이 아니다. 마니는 누구와도 이야기를 나눈다. 그러니 낚싯줄 다섯 개를 던져놓고 항상 뭔가를 거둬들이는 어부와 같다고 볼 수 있다. 최근에 마니가 아들을 만나러 텍사스 오스틴에 가려고 할 때 나는 어디서 머물 생각인지 물었다. 마니는 눈빛을 빛내며 웃음을 띠면서 말했다. "내게 찾아온 엄청난 행운의 장소에서 머물려고요." 마니는 마지막으로 오스틴에 갔을 때 현지의 독특한 커피숍에 들렀고 옆에 앉은 여성과 대화를 나누었다. 장인의 손길이 깃든 커피가 나왔을 무렵 그들은 웃으며 아주 즐거운 시간을 보내고 있었다. 마침내 자리를 뜨게 되었을 때 그 여성은 자신이 여행을 자주 해서 집을 비우는 터라 마니가 아들을 보러 올 때마다 오스틴에 있는 자신의 아파트에 머물러도 된다고 해주었다.

"그래서 거기서 머물려고요! 얼마나 행운인지 상상할 수 있겠어요?" 그녀가 흐뭇한 표정으로 말했다.

물론 그것은 행운이다. 하지만 나는 똑같은 커피숍에 가서 자기 집을 기꺼이 제공하는 새 친구를 만들지 못하는 사람들이 얼마나 많을지도 상상해보았다. 마니에게 행운이 발생한 이유는 스리의 경우와 비슷하다. 그들은 예상치 못한 행운을 붙잡기 위해 많은 낚싯줄을 던지는 일의 이점을 발견한 사람들이다.

큰 그물을 쳐놓는 접근법이 누구에게나 어떤 목적에나 유용한 것은 아니다. 신중하고 초점을 맞춘 교류는 야단스러운 마구잡이식 접근보다 때로는 훨씬 큰 행운으로 연결된다. 이는 미끼를 정성스럽게 달은 두 어 개의 낚싯줄을 던지는 일과 같다. 이러한 유형을 보이는 사람이라도 행운을 얻을 수 있다는 말이다. 2003년에 작가 조나단 라우치Jonathan Rauch는 〈디 애틀랜틱The Atlantic〉 잡지에 '당신의 내향성을 존중하라'는 글을 기고했다. 이 글은 수년 동안 이 잡지의 가장 인기 있는 온라인 게시물 가운데 하나였다. 라우치는 성공하려면 사람들과 더 어울리고 대화해야 한다는 말을 듣는데 지겨워진 사람들의 마음을 울린 것이 분명하다. 그는 내향적인 사람들이 꼭 부끄러움이 많은 것은 아니라는 점을 지적했다. 그는 그들이 그저 좀 더 차분하고 사색적이며 대체로 좀 더 독립심이 강하다고 말했다. 외향적인 사람들은 다른 사람들을 통해 활기를 얻지만 내향적인 사람들은 사람들과 너무 오래 어울리면 지치며 재충전하기 위해 혼자만의 시간이 필요하다.

작가 수잔 케인Susan Cain은 자신이 쓴 2012년 베스트셀러《콰이어트》에서 이러한 생각을 확장했다. 케인은 개성을 중시하는 현재의 문화로 말미암아 성과를 내려면 모두 외향적인 사람이 되어야 하는 것처럼 느껴지게 되었다는 점을 지적했다. 하지만 내향적인 사람들은 일대일 교류를 통해 서로에게 충실한 관계를 형성한다. 더욱이 요즘은 이러한 사람들이 갈수록 행운을 더 많이 거머쥐고 있다. 라우치는 기고 글이 유명해지고 몇 년 후 후속 인터뷰에 응했다. 이때 그는 전형적으로 내향적인 사람들인 괴짜들이 실리콘밸리로 말미암아 이상적으로 묘사되었다고 말하면서 이렇게 덧붙였다. "그러니 디지털 경제가 내향적인 사람들의 새로운 입지를 세워주고 있는 셈이죠."

하지만 이러한 상황이 집 안에 갇혀서 TV만 보는 것에 대한 구실이 되지는 못한다. 내향적인 사람들도 여느 사람들처럼 사교 활동을 할 수 있다. 어쨌든 행운을 만들려면 이런저런 형태로 사람들과 연결되어야 하며 이는 직접 파티에 가거나 대화를 시작해야 한다는 의미다. 행운을 만들려면 자신에게 완전히 자연스럽게 느껴지지 않는 일이라도 때로는 해야 할 필요가 있다. 다만 자신의 기질에 따라 파티에서 모든 사람과 이야기를 나눌지 몇몇 사람들과 조용히 담소를 나눌지 결정하면 된다. 하지만 제대로 초점을 맞추고 적절한 태도를 보인다면 행운을 거머쥐는 데 도움이 될 연결 고리를 만들 수 있다.

나는 바나비와 내가 만든 이론을 시험해보는 것을 좋아했던 터라 이전에 알지 못했던 사람과 인맥을 만들려고 노력하여 행운을 만들 수 있는지 알아보고 싶었다. 나는 강연을 하며 여행을 자주 했는데 주로 비행기를 타고 이동했다. 기내에선 헤드폰을 끼고 다이어트 콜라를 주문하기 위해 승무원에게만 말했다. 하지만 어느 오후 몬트리올에서 돌아올 때 비행기가 활주로를 달리자 나는 헤드폰을 벗고 내 옆에 앉은 남자를 흘긋 보았다. 남자는 〈버라이어티Variety〉와 〈할리우드 리포터Hollywood Reporter〉 같은 잡지를 쌓아두고 있었다. 그걸 보니 우리가 어쩌면 같은 분야에 몸담고 있을지도 모른다는 생각이 들었다. 흥미로운 기분이 밀려왔다. 잘 손질된 낚싯줄을 던져서 행운을 만들기 위한 시도를 해볼까.

나는 옆 사람에게 미소를 지었지만 어떻게 말문을 열지 생각나지 않았다. 그래서 "잡지가 참 많네요."라고 능숙하게 말했다.

남자는 고개를 끄덕이더니 한 잡지의 표지를 손으로 가리켰다. 그는 나보다 훨씬 유연하게 대화의 포문을 열었다.

"이게 진짜라고 생각하세요?" 남자가 물었다.

"뭐가 말이에요?" 나는 어리둥절한 채 물었다.

"이거요." 남자는 잡지를 내게 가까이 가져와 손으로 가리켰다.

"킴 카다시안 엉덩이요. 진짜 같지 않은데, 어떻게 생각하세요?"

킴 카다시안의 엉덩이는 행운을 얻는 것과 상관없어 보였지만 뭐, 어쨌든 상황이 이끄는 대로 가보기로 했다.

"전 킴 카다시안에게 별 관심이 없는데요." 나는 솔직하게 말했다.

"전 연예계에 몸담고 있어서 모든 것에 관심을 가져야 하거든요." 남자는 친근한 미소를 지었다.

나는 예전에 TV 방송 제작자였다고 말했다. 이 말을 시작으로 우리는 대화를 했고 일종의 '누구 알아요?' 게임을 이어나갔다. 나는 얼마 지나지 않아 새로운 친구를 잘 사귀는 마니가 된 느낌이 들었다. 남자의 이름은 데이비드 스테인버그였는데 알고 보니 그는 베트 미들러Bette Midler, 빌리 크리스털Billy Crystal, 고(故) 로빈 윌리엄스Robin Williams를 포함한 대스타들의 개인 매니저였다. 내가 요즘 행운에 대한 조사를 하고 있다고 하자 그는 환하게 웃었다.

"제가 바로 제 일을 하는 동안 행운을 만들었잖아요."그는 빌리, 베트, 로빈과 일하면서 유명한 배우라 해도 가능성을 보고 기회를 잡거나 만들 필요가 있다는 점을 깨달았다고 했다. 그가 하려는 이야기가 얼마나 많던지 90분 비행시간으로는 충분하지 않았다. 비행기가 착륙할 때 우리는 언젠가 뉴욕에서 같이 점심 식사를 하자고 약속했다.

나는 비행기에서 내리며 운 좋았던 13일의 금요일에 느꼈던 들뜬 기분을 다시 느꼈다. 행운을 만드는 것은 단순한 이론이 아니었다. 나는 실제로 행운을 만들었다. 물론 매일 그런 것은 아니겠지만 행운은 다른 사람과의 교류에서 나온다는 원리를 의식한다면 초점이 바뀌고 그러면서 제대로 된 것에 주의를 기울이게 된다.

2주 후 레드아이그릴 레스토랑에서 데이비드와 점심 식사를 했다. 그때 나는 그가 아파트보다 더 좋은 것을 가지고 있다는 사실을 알게 되었다. 그건 바로, 타인에게 행운을 만들어주는 사람들에 대한 이야기다. 그는 일을 처음 시작할 때 자신의 행운을 어떻게 만드는지 몰랐다고 했다. 하지만 몇 년 후 지난 시간을 되돌아보니 모든 것이 분명하게 보였다고 했다.

"제 책에 데이비드 씨 이야기를 실어도 될까요?"내가 물었다.

"밀워키 출신 남정네의 이야기를 듣고 싶어 하는 사람이 있다면야 물론이죠." 그가 웃으며 말했다.

데이비드는 위스콘신에서 자랐고 대학 시절 내내 알루미늄 벽널을 판매했다. 하지만 평생 그 일을 하고 싶지 않다는 것을 곧 깨달았다. 그리하여 로스앤젤레스로 가서 한 광고 회사의 우편물실에 취직했다. "하지만 그 일도 마음에 들지 않더라고요. 사무실에 앉아 내 앞으로 온 우편물을 받아보는 그런 자리에 있고 싶었어요."

그래서 그는 연줄에 닿아보려고 사람들에게 전화를 걸었다. 그 과정에서 자신의 사촌이 할리우드에 몸담고 있는 사람을 아는 한 남자와 결혼했다는 사실을 알게 되었다.

데이비드는 다양한 인맥으로 말미암아 한 홍보 담당자와 연결이 되었다. 그리고 이 담당자는 데이비드가 자신의 에이전시에 취직이 되도록 도움을 주었다. 데이비드는 그 에이전시에서 새미 데이비스 주니어Sammy Davis Jr.를 만났고 곧바로 그의 매니저가 되었다. 새미는 데이비드보다 나이가 두 배 많았지만 두 사람 모두 모든 파티에 다니는 것을 좋아했다. 그 당시 새미는 유명 인사 모임의 회원이었고 그 모임에서 새미보다 더 유명한 스타는 없었다.

"새미도 저처럼 즐겁게 사는 걸 원했어요. 전 250달러 한도의 신용카드를 갖고 있었지만 그와 함께 전 세계를 여행하고 프랭크 시나트라와 루실 볼이 참석하는 만찬회에 다니곤 했어요. 온갖 사람들을 만나고 다닌 거죠." 그렇게 만난 사람들과의 인맥은 가능성으로 이어졌다. 결국 그는 새미의 사무실 뒤에 홍보 대행사를 차렸다. "그저 발이 닳도록 뛰어다녔고 기회가 있는 곳이라면 어디든 갔어요." 그가 말했다.

데이비드는 다른 사람이 나를 운 좋게 만들어주길 바란다면 나역시 다른 사람이 운 좋다고 느끼게 해주어야 한다는 사실을 본능적으로 깨달았다. 인생은 한 길로만 흐르지 않는다. 데이비드는 농담처럼 말했다. '겉으로는 성공한 듯 보였으나 실제로는 빈털터리였던' 회사 운영 초기에 벨-에어 호텔에서 할리우드 친구 여섯명과 저녁을 할 예정이었다고 했다. 그는 자신이 인심을 쓸 기회라 생각하고 미리 호텔 지배인에게 신용카드를 건넸다. 그 친구들 가운데 한 명인 배우 고(故) 피터 셀러스Peter Sallis가 모든 음식을 미리 주문해놨다는 사실을 모른 채 말이다.

"갑자기 엄청난 양의 캐비어랑 양갈비가 나오는 거예요. 그래서 속으로 '카드 승인이 안 되면 완전 난처해지겠는데'라고 생각했죠." 그가 말했다. 어쨌든 그는 카드를 긁었고 승인이 거절되지않아 내심 놀랐다고 한다. 어쨌든 그는 받는 만큼 주는 것도 중요하다는 사실을 알고 있었다.

데이비드는 나중에 매니저가 되었을 때 로빈 윌리엄스와 빌리 크리스털을 위한 다양한 공연을 제작했다. 이뿐만 아니라 그들의 공연을 유심히 관찰한 후 그들이 자신만의 소재를 찾도록 도움을 주었다. "제가 할 일은 그저 그들이 근사해 보이게 만드는 것이었어요." 그가 말했다. 매니저는 "우린 사람이지 로봇이 아니에요"

라고 말하며 이기적인 생각으로 일을 할 수도 있다. 하지만 그는 성실함과 고객을 최우선으로 하는 태도로 정평이 났기 때문에 승승장구했다. 다른 사람들을 운 좋게 만들어준 결과 자신의 운도 좋게 만든 것이다.

"전 대학에 두 번 떨어졌고 자라면서도 문제아였지만 직감과 희극에 대한 이해력이 뛰어났어요. 나라는 사람에 대해 진지하게 생각해본 적도 없고 내가 왜 중요한 사람인지 누구에게든 말해본 적도 없어요. 하지만 다른 사람들에게 관심이 많았고 새로운 경험을 하는 것을 좋아했어요. 그 모든 것이 어우러져 저의 행운이 만들어진 것 같아요."

내가 앞으로의 일을 걱정하지 않고 타인에게 무엇인가를 해줄 때 타인은 내게 행운을 안겨줄 수 있다. 벨-에어 호텔에서 식사 값을 지불하고, 인기 스타가 더 큰 인기를 얻도록 돕고, 그저 관심이 가는 사람 주변에 있고 싶어서 대가 없이 일을 해주는 것이 이에 해당된다. 데이비드는 비행기에서 나를 만났지만 점심 자리에서 세 시간을 할애하여 아무런 대가를 바라지 않고 값진 이야기와 생각을 공유했다. 계산서가 탁자에 놓여서 내가 손을 뻗자 그는 그것을 잡더니 눈을 크게 뜨며 말했다. "설마 내시려고요?"

이후의 결과를 확신하지 못하는 상황에서 상대방으로 하여금 운이 좋다는 기분이 들게 해주는 것은 모험일지도 모른다. 하지만 시도해볼 가치가 있는 모험이다. 우리가 만나는 모든 사람이 우리를 운 좋게 만들어주지 못하겠지만 우리에게 이런 사람은 두 명 정도만 있으면 된다. 물론 그렇지 않은 사람들과도 유쾌하고 기분 좋은 시간을 보낼 수 있다. 데이비드는 빅터 교수가 '지식을 공유함으로써 평판에 투자한다'라고 설명한 방식을 잘 보여준 할리우드 사례로 볼 수 있다. 이렇게 하는 사람에게 흔히 일어나는 일이지만 그는 상당한 행운을 얻었다.

🍀

칵테일파티 이론을 공유한 바라바시 박사는 그가 쓴 한 저서에서 이렇게 지적했다. '옛날에는 사람들이 공동체에서 태어나 자신의 독자성을 찾아야 했지만 오늘날에는 사람들이 개인으로 태어나 자신의 공동체를 찾아야 한다.' 공동체의 일원이 되면 가능성의 연결망과 이어질 수 있다. 많은 공동체의 일원이 되면 약한 연결망과 보이지 않는 연결망이 확장되고 이로써 앞으로 행운의 사건을 접할 가능성이 극적으로 커진다.

나는 데이비드와의 식사 자리를 나오며 다른 사람에게서 행운이 오는 다양한 방법에 대해 생각했다. 그러면서 그러한 행운을 발생시키려면 자신이 속한 사회적 관계망 안에서 스스로 진실하다고 느끼는 방식으로 행동을 취해야 한다는 점을 깨달았다. 당신은 전화기를 들어 일 년 동안 서로 말해본 적 없는 지인에게 전화를 걸 수 있다. 커피숍이나 동네 공원이나 비행기 안에서 주위의 사람들을 유심히 살펴보자. 어쩌면 라떼를 홀짝이거나 개를 산책시키는 사람이 당신을 위한 행운의 씨앗을 심는 데 도움을 줄 수 있을지 모른다. 만일 당신이 행운을 얻는 데 필요한 것을 생각하고 가능한 한 많은 사람에게 그것을 알렸다면 본질적으로 당신을 위한 행운의 그룹을 만든 것과 같다. 이제 그러한 행동이 도움이 되는지 지켜보면 된다.

행운은 제로섬 게임이 아니다. 우리가 서로에게 줄 수 있는 행운은 상호적이고 광범위하다. 우리는 기회를 붙잡고 공유하고 되돌려줄 방법을 알아야 한다. 뉴욕의 디지털 총책임자든 베트 미들러의 매니저든 누가 되었든지 간에 행운을 얻으려면 다른 사람들의 도움이 필요하기 때문이다.

6장 | 다른 사람들이 재그로 갈 때 난 지그로

자기만의 길을 가라…
다르게 생각하라…
예측이 불가능한 특성을 키워라.

나는 바나비에 대해 알아갈수록 그가 관습에 얽매이지 않는 사람이라는 점을 더 확실히 알게 되었다. 그는 알래스카에서 오남매의 맏이로 자랐다. 가정에서 홈스쿨링을 했는데 어떤 틀이 갖추어진 홈스쿨링은 아니었다. 그는 대부분 독학했고 야외에서 많은 시간을 보냈다. 대학에 가서야 처음으로 진짜 교실에 발을 들여놓게 된 그였다.

바나비는 자신이 놓친 것이 무엇인가라는 화두에 한동안 사로잡혀 있었다. 그 답을 찾기 위해 하버드 대학 신입생일 때 그 지역 고등학교 두 곳에서 자원봉사를 하기도 했다. 어느 날 아침 그는 이런 말을 했다. "그동안 내가 흥미를 느끼는 분야를 파고들고 문제 해결 방법을 스스로 깨우쳤던 게 나한텐 행운이었다는 걸 깨달

앉어요. 모두가 표준 교육을 받으며 대로로 갈 때 난 옆길로 가면서 나만의 경치를 구경했던 거죠."

바나비는 대로를 벗어나는 것이 때로는 자신의 행운을 만드는 가장 좋은 방법이라고 확신했다. 대부분의 사람들은 이른바 '규격화된 주요 흐름'을 따르지만 이렇게 하면 남다른 시각을 갖추지 못하고 창의적 접근을 하지 못한다.

"행운의 주인공들은 다른 사람들이 놓친 길을 발견한 아웃라이어인 경우가 많아요. 사회 구조와 제도에 의해 기준이 만들어지지만 기꺼이 모험을 감수하여 대로를 에둘러 간다면 때로는 가치를 만들고 획득할 수 있는 더 나은 방법을 찾게 되죠." 모두가 인정하는 흐름을 벗어난 가능성을 찾는 사람은 흔히 자신과 타인을 위한 큰 행운을 만들어낸다.

전날 바나비는 콜드스프링하버 연구소Cold Spring Harbor Laboratory에서 친구인 제임스 왓슨James Watson 박사를 만났다. 왓슨 박사는 90세가 다 되었지만 여전히 활기차고 거침없이 말한다. 그는 젊었을 때 전문 조류학자가 되고 싶었지만 대학원생이었을 때 유망한 분야였던 유전학을 선택했다. 그는 자기주장과 호기심이 강했고 흐름을 따르는 사람은 결코 아니었다. 완전히 새로운 방향에서 생각하려는 자세는 1953년 왓슨 박사와 프랜시스 크릭이 DNA 구조를 발견할 때 도움이 되었다. 이 발견은 세기의 가장 위대한 과학적 비약이었으며 이러한 업적으로 그는 노벨상을 수상했다.

왓슨 박사는 바나비에게 이렇게 말했다. "대개 인생의 행운은 타인이 보지 못하는 것을 보는 데서 나와요. 누구나 가는 길에만 머문다면 일대 돌파구를 만들지 못해요."

어떤 분야에서든 다른 사람들을 따라가고 현재 가장 일반적인 방식에 따라 일해야 한다는 사회적 압력이 존재한다. 왓슨 박사는 현실은 이렇지만 관습에 얽매이지 말아야 한다고 바나비에게 강조했다.

"사람은 스스로 생각해야 해요! 독창성은 항상 자연스럽게 생겨나는 게 아니에요. 스스로 특별해지고 자신이 할 수 있는 것을 제대로 알려면 새로운 것을 시도해봐야 합니다." 왓슨 박사가 말했다.

왓슨 박사는 과학과 이중 나선 구조에 대해 밤새도록 토론할 수 있는 사람이다. 하지만 제목이 아주 그럴듯한 그의 회고록《사람들을 지루하게 하지 마라Avoid Boring People》(국내에서《지루한 사람과 어울리지 마라》는 제목으로 출간되었다 - 역주)가 암시하듯 그는 그 누구도 지루하게 하는 것을 원치 않는다. 이 제목에는 또 다른 중요한 의미도 담겨 있다. 그러니까, 이 저명한 생물학자도 지루하거나 불 보듯 뻔한 사람이나 사물 옆에 있는 것을 좋아하지 않는다는 사실이다.

왓슨 박사는 바나비에게 이렇게 말했다. "명확한 방향으로만 가고 새로운 가능성을 인식하지 못하는 사람들이 너무 많아요. 사람들은 두려운 거예요. 타인이 자신을 어떻게 생각할지 걱정하기 때문에 새로운 길로 가지 않아요. 사람들은 나약해요." 왓슨 박사는 인생에서 흥미로움은 항상 새로운 방향으로 나아가는 데서 느낄 수 있다고 보았다. 설령 때로는 그것이 대부분의 사람들이 믿는 것과 정반대 방향에 있을지라도 말이다.

만일 당신이 왓슨 박사처럼 되고 싶어 하고 평범하고 명백한 것을 기꺼이 피한다면 당신 역시 연구실이 아닌 곳에서 행운을 만들 수 있다. 나는 TV 방송 제작자였을 때 마이크 다넬Mike Darnell이라는 방송사 간부와 함께 일했다. 그는 내가 만나본 사람들 가운데 가장 대담한 사람이었다. 똑똑하고 혁신적이고 창의적인 그는 대부분의 사람들이 1년 동안 생각해내는 것보다 더 많은 번뜩이는 아이디어를 하루 만에 쏟아냈다. 또한 그 아이디어가 얼마나 유별나거나 특이한지 신경 쓰지 않았고 그것을 제시했을 때 윗사람들이 얼마나 발끈할지도 괘념치 않았다. 모두가 서로를 모방하는 업계에서 그는 온전히 독창적인 길을 갔다.

나는 다넬을 다시 만나고 싶었다. 그러다 그가 폭스 방송에서 수년 동안 일하다가 현재 워너 브라더스의 방송 부서를 운영하고 있다는 사실을 알게 되어 엄청 반가웠다.

"제가 방송사에서 일할 때 알던 사람들 중 다넬 씨를 가장 보고 싶었어요!" 내가 말했다.

"나도 보고 싶었어. 그때 정말 즐거웠잖아!" 다넬은 그 특유의 기쁘게 흥분한 표정을 지으며 말했다.

나는 다넬이 겉으로는 고위직에 있을 사람처럼 보이지 않아서였는지 몰라도 그가 옮겨간 자리에 대해 들었을 때 기분이 좋았다. 키가 150센티미터 남짓한 다넬은 아역 배우로 성공할 수 있었던 한 요인인 곱슬곱슬한 긴 머리카락과 꼬마 요정 같은 미소를 계속 유지했다. 그는 청바지에 카우보이 부츠 차림새를 좋아했다. 우리가 함께 일할 당시 그가 플란넬 셔츠가 아닌 단추로 잠그는 셔츠를 입고 온 날은 아주 중요한 날이라는 의미였다. 물론 누군가를 편애하면 안 되었지만 나는 방송사 간부들 가운데 그를 가장 좋아했다. 리얼리티 프로그램이 하나의 장르로 자리매김하기 전인 1990년대 말에 그는 폭스 방송에서 〈동물의 습격!When Animals Attack!〉과 〈타이거 마스크 매직 쇼Breaking the Magician's Code〉같은 특집 방송을 제작했다. 이 방송들은 논란을 일으키긴 했어도 높은 시청률을 기록했다.

"내가 시작할 때만 해도 그런 유별난 방송을 제작할 생각을 아무도 하지 못했어. 그때 난 모든 사람과 경쟁할 필요가 없는 길을 찾고 있었어. 정말 그런 생각으로 시작한 거야. 나만의 특징이 될 다른 길을 찾은 거지." 그가 말했다.

다넬은 리얼리티 프로그램이라는 길로 방향을 틀었는데 그 당시 그 분야에서 유일한 존재였다. 그는 방송계에서 자신의 프로그램을 얕보아서 감정이 살짝 상했지만 결연하게 대처했다. 그는 사람들의 관심과 높은 시청률을 선호했던 터라 경쟁 방송사의 간부가 쓰레기 방송으로 성공하느니 수준 높은 방송으로 실패하는 게 낫다고 무례한 말을 했을 때도 그냥 무시했다.

"그 사람은 실패할 방법을 찾았지만 난 성공하고 싶었거든." 다넬은 웃으면서 말했다. 그는 획기적인 프로그램 제작의 대명사라는 칭호를 얻었는데 정말 맞는 말이다. 그의 프로그램은 방송계에서 획기적이었다.

다른 간부들은 마음이 원하는 대로 하는 다넬을 잘 이해하지 못했다. 다넬은 회의에 종종 늦었고 때로는 아내 캐롤린과 점심을 먹겠다며 한낮에 차를 한, 두 시간 몰아 집으로 갔다. 그래도 그의 기벽을 조심스럽게 인정하는 사람들이 있었다. 이는 그에게 남이 따라할 수 없는 자기만의 성공 방식이 있었기 때문이다. 그의 성공 공식에서 주된 요소는 다른 사람들이 가는 방향과 다른 방향으로 가는 것이었다.

"때로는 아무도 가지 않는 길을 발견하는 것이 성공으로 이끌어줘. 난 해고될 뻔한 적이 몇 번 있었는데 이 업계에선 누구나 해고된 경험이 있기 마련이거든. 그럴 땐 난 그냥 떠나지 않고 발악을 하면서 담판을 짓곤 했어." 다넬이 말했다.

다넬이 특집 방송으로 새로운 길을 개척할 즈음 애플Apple은 토머스 에디슨, 간디, 아멜리아 에어하트 같은 우상을 내세워 사람들에게 '다르게 생각하라Think Different'고 촉구하는 광고를 내보냈다. 광고 내용은 이렇다.

'미치광이들에게 경배를. 부적응자…'

애플 경영자, 마이크 다넬, 제임스 왓슨 박사는 어떤 분야의 미치광이가 되면 외부인 눈에 전형적인 행운으로 보이는 엄청난 성공을 거둔다는 사실을 이해했다. 누구나 가는 길을 따라가더라도 온전한 행복을 느낄 수는 있다. 하지만 행운을 만들고 자신의 세계를 바꾸고 싶다면 남들과 다른 방향으로 가는 것이 좋은 방법이다.

다넬은 대화를 이어가던 중 음악계 거물 사이먼 풀러가 프로그램 홍보 차 할리우드에 갔을 때 방송사 간부들 가운데 누구도 그와 미팅을 하지 않으려 했다는 사실을 상기시켜주었다. 하지만 다넬은 기꺼이 풀러를 만났고 그의 아이디어에 매료되어 여름 특집으로 그의 프로그램을 방송하기로 했다. 다넬은 비슷한 프로그램이 영국에서 방송되는 것을 본적이 있었고 그것이 바로 자기가 원하는 프로그램이라는 것을 직감적으로 알았다. 이것이 바로 〈아메리칸 아이돌American Idol〉이다.* 그러니까, 미국에 이 프로그램을 도입한 장본인이 바로 다넬이었다. 지난 10년 동안 화성에 여행 갔다 온 사람이 아니라면 이 프로그램을 알 것이다. 이것은 문화적 아이콘이 되었고 미국 TV 방송 역사상 가장 성공한 프로그램 가운데 하나가 되었다.

자신이 원하는 것을 위해 대담한 태도를 취하면 커다란 행운이 뒤따라올 수 있지만 이렇게 하려면 상당한 용기가 있어야 한다. 하지만 다넬은 이 말에 웃음을 지었다. 그러면서 자신은 사람들이

---

* 엘리자베스 머독은 아이돌 프로그램을 미국에 도입하자며 폭스 왕국을 설립한 아버지 루퍼트 머독을 설득한 것으로 잘 알려져 있다. 하지만 그녀가 그러한 생각을 할 즈음 다넬은 이미 그 프로그램을 방영하기로 계약을 한 상태였다. 다넬은 그녀의 지원으로 방송 제작 예산을 조금 더 확보할 수 있었다.

감탄하지만 따라하지 않는, 제멋대로인 미치광이가 아니라고 강조했다. "현실에서 난 롤러코스터나 무서운 놀이 기구를 좋아하지도 않고 어떤 위험도 감수하지 않아. 심지어 변화도 좋아하지 않고. 난 한 여자와 결혼했고 폭스에도 오랫동안 있었어." 그가 말했다. 하지만 일에서 모험을 감수하는 것은 다른 문제다. "일이라면 항상 대담했지. 남들과 달라지기 위해서 무엇이든 했으니까."

아무도 가지 않는 길을 가고 싶다면 공격을 당할 수도 있다는 마음의 준비가 되어 있어야 한다. 도전이란 자신을 믿으며 앞으로 나아가는 것이다. 새로운 아이디어는 항상 처음엔 이상하게 들린다. 분명히 말하자면 모든 독창적인 아이디어가, 그것을 위해 우리가 고군분투할 가치가 있는 것은 아니다. 따라서 남과 다른 것을 추구할 때 어느 정도는 솔직하게 숙고를 해야 할 필요가 있다.

하지만 때론 인내심도 필요하다. 한동안 아무도 다넬의 취향을 좋아하지 않았지만 이후에 모든 사람이 좋아하게 되었다. 그가 재빨리 선택한 대담한 방향은 주류가 되었고 〈아메리칸 아이돌〉이 시청률 1위에 오르면서 한때 그를 비난했던 방송사 간부들은 이내 그를 모방하려고 했다. 그는 폭스에서 획기적인 사람이었다가 워너브라더스에서 TV 부문 거물이 되어 이곳의 중요한 프로그램들의 감독을 맡고 있었다.

다넬은 전형적인 좋은 조건을 갖추지 못한 사람이라면 대부분의 사람들과 다른 방향으로 가는 것이 특히 좋은 방법이라고 믿는다. 만일 당신이 전형적인 미남에 하버드를 졸업한 키 180센티미터의 럭비 선수고, 헤이스티 푸딩 클럽(Hasty Pudding Club, 하버드 대학의 연극 단체 - 역주)의 회장을 지냈다면 그 자체로도 사람들의 관심을 받을 수 있다. TV 방송 제작자인 당신의 하버드 동문은 기꺼이 당신을 인터뷰에 초대할 것이다. 하지만 체구와 스타일이 남다른 다넬은 치열하고 이미지가 중요한 방송사 임원들의 세계에서 성공을 거둘만한 사람은 아니었다. 그는 자신의 운을 스스로 만들기로 결심했고 그랬기에 다른 길을 만들 필요가 있었다. 그는 다른 사람들이 재그zag로 갈 때 지그zig로 가야 했다.

처음에 다넬은 지역 뉴스 방송국에서 중요도가 낮은 일자리를 얻었는데 사람들 주목을 끌기 위한 행동을 자주 했다. 마침내 그의 익살스러운 행동은 새롭게 창립된 폭스 방송의 운영자였던 유능한 배리 딜러Barry Diller의 눈에 띄었다.

"딜러가 "자네는 얼굴이 두꺼운데 끼가 있구만" 이렇게 말하더라고." 다넬은 이제 호탕하게 웃으며 말했다.

다넬은 이 말을 듣고 다음에 선보일 '독특한 행동' 혹은, 행운을 위한 조치를 두어 달 동안 고심했다. 매일 밤 아내와 상의한 후 마침내 오래된 녹음기를 구해와 〈미션 임파서블〉 주제곡을 녹음했다. 그렇게 한 후 자신이 방송 일을 얼마나 하고 싶어 하는지 모른다는 메시지를 남겼고 마지막으로 이렇게 덧붙였다. "다넬의 경력이든 이 테이프든 5초 안에 자동 소멸됩니다." 다넬은 딜러가 참석한 한 행사장에 나타나 주차 담당 직원에게 녹음기를 딜러에게 전해달라고 부탁했다. 딜러가 무엇을 눌러야 하는지 알도록 재생

버튼 바로 옆에 빨간색으로 큰 화살 표시를 해두었다.

"무슨 일이 일어날지 몰라 죽을 만큼 무서웠어. 내 일자리가 위태롭다는 생각이 들었지. 테이프를 목요일에 주었는데 금요일이 되도록 아무 소식이 없는 거야. 지금 하는 일도 잃을까봐 주말 내내 공황상태였지. 그런데 월요일 아침에 딜러가 내게 전화를 걸어 "방송국에서 무슨 일을 하고 싶나?" 이렇게 묻는 거야. 실은 생각해놓은 건 없었거든! 그 작전을 세우느라 두어 달을 보냈건만 가장 간단한 질문에 대한 대답도 준비 못한 거지. 그때 이런 교훈을 얻었어. 매 순간 준비가 되어 있어야 한다. 행운이 찾아왔을 때 그걸 받아들일 준비가 되어 있어야 한다."

다넬은 마침내 방송 일을 하게 되었을 때 상사들이 모두 천재일 거라고 예상했다. 하지만 예상과 달랐다. 어떤 직종이든 신참은 이러한 사실에 놀랄 수 있다. 신참은 자신보다 아는 것이 훨씬 많은 상사들이 수두룩하니까 그저 옆에서 따라 하기만 하면 될 거라고 예상하기 마련이다. 제대로 된 방식을 아는 경험 많은 사람이 있으리라 판단하기 때문에 새로운 시도를 할 엄두를 내지 못할 것이다. 하지만 신참도 시간이 지나면 스스로 정답을 안다고 생각하는 사람들이 항상 옳은 것은 아니라는 점을 깨닫게 된다. 그래서 자신에게 가장 유용한 방식을 판단해서 그것에 집중해야 자신의 행운을 만들 수 있다. 보편적 생각에 도전하고 모두가 재그로 갈 때 지그로 가는 배짱이 있는 사람이 결국 비상한다.

수학자 스티븐 스트로가츠Steven Strogatz는 내세울 만한 좋은 조건을 잘 갖추었기 때문에 자기 앞에 놓인 탄탄대로를 따라갈 수도 있었을 것이다. 그는 프린스턴, 케임브리지, 하버드 대학에서 학위를 받았고 현재 코넬 대학의 석좌 교수다. 하지만 그는 단순히 수학자일 뿐만 아니라 매력적이고 재미있는 사람이며 예상치 못한 일로 행운을 만들 수 있다고 믿는다. 그의 홈페이지에 있는 한 게시판 이름이 '펀Fun'이다. 그는 〈뉴욕 타임스〉에 유명한 수학 칼럼을 연재했고 지금까지 나온 수학 관련 서적 중 가장 유명한 책인 《X의 즐거움》을 썼다.

스트로가츠의 남다른 행보에는 천재적인 면이 묻어났다. 그는 판에 박히지 않은 사고를 했기 때문에 여러 번의 비약적 발전을 이루었다. "행운을 얻고 싶거나 독창적인 뭔가를 하고 싶다면 특이한 발상을 기꺼이 받아들일 줄 알아야 해요." 그는 바나비와 내게 이렇게 말했다.

스트로가츠는 몇 년 전에 바이오리듬이 서로 어떻게 일치하는가, 특히 귀뚜라미가 어떻게 울음소리를 동시에 내는가라는 질문에 몰두했다. 그 당시 박사 과정 학생이던 던컨 와츠Duncan Watts는 그와 함께 분리 이론의 6단계에 대한 대화를 나누었다. 대부분의 사람들은 누구라도 몇 단계만 걸치면 서로 연결된다는 이 실험 결과를 혹은, 적어도 이 개념을 알 것이다.

모두 연결되어 있다는 개념은 대중문화에도 스며들어 존 궤어 John Guare는 《여섯 단계의 분리》라는 희곡을 썼다. 이후에 이 희곡은 윌 스미스Will Smith 주연의 영화로 만들어졌고 현재 브로드웨이와 세계 각지의 극장에서 자주 공연되고 있다. 와츠는 사회학에서 논의되고 있는 이러한 연결 개념이, 스트로가츠의 연구와 관련이 있는지 궁금했다. 또한, 이 개념이 인간의 신경계에서 국가 전력망에 이르는, 연결망이 존재하는 어떤 것과도 관련이 있는지도 궁금했다.

스트로가츠는 이렇게 말했다. "그 당시에 그건 별난 개념이자 위험한 발상이었고 내가 그것을 연구하지 않을 이유는 너무 많았어요. 하지만 난 호기심을 느꼈고 그 개념을 파고드는 게 재미있었어요. 그리하여 와츠와 난 엄청난 성과를 거두었어요." 그들은 좁은 세상 네트워크를 다룬 수학 논문을 〈네이처〉지에 발표했다. 이 논문은 그 분야에서 유명하며 전 세계 연구자들 사이에서 어떤 논문보다 자주 인용되고 있다.

스트로가츠는 좁은 세상 네트워크 연구 프로젝트를 진행할 때 자신과 이야기를 나눈 저명한 과학자들과 수학자들이 대부분 무시했다고 말한다. 하지만 그는 다른 사람들이 거들떠보지 않는 길로 가는 것이 좋았다고 한다. "때로는 가장 인기 없는 영역이 추구하기 가장 좋은 영역이 됩니다." 그가 우리에게 말했다. 이러한 영역에선 경쟁이 약하고 자신의 이름을 남길 가능성이 크다. 때로 너무 인기 없는 길은 막다른 길로 인식되기도 한다. 그래서 모두가 그 길로 가는 것은 미친 짓이라고 조언한다. 스트로가츠를 제외한 모두가 말이다. 그는 막다른 길을 다시 가보는 것은 사업과 학문을 비롯한 많은 영역에서 생산적인 전략이 될 수 있다고 생각한다. "직면한 문제를 다시 생각해봐야 해요. 아니면, 젊은 사람에게 그 문제를 생각해보게 해야 해요. 젊은이는 애초에 막다른 길에 이르게 만든 인습적인 사고방식에 물들어있지 않기 때문이지요." 그가 말했다. 어쩌면 가능성을 다시 열기 위해 필요한 것은 사소한 변경, 약간의 변화 혹은, 새로운 방식일지도 모른다.

모두가 어떤 특정한 방향에 가능성이 없다고 생각했는데 나중에 그 방향에서 상당한 가능성이 부상하는 경우가 종종 있다. 이렇게 되면 모두가 처음과 다른 생각을 믿게 된다. 예를 들어, 주요 출판사들은 필명이 E. L. 제임스인 에리카 미첼Erika Mitchell이 《그레이의 50가지 그림자》를 자비 출판할 때까지 생생한 성 묘사와 가학성애 및 피학성애가 담긴 책을 선호하지 않았다. 그러나 사람들은 그 책에 열광했다. 이 책은 1억 2,500만 부 이상 팔렸고 지금까지 가장 빨리 팔린 책으로 자리매김했다. 속편과 영화가 뒤를 이었고 책에서 성이라는 소재가 갑자기 좋은 아이디어로 떠올랐다. 이 경우 제임스에겐 막다른 길이었지만 결국 성공을 향한 고속도로가 된 것이다.

고(故) 존 메이너드 스미스John Maynard Smith와 마틴 노왁Martin Nowak처럼 게임 이론(game theory, 이익의 극대화와 손실의 극소화를 꾀하는 수학적 전략 이론 - 역주)을 연구하는 수학 이론가들은 비슷한 결론에 도달했다. 바로, 매우 경쟁적인 상황에서는 예측할 수 없는 것에 집중하는 것이 최선의 방책이라는 점이다. 포커를 할 때 행운을 얻고 싶은 사람이라면 상대방이 자신의 다음 행동을 예측할 수 있게끔 손안의 패를 보이고 싶어 하지 않는다. 게임 이론에서 뭔가를 배운 미식축구 코치들은 상대팀이 어떻게 대적해야 할지 알지 못하게 예측 불허 상태를 유지하려고 노력한다. 따라서 선수들은 네 번째 공격에서 골대 근처에 갔을 때 엔드 존으로 돌진하지 않고 쿼터백이 공을 던지게 하는 경우도 있다. 이러한 예측 불가능성은 중요하다. 그렇지 않으면 상대편이 항상 어떻게 대응해야 하는지 알기 때문이다.

스트로가츠는 좀 더 균형 잡힌 접근법을 썼다. 와츠와 함께 한 프로젝트에서 이른바 '패러다임을 깨는 과학'을 추구하면서도 귀뚜라미를 대상으로 한 전형적인 조사에서 계속 유용한 데이터를 수집했다. 그는 다른 대안이 있을 때 대담해질 수 있다는 사실을 알았다.

남다른 행동을 한다는 것은 무모해진다는 의미가 아니다. 사실, 현실을 직시할 때 행운을 얻을 가능성이 커진다. "위험성이 크지만 보상도 큰 행동을 시도하겠다는 사람이라도 벽에 머리를 아주 오랫동안 부딪히는 짓은 하고 싶지 않을 겁니다. 모험을 하되 그것이 무익한 짓이라면 재빨리 그만둬야 해요." 스트로가츠가 말했다. 그와 와츠는 누구도 예상치 못한 프로젝트를 진행할 때 비밀로 했고 매주 만나서 진행 상황을 평가했다. 프로젝트 진행이 잘 안될 때는 다시 귀뚜라미에 대한 조사를 했다.

남이 안 가는 가장 의외의 길로 가서 스스로 즐거움을 찾는 것이 때로는 행운을 얻는 가장 좋은 방법이 되기도 한다. 스트로가츠는 기꺼이 즐거움을 찾을 때 운 좋은 발견을 하게 된다고 확신한다. 그는 높은 수준의 학계에 있는 사람들이 그렇듯 자기 분야에 사로잡혀 있고 일을 열심히 하지만 즐거운 시간을 보내는 것의 가치를 중시한다. "해결해야 할 문제가 재미있게 느껴진다면 그것에 매달려 끊임없이 노력하게 돼요. 샤워를 하면서도 운전을 하면서도 그걸 생각하지요. 그리고 그러한 과정이 행운의 결과로 이어질 가능성을 높이는 거예요." 그가 말했다.

스스로 즐거움을 느끼는 사람들은 아무도 시도하지 않은 일을 한다. 즐거운 시간을 보내고자 하는 욕망은 틀에 박히지 않은 시도를 할 수 있는 원천이 되며 이렇게 할 때 새로운 가능성과 행운의 문이 열린다.

하지만 새로운 아이디어는 조소에 직면하기 쉽다는 점에 대해 언급한 것을 기억하는가? 이러한 현상은 모든 영역에서 계속 일어난다. 자기만의 즐거움을 누리거나 남이 예상치 못한 시도를 하거나 남이 재그로 갈 때 지그로 가려 한다면 비판에 귀를 막고 자신을 믿을 수 있어야 한다.

배면뛰기의 선구자인 딕 포스베리Dick Fosbury는 1960년대에 오리건 주에서 자랄 때 스포츠를 좋아했지만 어떤 운동도 썩 잘하지 않았다. 그는 학교의 축구부와 농구부에 들어가지 못했기에 높이뛰기를 시도해보기로 결심했으나 그 운동에서도 두각을 나타내지 못했다. 그는 신장이 193센티미터였지만 바 높이 162센티미터를 뛰어 넘지 못했다. 당시에 높이뛰기 선수들은 다리를 차례로 차올려 막대를 넘는 가위뛰기 기술이나 다리벌려뛰기로 막대를 넘었다. 그는 이 두 가지를 모두 시도했지만 이긴 적이 없었다. 그러다 어느 대회에서 완전히 다른 기술을 즉흥적으로 시도해보기로 결심했다. 일반적인 방식으로 승리하지 못한다면 등 쪽으로 바를 넘는 방식으로 행운을 거머쥘지 모른다는 생각을 했다. 그는 도움닫기를 한 후 공중에서 몸을 돌려 바를 넘었다. 몇 밀리미터 차이에도 승리가 갈리는 스포츠에서 그는 자신의 최고 기록보다 15.24센티미터나 높은 기록을 세웠다.

이후 몇 년 동안 포스베리는 자신의 기술을 계속 연마하여 갈수록 더 높이 뛰었다. 그의 기술은 엄청난 관심을 받았고 포스베리 플롭Fosbury Flop이라 불리게 되었다. 하지만 그가 이러한 성공을 거두었어도 스포츠계 지도자들은 포스베리와 그의 기술을 부수적인 흥밋거리로 여겼다. 이른바 전문가들은 그가 등으로 뛰어넘는 기술로 달성한 게 전혀 없다고 경고했다. 스포츠 기자들은 일부러 조소가 담긴 비유를 들어 그의 기술을 묘사했다. 한 기자는 그를 트럭 뒤편에서 떨어지는 한 남자로 묘사했고 다른 기자는 그의 모습이 보트 바닥에서 퍼덕이는 물고기를 연상시킨다고 했다. 하지만 포스베리는 그들을 무시했고 자신의 독특한 기술의 힘을 계속 믿었다. 그는 멕시코시티에서 열릴 1968년 올림픽 출전

자격을 따내면서 모두를 놀라게 했다.

오리건 주에서 온 청년 포스베리는 멕시코에서 어떤 경험도 놓치고 싶지 않았다. 개막식 전날 밤 그는 친구 두 명과 함께 아즈텍 피라미드를 보러 테오티우아칸까지 운전해가서 밤새도록 그곳에 머물렀다. 이후 며칠 동안 그는 팀 동료들이 연습하러 간 동안 혼자 남아있거나 높이뛰기 연습을 몇 번 하면서 보낼 때가 많았다. 그가 느슨해졌다고 생각하는 사람들도 있었지만 그는 자신을 잘 알았고 연습을 더하는 것이 도움이 되지 않는다는 점을 알았다. 그에겐 최선을 다하게 자극하는 경쟁이 필요했다. 드디어 높이뛰기 대회가 열리자 그를 회의적으로 보던 사람들은 당황했다. 그가 올림픽 경기장에서 이틀 동안 한 번도 실수를 하지 않았기 때문이다. 그는 2.24미터라는 올림픽 기록을 세우며 금메달을 땄다. 영광을 향해 몸을 던진 결과였다.

하지만 금메달을 땄어도 그의 방식을 모두가 수긍한 것은 아니었다. 표준적인 방식을 고수하는 사람들은 모두가 재그로 가는 상황에서 지그로 가는 사람을 신뢰하지 않기 마련이다. 그들은 새로운 방향으로 감으로써 행운을 거머쥘 수 있다는 사실을 인정하지 못하고 위협을 느낀다. 포스베리의 배면뛰기를 하면 바를 넘은 후 매트에 목이 먼저 떨어진다. 전통 방식을 고수하던 올림픽 팀 코치는 만일 아이들이 포스베리 방식을 따라한다면 "모두 목이 부러질 것이기 때문에 높이뛰기 선수들의 세대가 모두 전멸될 것이다"라고 경고했다. 그런데 아이들은 그의 방식을 따라했고 다행히 목은 모두 무사했다. 얼마 지나지 않아 포스베리 플롭은 높이뛰기 선수들이 쓰는 유일한 기술이 되었다. 1972년 이후 높이뛰기에서 올림픽의 모든 메달은 이 기술을 쓰는 선수들이 차지했다.

삶의 어떤 영역에서든 행운을 거머쥐려면 기꺼이 의외의 것을 시도하고 다른 이들이 놓친 길을 발견하려하는 아웃라이어가 되어야 하는 경우가 많다. 만일 당신이 최선을 다하는 데도 일이 잘 안 풀리는 것처럼 느껴진다면 이제 어느 정도 지그로 가야 할 때인지도 모른다. 제임스 왓슨, 마이크 다넬, 스티브 스트로가츠, 딕 포스베리처럼 다르게 생각할 용기가 있는 사람들은 흔히 행운을 거머쥔 것처럼 보인다. 하지만 실제로 이들은 다른 모든 사람이 재그로 갈 때 지그로 간 사람들이다.

7장

해리포터가 어떻게
세계 최고가 되었을까

끈기와 열정으로 행운에 이르게 하는 성격 만들기…
행운의 길 위에 올라서라…
긍정의 힘을 키워라.

바나비가 기차를 타고 뉴저지 주 에디슨을 지나며 창
문 밖을 내다보았을 때다. 바나비는 위대한 발명가 토머스 에디슨
Thomas Alva Edison을 떠올렸다. 천재는 1퍼센트의 영감과 99퍼센
트의 노력으로 만들어진다고 말했던 에디슨.

"행운을 만들려면 끈기가 있어야 해요. 인생에서 실패한 사람
들은 대개 자신이 성공에 얼마나 가까이 가있는지 깨닫지 못하고
포기한 사람들이에요." 바나비가 말했다.

"그거 좋은 말인데요." 나는 항상 갖고 다니는 수첩을 꺼내며
말했다. "좀 적어놓을게요."

"토머스 에디슨이 한 말을 인용한 거예요." 바나비가 미소를 지
었다. "그는 이런 말도 했어요. 성공하기 위한 가장 확실한 방법은

항상 한 번 더 시도해보는 거라고요."

에디슨은 백열전구, 축음기, 영사기 등 천여 개의 물건을 발명했다. 더 정확히 말하자면 그의 미국 특허수가 1,093개다. 하지만 그가 우연히 이러한 발명을 한 것이 아니었다. 예전에 그는 자신은 실패한 적이 없고 그저 효과가 없는 만 가지 이상의 방법을 찾아낸 것뿐이라고 설명했다.

바나비는 에디슨과 자신이 무엇인가에 전념한다는 점에서 공통점을 가진다고 생각했고, 그래서 그는 에디슨을 좋아한다. 바나비는 자신이 무엇인가를 열렬하게 원한다면 그것을 얻으리라고 확신한다. 그는 건방진 것이 아니라 그저 끈기가 있을 뿐이다. 그의 집중과 전념으로 말미암아 그는 아주 운 좋은 사람처럼 보이게 되었다. 가령, 그는 17세 밖에 안 되었을 때 하버드에 몸담고 있던 위대한 진화 생물학자 언스트 마이어Ernst Mayr와 연구를 하고 싶다는 생각을 굳혔다. 무슨 일이 있어도 그렇게 하겠다고 다짐했다.* 그래서 알래스카에서 비행기를 타고 날아가 마이어의 연구실로 갔다. 바나비의 열정이 너무 확고했기에 마이어는 그를 그곳에 머물게 했다. 바나비는 SAT(미국의 대학 진학 적성 시험 - 역주), 성적,

---

* 마이어는 열정과 끈기가 있는 사람들을 이해했다. 본인에게 이러한 특성이 있었기 때문이다. 그는 1920년대에 연구라는 명목하에 파푸아뉴기니의 울창한 열대우림에서 식인종을 용감히 대면했다.

교사 평가 없이 하버드에 들어간 유일한 인물일 것이다.*

"초점을 맞추고 포기하지 않으면 행운을 얻게 되죠." 바나비가 내게 말했다.

'열심히 일할수록 운이 더 좋아진다'는 말이 있다. 이 말을 한 것으로 여겨지는 사람이 워낙 많아서 실제로 누가 한 말인지는 알기 어렵다. 바나비는 노력이 어떻게 행운으로 바뀌는지 생각했다. 가장 열심히 일하는 사람들이 정말 가장 큰 행운을 만들어낼까?

이 관계는 생각보다 미묘한 것으로 드러났다. 행운으로 연결되는 끈기와 집중은 많은 형태로 드러나며 반드시 투입한 시간과 동일시되는 것은 아니다. 여기서 더 중요한 점은 태도와 강도일지도 모른다.

"자신이 원하는 것과 목표로 하는 지점을 아는 것이 정말로 중요해요." 돌아온 수요일에 만났을 때 바나비는 이렇게 말했다. 이번에는 내가 사는 아파트 식탁에 앉아서 이야기를 나누었다. 나는 이곳을 예비 행운 연구실로 생각하게 되었다.

바나비는 그날 오전에 새로운 친구로, 유심론자이자 뉴에이지(New Age, 20세기 이후 나타난, 새로운 가치를 추구하는 운동으로 유일신 사상을 부정하고 범신론적이며 개인이나 작은 집단의 영적 각성을 추구하는 경향이 있다-역주) 권위자인 디팩 초프라Deepak Chopra 와 함께 시간

---

* 바나비는 자신이 하버드 대학에 1750년 식의, 옛날 방식으로 들어갔다는 점을 지적한다. 표준화된 시험을 보고 복잡하게 지원하는 오늘날 체계는 백 년 정도 되었다.

을 보냈다. 과학자인 바나비는 처음엔 그를 만나는 것을 약간 조심 스러워했다. 수많은 주류 과학자들이 대체 의학에 대한 초프라의 생각을 비판했기 때문이다. 하지만 바나비는 몇 달 동안 초프라를 알아가면서 현실의 큰 그림에 대한 그의 열린 마음과 인간이 자신 의 삶에 통제력을 발휘하는 방법에 대한 그의 통찰력에 매료되었 다. 초프라는 고무적인 대화를 통해 각자의 생각과 태도로 자기 자 신을 위한 일들을 발생시킬 수 있다는 그의 생각을 공유했다.

나는 자신이 속한 네트워크와 공동체에 있는 사람들에게 말을 하면 행운의 연결 고리가 만들어질 수 있다는 점을 배웠다. 하지만 우주에 자신의 소망을 읊조리기만 하면 우주가 반응할 거라고 말 하는 문화적 권위자들을 믿기 힘들었다. 하지만 바나비는 초프라 가 고려해볼 가치가 있는 좀 더 심오한 접근법을 쓴다고 말했다.

"초프라는 매일 하루를 시작할 때 차분히 집중하면서 '내가 원 하는 것은 무엇이고 나의 목표는 무엇인가?'라고 자문해야 한다 고 제안해요. 그렇게 해야 자신의 행동을 목표와 조화시킬 수 있 다고 해요." 바나비가 말했다.

나는 좀 더 현실적인 측면에서 생각했다. 그러니까, 나는 만일 우리가 일이든 사랑이든 신형 프리우스를 적절한 가격에 구입하 는 것이든지 간에 무엇에 마음이 꽂혀있다면 열심히 노력하고 결 코 포기하지 않을 거라고 보았다. 열정에서 나오는 투지와 꿋꿋함 그리고, 강철 같은 의지가 있으면 긍정적인 일이 발생하기 마련이 다. 소망을 우주에 말한다는 것은 단순히 자신이 무엇을 원하는지 안다는 의미다. 일단 그것을 자기 자신에게 선언하면 에너지와 감정을 올바른 방향으로 향하게 할 가능성이 높아진다. 이는 마법처럼 보인다. 하지만 그 시작점은 '나는 운이 좋아'라고 느끼게 해줄 것이 무엇일지를 스스로 아는 일이다.

나는 조사를 진행하면서 이러한 생각들이 별난 생각이거나 뉴에이지가 아니라는 사실을 알게 되었다. 노벨상 수상자 대니얼 카너먼Daniel Kahneman은 엄청난 존경을 받는 인물이자 주류에 속한 인물이다. 이러한 그는 조사를 통해 우리가 단순히 원하기만 해도 그것을 얻을 수 있는 운명으로 바뀐다는 점을 보여주었다. 어느 한 조사를 분석한 결과 18세 때 재정적으로 아주 부유한 것이 자신에게 중요하다고 말한 사람들은 결국 20년 후 다른 사람들보다 더 부유했다는 사실을 발견했다.

'목표가 아주 큰 차이를 만든다. 고소득을 원했던 사람들 가운데 많은 이가 그 바람을 이루었다.' 카너먼은 그들이 재정적 포부를 밝힌 지 수년이 지난 후 그들의 상태에 주목하며 이렇게 밝혔다.

카너먼은 명문대에 막 입학한 1만 2천 명의 학생들을 대상으로 조사한 후 20년이 지나고 다시 조사한 결과를 바탕으로 이러한 결론을 내렸다. 학생들은 처음 설문지에서 돈을 얼마나 중요하게 생각하는지에 대한 질문에 1점에서 4점까지의 점수로 대답했다. 그리고 20년 후 카너먼은 한 그룹의 조사 결과를 분석하여 과거에 돈의 중요성에 매긴 점수가 1점 높아질수록 수익이 1만 4천 달러 더 증가했다는 사실을 발견했다. 이는 오늘날 2만 2,100달러 이상에 해당되는 금액이다.

이는 굉장히 주목할 만한 결과다. 이는 10대 때 부자가 되고 싶은 정도에 3점이 아닌 4점을 주었다면 나중에 해마다 혼다 자동차를 살 수 있을 만큼의 보너스 같은 돈을 더 번다는 의미다. 대부분의 사람들은 자신의 은행 계좌에 행운 같은 그러한 숫자가 찍히기를 바랄 것이다. 그런데 누구나 그러한 종류의 행운을 만들 수 있다. 만일 18세에 혹은 어떤 나이에라도 돈을 버는 것이 최고의 목표라고 자신에게 말했다면 그것을 실현시키기 위한 여정에 의식적으로든 무의식적으로든 들어서게 된다. 이 사람은 많은 노력을 기울이고 도움이 될 사람들을 사귀며 졸업 후에는 아파트에 세들어 살 수 있을 정도의 수입을 버는 첫 직장에 들어갈 것이다. 주변 사람들은 이 사람이 어떻게 운이 그리 좋은지 궁금해할 것이다. 이 사람은 그들에게 이렇게 말해줄 수 있다. 금단지를 찾으려면 우선 자신에게 금단지가 무얼 의미하는지 제대로 알아야 한다고. 그래야만 올바른 길을 따라갈 수 있다고 말이다.

카너먼이 18세 학생들을 대상으로 했던 조사 질문지에는 부모가 되는 것, 패션계에서 일하는 것, 방송 프로그램의 주연이 되는 것 혹은, 가나에서 자원 봉사를 하는 것들이 자신에게 얼마나 중요한지에 대한 질문이 없었다. 나는 이러한 질문들에서 4점 가운데 4점을 준 학생들이라면 그렇지 않은 학생들보다 이러한 바람을 이루었을 가능성이 더 크다고 단언할 수 있다. 일단 운 좋은 삶이라고 여기는 것을 스스로 정의하고 나면 그 삶에 이르기 위해 필요한 모든 조각을 제 자리에 맞추는 여정을 시작할 수 있다.

로마의 시인이자 철학자인 루크레티우스Lucretius가 기원전 60년에 이러한 운동에 대한 글을 쓴 이후 과학자들은 이러한 유형의 운동에 매료되었다. 그는 건물 안으로 들어온 한 줄기 햇살에 비친 먼지 입자들을 보면서 이렇게 깨달았다고 기술했다. '먼지 입자들의 움직임은 우리 눈에 보이지 않는 물질에 움직임이 내재되어 있다는 사실을 잘 보여준다.' 알베르트 아인슈타인을 비롯한 여러 과학자들은 이 알쏭달쏭한 말에 수학적 정확성을 더해 움직임의 원인을 밝혀내었다. 현실에서 우리는 브라운 운동에서 그렇듯 이리저리 부딪힐지 모르지만 이걸로 끝이 아니다. 물리학자 믈로디노프는 이렇게 말했다. "삶에서 정말 중요한 것은 무작위성으로 형성된 기회와 도전에 어떻게 반응하느냐 하는 것입니다."

무작위적인 입자들이 서로 부딪히는 현실에서 내가 더 자주 기회를 찾아다닐수록 더 많은 기회를 발견하게 된다. 행운을 만드는 좋은 방법 가운데 하나는 계속 시도를 하는 것이다. 이런 점에서, 성공하는 사람들은 포기하지 않는 사람들이라는 믈로디노프의 설명에는 과학과 현실이 융합되어 있다.

우리는 뭔가 엄청난 성공을 거두면 그와 다른 결과를 상상하기 힘들다. 자신에게 일어났던 일을 되돌아보면서 그 일은 발생할 수밖에 없었다고 생각한다. 하지만 그 당시에 실제로 그렇지 않았다. 작가 존 그리샴John Grisham의 책은 전 세계에서 2억 7천 5백만 부 이상 팔렸다. 하지만 그의 첫 공식 스릴러물은 28곳의 출판사에서 거절당했다가 마침내 한 작은 출판사에서 출간을 하게 된 것이다. 작가 닥터 수스(Dr. Seuss, 본명 테오도르 가이젤) 역시 이와 비슷한 횟수의 거절을 당했다. 그가 《뽕나무 거리에서 봤던 걸 생각하기And to Think That I Saw It on Mulberry Street》 원고를 불태울 계획을 세웠을 때 우연히 만난 대학 동급생이 한 번만 더 출판사 문을 두드려보라고 격려했다. 노력의 결실로 책은 6억 부 이상 팔렸고 그가 죽은 지 오랜 시간이 지난 후에도 최고의 베스트셀러 동화작가로 남아있다. J. K. 롤링J. K. Rowling도 첫 책 《해리포터Harry Potter》를 열두 번 거절당했다가 런던의 작은 출판사와 계약을 맺었다. 이 출판사 측은 고작 1,500파운드(한화로 220만 원 정도 - 역주)의 선금을 주었고 초판도 겨우 천부만 인쇄했다. 그러나 폭발적인 인기를 얻으며 해리포터 시리즈는 4억 5천만 부 이상 팔렸고, 영화로도 만들어져 약 60억 달러의 수익을 거두었으니 전 세계가 해리포터에 열광했다고 생각하면 된다. 하지만 만일 롤링이 열두 번 거절당한 후 그걸로 됐다고 생각했다면 어떻게 되었을까?

비단 작가들과 배우들만 끊임없는 거절과 맞닥뜨리는 것은 아니다. 대부분의 사람들은 자신이 얼마나 여러 번 모험을 감수할지 의식적으로든 무의식적으로든 판단해야 한다. 열정으로 밀고나가는 것은 행운을 얻는 방법이기도 하지만 실망을 느끼게 하는 요인이 되기도 한다. 10대들은 어떤 상황에 연연하지 않는다는 걸 보여주기 위한 방법으로 애써 태연한 척을 한다. 학교 성적에 연연하지 않는다면 A를 받든 말든 걱정할 필요가 없다. 졸업 파티에 연연하지 않는다면 초대받든 말든 신경 쓸 필요가 없다. 10대의 자아를 보호하는 데 효과적인 방법은 삶에서 큰 성공을 거두려는 사람에겐 역효과를 낸다. 자신이 원하는 것을 인정하고 그것을 추구해야 행운을 얻을 수 있기 때문이다.

하지만 다른 측면도 생각을 해봐야 한다. 만일 당신이 쓴 소설이 출판사에서 스물여덟 번이나 거절을 당했다면 이는 단순히 그 소설이 정말 별로이기 때문일지도 모른다. 앞서 언급했지만 행운은 우연, 재능, 노력의 교차점에서 발생한다. 재능에는 기회를 알아보고 제대로 된 네트워크를 갖추는 등의 특성도 포함되지만 말 그대로 재능도 포함된다. 끈기가 행운으로 이어질 가능성이 희박해지는 시점이 언제인지 어떻게 알까?

때로는 적절한 시점에 그만둘 때 행운이 찾아오기도 한다. 수학자들과 경제학자들은 최적의 시기에 그만두는 문제를 분석하였다. 여기서 그들이 사용한 여러 등식은 어찌나 정교한지 내가 인터넷에서 검색해보았을 때 등식의 일부 기호는 알아보지도 못했다. 바나비는 내가 그 등식을 보여주자 좀 더 현실적인 관점을 제시했다.

"간단한 방법은 그저 자신이 목표에 얼마나 다가섰는지 파악해보는 거예요. 만일 배우가 되려고 노력하는 사람이 다른 오디션에 참가해 달라는 전화는 많이 받았는데 역을 배정받지 못한다면 계속 시도를 해봐야죠. 이 경우는 목표 지점에 가까이 와있고 끈기가 행운으로 이어질 수 있는 상황이에요. 하지만 초반에 항상 정중한 거절을 받는다면 다른 기회를 찾아봐야 할 때인지도 몰라요."

🍀

열심히 일하는데 자신이 원하는 것을 얻지 못하는 사람들이 많다. 모든 행운을 누리는 사람이 되고 싶다면 끈기와 열정을 키워야 할 필요가 있다. 이 두 가지는 행운을 만드는 중요한 특성인데 이를 반드시 타고나야 하는 것은 아니다. 젊은이들에게 자신의 열정을 따라가라는 충고는 졸업식 연설의 단골 주제이나 이 메시지에 낙담하는 졸업생들이 많다. 그들은 아직 열정이 없기 때문에 온전한 형태의 열정이 계시처럼 찾아오기를 기다린다. 하지만 그런 일은 일어나지 않는다. 심리학자 안젤라 덕워스Angela Duckworth는 그녀의 저서 《그릿》에서 일에 대한 열정은 '어느 정도는 발견해야 하는 것이고 이후에 이를 폭넓게 발전시키고 평생 심화시켜야 한다'고 지적한다. 졸업식 연사들은 자신이 좋아하는 것을 찾을 때까지 한동안 탐구를 해보라고 조언한다면 더 나으리라. 그런 후 자신의 흥미를 발전시키고 자신의 방식을 추구하겠다고 결심하면 된다. 그 시점에서 당신의 끈기에는 행운이 당신의 방향으로 굴러들어오게 만드는 힘이 있다.

나는 끈기의 힘을 생각할 때면 일 년 전 투손 책 페스티벌Tucson Festival of Books에서 만났던 마크 울릭센Mark Ulriksen이라는 화가가 떠올랐다. 우리 둘 다 〈애리조나 데일리 스타Arizona Daily Star〉의 후원을 받아 그곳에 초대되었다. 나는 수년 동안 그가 〈더 뉴요커〉 잡지의 표지 작업을 50회 이상 했다는 사실을 알고 깊은 인상을 받았다.

"와 엄청난 횟수네요!" 나는 마크가 그 말을 했을 때 이렇게 말했다.

"거절당한 횟수에 비하면 별 거 아닌 걸요." 그가 살짝 웃으며 말했다.

마크는 표지 작가들이 주기적으로 수많은 스케치를 해서 제출하지만 선택되는 것은 일부일 뿐이라고 말해주었다. 일 년에 표지 작업을 네 번 하면 큰 성공을 거둔 거라고 했다. 그는 일 년에 작업을 딱 한 번 했던 적도 있다고 했다. 시사와 관련된 표지로 세 개에서 네 개의 표지 안을 만들며 밤을 새운 적이 여러 번 있었는데 모두 퇴짜 맞았다고 했다.

"전 며칠이고 발끈하다가 이 일을 그만두리라 작정을 해요. 그러다 그 시기를 극복하고 더 발전해보자고 스스로 다짐해요. 몇몇 유능한 삽화가들은 너무 고통스러워서 표지안 제출을 그만두었어요. 하지만 그러면 앞으로 결코 표지 작업을 하지 못하는 거죠!" 그가 말했다.

마크는 만화가들이 선택될 가능성은 이보다 더 희박하다고 말했다. 그들은 행운을 얻기 위해 더 많은 끈기가 필요하다고 했다. 매주 통과냐 퇴짜냐를 결정하는 사람은 이 잡지의 만화 편집자 밥 맨코프Bob Mankoff라고 했다.

그래서 나는 맨코프에게 연락을 해보았다. 그러자 친절하게도 그는 맨해튼 프리덤타워에 있는 자신의 사무실로 나를 초대해주었다. 그는 과연 만화가다운 분위기를 풍겼다. 호리호리한 몸에 얼굴은 부수수한 수염에 덮여있었고 은백색의 곱실거리는 긴 머리칼이 귀 뒤로 늘어뜨려진 모습이었다. 그의 모습을 그리기가 쉬울 것 같았다.

"어서 오세요, 여기 앉으세요." 그가 만화 스케치가 높이 쌓인 둥근 회의 탁자를 가리키며 말했다.

맨코프는 바쁘긴 했지만 행복에 대한 이야기를 나누는 것을 즐거워했다. 나는 그에게 행운은 우연, 재능, 노력의 교차점에서 발생한다는 내 이론을 말해주었다. 그는 고개를 끄덕이며 자신의 행운은 자신이 호기심, 유머, 지성이 모두 섞인 분위기의 집에서 자랐을 때 시작되었다고 말했다. "가정은 성격이 만들어지는 최초의 환경이지요." 그가 말했다. 그의 어머니는 일찍이 열정을 발견해 그것을 추구해야 운 좋은 삶을 만들 수 있다고 믿었다. "어머니는 넌 스스로 행복하기만 하다면 원하는 무엇이든 될 수 있어. 그 분야 최고만 된다면 쓰레기 수거인이 되어도 된다고 종종 말씀하셨어요. 그래서 전 어머니께 난 대충대충 하니까 그 분야에서 일인자가 되기는 어렵겠네라고 말했어요."

맨코프는 쓰레기 수거인을 제외하고 자신이 하고 싶은 일을 발견하는 데 시간이 좀 걸렸다. 대학 졸업 후 심리학 박사 과정을 밟았고 이후 단독 공연하는 희극 배우가 되고 싶었다. 그러다가 만화 제작으로 방향을 틀기로 결심하고 〈더 뉴요커〉에 약 5천 편의 만화를 제출했는데 모두 거절당했다.

"저보다 더 강심장이시네요. 저라면 그렇게 오래 버티지 못했을 것 같아요." 내가 말했다.

"끈기를 유지하려면 하는 일에 집중할 수 있어야 해요." 맨코프가 생각에 잠기며 말했다. "사람들은 개인적으로 무시를 당하면 심란해하고 자신을 퇴짜 놓은 사람이나 단체에 화를 내요. 그리곤 자신을 거절한 사람은 바보라서 위대한 재능을 알아보지 못한다고 말해요. 한마디로 실패를 통해서 뭔가 배우질 못하는 거죠. 퇴짜를 맞았다면 그만한 이유가 있는 거예요." 맨코프는 끊임없이 그 이유를 이해하려고 애쓰면서 자신의 스타일을 만들어갔다. 그의 끈기는 빛을 발하여 마침내 그는 만화를 그 잡지사에 팔았다. 이후 그는 더 많은 만화를 팔았다. 그는 20년 동안 끊임없이 만화를 제출했고 이 가운데 적어도 90퍼센트의 만화가 퇴짜를 맞았다. "만화 열 개 중 단 하나만 쓸 만했기 때문이죠." 그가 말했다. 끈기는 결국 행운처럼 보이는 결과로 이어지기 시작한다. 그의 만화 가운데 하나는 엄청난 인기를 끌어 이 잡지사의 역사상 가장 많이 재판된 만화로 자리매김했다.

1997년 이후 만화 편집자를 지낸 맨코프는 '네버'('never'는 '결코 ~ 않다'는 부정문으로 여기선 앞으로 만날 일 없다는 뜻이다-역주)'라는 말은 하지 않지만 '노우'라는 말은 아주 잘한다. 현재 주기적으로 기고하는 사람이 약 50명인데 그는 그들 각각에게 한 번에 (자신이 그랬듯) 약 열 가지 아이디어를 제출해보라고 조언한다. 그의 사무실엔 매주 수많은 젊은 작가들이 보낸 비슷한 크기의 만화부터 요청하지 않았는데도 세계 각지에서 보낸 만화들까지 잔뜩 쌓여있다. 최고의 만화작가들이 매주 행운의 전화를 받을 확률은 얼마나 될까? 이 잡지에 매주 15개 정도의 만화가 실릴 공간이 할애된다. 그렇다면 한번 계산해보시길.

맨코프가 그 확률을 내게 설명할 때 그 잡지사 편집장 데이비드 렘닉의 전화가 걸려왔다. 렘닉은 맨코프가 선택한 다음 주 호 만화를 검토해보고 싶어 했다.

맨코프는 전화를 끊고 미안한 표정으로 나를 바라보았다. "미안해요, 원래 나중에 만나기로 했는데 편집장이 지금 시간이 되나 봐요. 잠깐만 여기서 기다려줄래요?"

"물론이죠." 내가 말했다.

그는 자신이 선택한 만화들을 그러안고 선택받지 못한 만화들이 수없이 쌓인 탁자를 뒤로 하고 걸어갔다.

"훔쳐보진 않을게요." 나는 장담했다.

"봐도 돼요." 맨코프가 이 말을 하고 문 밖으로 나갔다.

그 유혹을 누가 물리칠 수 있을까? 대다수가 각자의 스타일을 단번에 알아볼 수 있는, 유명한 만화가들이 그린 만화였다. 어떤 만화는 너무 재미있어서 친구에게 보내주고 싶었고 어떤 만화는 어찌나 기발한지 낄낄거리고 웃게 만들었다. 아름답게 그려져서 시간이 꽤 걸렸을 것 같은 만화도 있었다. 맨코프가 지적한 대로 거절당한 만화가들은 그에게 분함을 느끼거나 그가 보는 눈이 없다며 불평을 할 것 같았다.

맨코프는 빨리 돌아와서(렘닉이 그의 선택을 마음에 들어했다) 탁자 위에 쌓인 퇴짜 맞은 만화들을 철사 바구니에 던져 넣었다. 그러자 한 보조원이 들어와 바구니를 가져갔다. 미국 최고의 만화가들 가운데 일부는 그 주가 행운의 한주가 되지 않을 것임을 곧 알게 될 터였다. 가장 잘 되는 경우가 제출한 만화의 90퍼센트가 거절 당하는 것임을 알게 된다면 포기하지 않기 위해 끈질긴 결심이 필요하겠다는 생각이 들었다. 한 번 더 제출하겠다는 열정과 끈기를 지닌 사람만이 다음 주를 위한 행운을 만들 수 있을 것 같았다.

맨코프는 다시 자리에 앉았을 때 만화 외에 할 이야기가 더 많았던 모양이다. 그는 성공하고 싶은 사람은 실패를 이해해야 한다고 말했다. 행운을 얻고 싶은 사람은 노력을 쏟아야 한다고 말했다. 그러면서 그는 우리가 말하고 있는 끈기는 생각보다 훨씬 큰 영향력이 있는 것 같다고 했다.

"정말 중요한 건 제가 만화 편집자가 되었다는 사실이 아니라 제가 이 업계에서 아직 생존해있다는 사실이에요." 그가 말했다.

그는 40대 중반에 극심한 우울증을 겪었다. 그는 자신이 잘 꺼내지 않는 이야기라면서 이런 말을 했다. "둘째 부인이 절 떠났을 때 전 마음이 온통 망가지고 자살하고 싶은 생각으로 정신 병원에서 3개월을 보냈어요. 제겐 아무것도 없었어요. 하지만 결국 자신을 추슬렀고 성공도 거두었어요. 삶의 불씨가 마음에서 여전히 일렁이고 있던 거죠."

맨코프는 절망적이었던 시절에 대해 언급하면서 끈기는 단순히 직업에서 행운을 얻게 해줄 뿐만 아니라 삶의 원천이 될 수 있다고 말했다. "누구나 일을 하며 거절당하기 마련이에요. 그게 뭐 어때서요? 자신이 그린 만화가 거절당했다면 다시 그리거나 딴 일을 찾아보면 돼요. 어쩌면 진정한 깨달음은 저처럼 벼랑 끝까지 갔다가도 자기 안에서 인생의 행운을 발견할 수 있다는 사실을 알게 되는 것일지도 몰라요."

현재 맨코프는 재혼해서 행복하게 살고 있고 장성한 딸도 있다. "전 딸에게 항상 시도하라는 조언을 해줘요. 우리를 저지하는 건 바로 실패에 대한 두려움이나 자신이 평범하기 짝이 없다는 생각이거든요. 사람은 다른 사람들이 자신보다 훨씬 낫다는 생각을 할 때 성장을 멈추거든요. 동기부여와 끈기는 굉장히 중요해요. 아무것도 안하면서 TV만 보는 사람들이 굉장히 많답니다." 그가 말했다.

맨코프는 TV를 끄고 자기 자신과 자신이 만들 수 있는 기회를 믿는 것을 목표로 삼으라고 한다. "전 젊은이들에게 시도하지 않는다면 가능성은 제로가 된다고 말해요. 성공가능성이 적을지언정 시도해야 한다고도요. 행운을 얻으려면 자신의 성공 가능성에 대해 긍정적인 망상이 필요해요."

나는 맨코프의 사무실을 나올 때 우리가 계속 지피고 있어야 하는 인생의 불씨에 대해 생각했다. 행운은 올곧은 형태로만 오지 않는다. 자신은 결코 다시 행운을 누리지 못할 거라는 생각이 드는 힘든 시기야말로 지속해서 끈기와 용기가 필요하다. 이렇게 할 때 자신이 그린 만화를 출간할 수도 있고 정신 병원 생활을 끝낼 수도 있다. 그러면 이전보다 운이 더 좋은 상태가 되는 것이다.*

🍀

나는 바나비에게 밥 맨코프와 나눈 대화에 대해 이야기해주었다. 맨코프의 통찰력은 그가 '긍정적인 망상'을 하는 데 도움이 되었다는 말도 했다.

"그건 긍정성이 중요하다고 말하는 다른 방식 같아요." 내가 말했다.

바나비는 고개를 끄덕이며 긍정적 태도가 망상이든 아니든 행운을 만드는 데 중요하다는 사실에 재빨리 동의했다. 이제 우리가 행운에 이르게 하는 세 가지 특성 가운데 적어도 한 가지는 정의를 한 것 같았다. 이 세 가지는 바로 끈기, 열정, 긍정성이다.

"긍정성이 행운의 한 요소라면 셀리그만과 얘기를 해봐야겠군요." 바나비가 말했다.

우리의 친구이자 펜실베이니아 대학교 심리학 석좌 교수인 마

---

* 맨코프는 나와 대화를 나눈 지 얼마 안 되어 〈더 뉴커〉 잡지사에서 은퇴하고 현재 〈에스콰이어〉 잡지사에서 만화 편집자로 일한다. 그는 앞으로 무엇을 하든지 간에 계속 재미있고 통찰력 있는 사람으로 남을 것이다.

틴 셀리그만Martin Seligman은 낙관주의나 긍정적 태도에 대한 논의를 할 때 조언을 구할 수 있는 사람이다. 그는 긍정 심리학의 모든 영역을 창시했다. 그가 가르쳐 세계로 뻗어나간 학생들과 그의 영향력 있는 연구 덕분에 심리학에서 많은 연구의 초점이 부정적 측면의 치유에서 긍정적 측면의 고양으로 옮겨갔다. 우리는 어떻게 우리 자신을 더 행복하게 하고 자신의 안녕을 향상시키고 자신의 행운을 증가시킬 수 있을까?

바나비와 나는 오랫동안 셀리그만 박사를 알고 지낸 사이다. 우리가 전화했을 때 긍정적인 시각은 행운을 만드는 데 중요한 요소라는 생각에 바로 동의했다. 그는 그물망 사고를 하는 사람이라 곧바로 흥미로운 화제를 꺼냈다.

"행운에 대한 두 분의 질문을 받으니 공상 과학 소설 《링월드》가 생각나네요."

셀리그만 박사는 이 소설 속에 등장하는 틸라라는 인물이 임무 수행에 행운을 가져올 존재로서 우주 탐험에 합류한다고 설명했다. 영화에서 틸라는 6대에 걸친 행운의 조상에서 나온 자손이기에 행운을 상징한다. 현실에선 행운에 유전적 소인이 있다는 증거가 없지만 셀리그만 박사는 이것이 그렇게 황당무계한 말은 아니라고 생각했다. 적어도 우리는 행운의 성격형은 만들 수 있다고 보았다.

"만일 제가 우주여행에 데려갈, 행운을 상징하는 사람을 찾는다면 제가 가장 중요하게 여기는 선택 요인은 긍정성일 겁니다.

긍정적인 사람은 좋은 일을 잘 활용하고 나쁜 일이 생겨도 그 때문에 허물어지지 않는 성향이 있어요." 셀리그만 박사가 말했다.

긍정성은 열정과 끈기처럼 학습될 수 있으며 내재화되는 데 6세대가 걸리는 것도 아니다. 셀리그만 박사는 자신이 선천적으로 비관적인 사람이라면서 "비관적인 시나리오가 끊임없이 머릿속을 맴돌아요"라고 말한다. 이 말은 긍정 심리학 창시자로 불리는 사람과 잘 어울리지 않는다. 그렇기 때문에 그는 끊임없이 더 긍정적인 관점을 찾는다.

"긍정성은 굉장히 변하기 쉬워요. 가령, 저 같은 사람들은 자신에게 패배주의적이고 비관적인 말을 하는 것을 인지할 수 있어요. 하지만 그런 후 자신의 치명적 단점과 전혀 상반된 얘기를 할 수 있어요. 마치 그런 단점이 직업이나 배우자를 차지하는 데 적수라도 되는 듯 말이죠." 셀리그만 박사는 말했다.

한 예로, 그는 자신이 70세가 넘었고 전성기는 지났으며 이제부터 내리막길이라고 비관적으로 지적했다. 그러더니 곧바로 그와 다른 긍정적 측면을 강조했다. 그러니까, 얼마 전에 자신의 연구 논문이 〈신영국의학저널The New England Journal of Medicine〉에 채택되었고 자신이 아주 흥미로운 학회에 참석했으며 새로운 책이 출간되었다고 했다.

긍정성은 행운으로 연결된다. 이는 사람은 긍정적일 때 어떤 일을 계속 시도하기 때문이라는 점과 어느 정도 관련이 있다. 셀리그만 박사는 학습된 무기력에 대한 획기적인 실험을 했다. 이 실험에서 동물들은 자신이 통제하지 못하는 부정적 상황에 놓이면 결국 탈출 시도를 그만두는 것으로 나타났다. 사람들 역시 자신을 불운의 희생자로 생각할 때 불평하는 경향이 있다. 행운처럼 보이는 결과는 긍정적인 미래를 믿으려는 의지에서 비롯된 결과물일 때가 많다.

"만일 스스로 행운의 미래를 만들 수 없다고 믿는다면 자신의 길에 나타난 좋은 것을 활용하지 못해요. 자신에게 일어나는 일들을 자신이 어느 정도 통제할 수 있다고 믿는 것은 계속 시도할 수 있는 원동력이 되지요. 만일 자신에게 잠재적으로 좋은 일이 일어난다면 자신이 그 기회를 붙잡아 계속 나아갈지 아니면, 소극적인 태도를 보일지 자문해봐야 해요." 셀리그만 박사가 말했다.

셀리그만 박사는 오래전에 자신을 축하하는 한 학술 행사에서 투자 전문가이자 자선가인 존 템플턴Sir John Templeton을 만났다. 템플턴은 널리 보는 사고와 새로운 아이디어를 지원하는 재단을 세웠던 터라 셀리그만 박사에게 그의 비전을 지원하고 싶은데 어떻게 하면 되는지 물었다.

"그래서 2천만 달러의 보조금을 요청했어요." 그는 웃으며 말했다. "그동안 존 템플턴에게 그렇게 큰 액수를 요청한 사람이 아무도 없었다는 걸 나중에 알았어요. 템플턴은 거절했지만 전 그 상황에서 제가 유연하게 반응하는 게 아주 중요하다는 생각이 들었어요."

그의 긍정적인 접근방식이 당장의 이익으로 연결되지는 않았다. 하지만 그는 그러한 태도 덕분에 수십 년 동안 템플턴과 좋은 관계를 유지했고 템플턴 재단에서 상당한 연구비 지원을 여러 번 받았다. 그 재단에서 오랫동안 고위 간부를 맡았던 바나비는 그동안 셀리그만이 받은 보조금을 전부 합하면 (역설적이지만) 2천만 달러에 이를 거라고 나중에 털어놓았다.

"미래를 긍정적으로 상상하면 그만큼 기회를 활용할 수 있어요. 긍정성과 상상력이 더해져 다양한 시나리오를 시도할 수 있는 거지요." 셀리그만 박사가 말했다.

며칠 후 나는 얼마 전 발표된 토니상(Tony Awards, 미국에서 연극의 탁월한 업적에 대해 수여하는 상 – 역주) 후보들을 만나기 위해 아침 여덟 시에 타임스 광장에 있는 파라마운트 호텔로 걸어갔다. 일반적으로 타임스 광장에서 이른 아침은 황금 시간대가 아니지만 그 호텔은 수상 후보자들이 모이는 중심지였다.

훌륭한 연극이 마법 같은 성과를 거두려면 뛰어난 대본, 가슴을 울리는 음악, 멋진 무대 장치, 카리스마 있는 배우 등 많은 요소가 필요하다. 이러한 성과가 어떻게 발생되는지 아무도 확신하지 못하며 스포츠처럼 모든 것이 관객 앞에서 실시간으로 펼쳐진다. 아무리 훈련과 준비를 철저히 해도 예상치 못한 상황이 전개되어 갑작스러운 대성공이나 큰 실패로 끝날 가능성은 항상 존재한다. 그러고 보면 행운은 항상 무대 양쪽 끝에서 대기하고 있는 것 같다.

하지만 무대 위에서 열정을 충분히 발휘하지 못하면 행운을 얻지 못한다. 열정, 끈기, 긍정성이 행운을 만드는 핵심적인 특성이라면 나는 그곳에서 그러한 특성들을 감지할 수 있기를 기대했다. 나의 기대는 빗나가지 않았다. 수상 후보자 한 사람 한 사람과 이야기를 나누는 동안 그곳의 열정이 로켓을 점화시킬 만큼 뜨겁다는 사실을 깨달았다. 그들 중에는 연극계의 일원이 되기 위해 무엇이든 하겠다고 일찍이 결심한 사람들이 많았다. 어릴 때부터 살던 편안한 집을 떠나 뉴욕으로 가서 그곳 우범 지구의 다락방에서 지내는 사람들도 있었다. 후보자들은 대부분 반복해서 거절을 당했지만 포기하지 않았다고 내게 말해주었다. 모두 자신이 원하는 것을 아는 사람들이었다. 그들은 끈기와 열정으로 자신의 행운을 만들었다.

눈빛이 반짝이는 한 배우가 쾌활한 미소를 지은 채 아주 멀리서도 느껴질 듯한 에너지를 내뿜으며 방으로 폴짝 들어왔다. 블록버스터 뮤지컬 〈해밀턴〉에서 익살맞고 잘 발끈하는 조지 왕 역을 맡은 조나단 그로프Jonathan Groff는 내 앞 의자에 철퍼덕 앉자마자 자신을 세상에서 가장 운 좋은 사내라고 소개했다.

"〈해밀턴〉을 처음 보았을 때 거기에 매료되어서 눈물을 흘리고 말았어요. 린은 절 보며 "괜찮아요?"라고 묻더라고요."〈해밀턴〉제작자로, 널리 화제가 된 린 마누엘 미란다Lin-Manuel Miranda는 조지 왕 역을 그에게 제안한 상태였다. 그는 자신의 행운을 믿을 수 없었다.

그로프의 행운은 하늘에서 뚝 떨어진 것이 아니었다. 그것은 강렬한 소망에서 시작되었다. 펜실베이니아에 소재한 보수적인 랭커스터에서 메노파교 신자와 감리교 신자의 아들이었던 그는 직업으로 배우를 할 수 있다는 생각을 할 수 없는 가정 분위기에서 자랐다. 하지만 그는 지역 프로덕션에서 노래를 불렀고 이를 계기로 자신이 무대를 좋아한다는 사실을 알게 되었다. 수많은 배우 지망생처럼 그도 고등학교를 졸업 후 고향을 떠나 꿈을 향해 출발했다. 그는 뉴욕에서 연기 수업을 받으며 첼시그릴이라는 음식점에서 웨이터 일을 했다. 그것은 탁월한 선택이었다. 그곳이 연극계 사람들이 잘 모여드는 곳이었기 때문이다.

"어느 날 밤 제 테이블에 앉았던 한 남자가 "배우이신 것 같은데, 공연을 끝까지 본 후 모금함에 돈을 좀 모아주시겠어요?"라고 말하더라고요." 그로프는 그때를 회상했다. 이는 언뜻 느껴지는 것처럼 이상한 제안이 아니었다. 그 남자가 연극계에서 아프고 궁핍한 사람들을 위해 돈을 모금하는 비영리 단체인 브로드웨이 배우 조합을 운영했기 때문이다. 해마다 몇 주 동안 배우들은 연극이 끝나고 관객들의 박수를 받으며 무대에 나와 대의를 위한 모금을 위해 관객들을 설득한다. 뒤이어 관객들이 우르르 몰려나갈 때 로비에서 자원 봉사자들이 모금함을 내밀고 서있다.

그로프는 모금함 봉사자가 될 기회가 왔다는 사실에 몹시 흥분했다. 그는 연기 수업과 웨이터 일정을 잘 조절하여 거의 매일 밤

모금함 자원 봉사를 하러 갔다. "그렇게 극장을 자주 드나들던 차에 〈스프링 어웨이크닝Spring Awakening〉이 제작되던 시점에 사람들을 알게 되었어요." 그는 엄청난 흥행을 기록한 공연을 언급했다. "그쪽 측에서 10대에서 20대 초반 사이인 젊은 배우를 찾고 있었는데 그 자리에 바로 제가 있던 거예요."

그렇다. 그로프가 거기에 있었다. 그는 주연을 맡았고 가까스로 합법적인 음주 연령이 되었을 때 생애 처음으로 토니상 후보가 되었다.

그의 에너지 넘치는 이야기를 들어보면 모금함 봉사자에서 주목할 만한 스타로 도약한 것은 우연한 행운처럼 보였다. 극장에 자주 드나들다가 어떤 사람을 만나고 갑작스러운 인기를 얻고 이제는 스타가 되었다. 하지만 그로프는 초등학교 4학년 때부터 각 조각을 제 자리에 맞춰가고 있었다. 그는 초등학생 때부터 노래에 대한 열정이 대단했다면서 이렇게 말했다. "전 토니상 방송을 비디오 테이프에 녹화해서 학교에 가져가 수학 시간에 모두를 위해 틀어주었어요. 사람들이 어쩜 그렇게 노래를 하는지 믿어지지 않을 정도였어요. 그걸 보는 게 너무 즐거웠어요!"

그의 열정은 첼시그릴에서 스테이크 샌드위치를 주문한 남자에게도, 〈스프링 어웨이크닝〉의 캐스팅 담당자에게도 명확히 감지되었던 모양이다. 행운을 거머쥐려면 오랫동안 그 일을 고수하는 자세가 필요하다. 자신이 하는 일을 좋아하고 그 일의 가치를 깊이 믿는다면 낙담할 가능성은 낮다. 어떤 사람들은 아무리 대의를 위한 일이라 해도 모금함을 들고 서있는 것은 지루하고 품위가 떨어지는 일이라고 여길 수 있다. 하지만 좀 더 큰 틀의 일부로서 그 일을 본다면 활기 있게 열정과 끈기로 그 일을 하게 된다. 그리고 바로 이렇게 할 때 행운이 찾아올 수 있다.

그로프는 나와 이야기를 나누는 데 아주 많은 시간을 썼다. 더욱이 그의 홍보 담당자가 점점 초조해하는 바람에 나는 그에게 행운을 빌어주고 기다리고 있던 다른 리포터들에게 그를 보내주었다. 나는 그가 몇몇 사람과 포옹을 한 후 물병을 집어 드는 모습을 지켜보았다. 만일 행운이 우연, 재능, 노력의 교차 지점에서 발생하는 것이라면 그는 그 모든 것을 갖추었다는 생각이 들었다. 바나비와 내가 그동안 발견한 모든 원리를 잘 보여주는 좋은 본보기였다. 좋은 일이 일어날 가능성이 있는 곳에 갔고 모든 가능성을 찾았다. 그는 자신이 무엇을 원하는지 알았기에 기회가 왔을 때 그것을 붙잡았다. 그리고 브로드웨이에서 빛을 발할 수 있는 기술을 갖추고 있었다. 근사한 목소리와 연기력과 매력적인 성격과 멋진 곱슬머리까지. 이외에도 그는 목표를 달성하기 위해 기꺼이 노력을 멈추지 않았다. 그러니 그가 토니상 시상식에 다시 초청된 것은 놀라운 일이 아니었다. 그가 모금함 봉사자라는 우연한 기회에 주력했을지 모르지만 실제로 그것은 전체 이야기에서 가장 덜 중요한 요소였다.

나는 조나단 그로프, 밥 맨코프, 마틴 셀리그만과 대화를 나눈 후 누구든지 행운을 불러들이는 성격을 만들 수 있다는 확신이 들었다. 열정, 끈기, 긍정성이 행운을 보장해주는 것은 아니지만 이러한 특성이 없이는 행운을 계속 거머쥐기란 무척 어렵다. 이 세 가지는 맨코프가 시적으로 표현한 '인생의 불씨'를 지피는데 꼭 필요한 요소다. 이 세 가지는 행운이 제 모습을 드러내도록 계속 환하게 만드는데 필요한 불을 지핀다.

우리는 행운이 찾아와 인생이 혹은 세상이 극적으로 바뀐 이야기에 잘 매료된다. 소위 행운의 기회로 불리는 일들은 어느 정도 신화적인 측면을 띤다. 하지만 발견이나 발명으로 이어진 사례는 너무 우연한 행운의 기회 자체에만 초점을 맞추지 않도록 조심해야 한다. 이는 실제로 행운을 만들어낸 (그 이전과 이후의) 단호한 노력에 대한 진짜 이야기를 무색하게 만들기 때문이다.

우선 미생물학자 알렉산더 플레밍Alexander Fleming이 한 배양 접시에서 자란 곰팡이에서 페니실린을 순전히 우연으로 발견했다는 이야기부터 짚고 넘어가보자. 이 이야기에 따르면 플레밍은 1928년 9월에 한 달 동안 가족 휴가를 떠나면서 포도상구균 세균을 배양하는 배양 접시 몇 개를 연구실 창가에 두었다. 휴가에서 돌아오자 한 배양 접시가 곰팡이에 오염되어 있었다. 그런데 어찌된 일인지 그 곰팡이 주변에서 포도상구균이 죽어있었다.

플레밍은 그 곰팡이가 포도상구균의 성장을 막았을지도 모른다고 생각했고 그 추측이 맞았던 것이다. 한 번 발생한 행운의 기회로 수많은 사람이 패혈성 인두염, 성홍열, 상처 감염 같은 질환을 치료할 수 있게 되었다.

"1928년 9월 28일, 동이 트자마자 일어났을 때 세계 최초의 항생제 즉, 세균을 죽이는 물질을 발견하여 의료계에 대혁신을 일으키겠다는 계획 같은 건 없었습니다. 하지만 제가 그 일을 해낸 것 같군요." 나중에 플레밍은 이렇게 말했다.

사실 이러한 혁신은 그렇게 우연히 이루어진 것이 아니었다. 플레밍은 제1차 세계 대전 때 육군 의무 부대에서 군의관을 지내며 상처 감염과 소독제에 대해 조사했다. 그는 전후에 런던 대학교 세인트 메리 병원의 연구실로 돌아갔고 1921년 즈음 처음으로 큰 발견을 했다. 바로, 세균과 싸우는 효소의 발견이었다.

플레밍이 감기에 걸리는 바람에 콧물이 세균 배양기에 떨어지면서 이러한 연구가 시작된 것으로 전해진다. 여기서 어떤 패턴이 보이기 시작하는가? 콧물이 떨어지고 곰팡이가 갑자기 생긴 것은 우연한 일이었지만 흔히 일어날 수 있는 일이었다. 여기서 엄청난 행운이고 마법 같은 일이라고 할 수 있는 것은 이러한 사건 자체가 아니라 플레밍이 이 사건에 대처한 방식이었다.

플레밍이 가족과 휴가를 보낼 즈음은 그가 10년이 넘도록 세균과 인간의 면역 체계에 대한 연구를 해오던 시점이었다. 과학계에서 흔히 있는 일이지만 그는 여러 가지 소소한 발견을 하고 점진적인 단계를 밟아왔다. 하지만 그의 수많은 시도는 이렇다 할 성과로 이어지지 않았다. 어떤 시도가 성공을 거둔다면 이것은 우연한 행운이 아니다. 이는 에너지를 집중하고 수많은 실험을 하며 보낸 오랜 세월의 결과물이다.

우리는 우리가 추구하는 것을 정확히 알아야 행운을 거머쥘 수 있다. 플레밍이 휴가를 떠나고 그의 연구실에 들어온 누군가는 오염된 배양 접시를 생각 없이 치워버렸을지도 모른다. 한 사람의 과학적인 대발견물이 누군가에게는 역겨운 곰팡이 나부랭이일 수 있다.

플레밍은 행운의 발견을 했음에도 9월 28일 당일 의료계에 혁신을 일으킨 것이 아니었다. 흔히 그렇듯 진정한 도전은 그 이후에 이루어졌다. 그는 두 명의 연구원을 연구팀에 추가했으나 '곰팡이 액'을 분리하여 정제하는 데 성공하지 못했다. 얼마 후 옥스퍼드 대학교의 두 과학자 하워드 플로리Howard Florey와 언스트 체인Ernst Chain은 팀을 이루어 마침내 최초로 사용 가능한 페니실린을 만들었다. 이들은 플레밍과 함께 노벨상을 공동 수상했다.

플로리와 체인은 지성과 노력이 결합될 때 성공을 거둘 수 있다는 교훈을 남겼을 뿐 언론의 관심은 크게 받지 못했다. 플레밍의 이야기에는 마법 같고 불가사의한 요소들이 있었다. 정신없는 과학자, 지저분한 실험실, 창턱에 놔둔 배양 접시에 생긴 곰팡이. 행운이 우연히 찾아왔고 세상은 변하였다. 하지만 행운의 기회는 일련의 과정에서 한 단계일 뿐이었다. 그 기회가 의미를 지니기 위해 이전에 많은 과정이 있어야 했고 그 기회가 성공으로 이어지기 위해 이후에 더 많은 과정이 있어야 했다.

우리가 기억하는 행운의 기회들은 성공으로 이어진 기회들이다. 만일 플레밍의 동료들이 결국 페니실린을 추출하지 못했다면 우리는 곰팡이가 핀 배양 접시에 대한 이야기를 하지 못했으리라. 과거의 교훈은 행운의 기회가 우리에게 찾아왔을 때 우리가 이를 알아차리는 데 활용할 수 있을 때에만 유용하다.

3부

좋은 환경의 사람들 속에
행운이 숨겨져 있다

기회가 문을 두드리지 않는다면 문을 지어라.
밀튼 베를 Milton Berle

HOW

LUCK

HAPPENS

8장

당신의 이력서가
읽히기도 전에
쓰레기통으로 향하는 이유

가던 길만 따라가지 마라…
기회를 알아볼 용기를 지녀라…
진정 원한다면 하버드대를 중퇴해도 된다.

바나비는 우리가 만든 행운의 원리가 '견고해야robust' 한다고 자주 강조했다. 나는 'robust'라는 단어를 들으면 항상 볼 빨갛고 통통한 아기가 생각났다.('robust'에 원기 왕성하다는 의미도 있다-역주) 하지만 과학 용어에서 이것은 규칙이 대부분의 상황에서 유효하다는 것을 의미한다. '견고함'이라는 용어는 입력하는 동안에 에러가 발생하더라도 코딩이 제대로 될 거라는 확신을 주기 위해 컴퓨터 프로그래머들이 사용하는 용어이기도 하다. 이 용어를 너무 깊이 들여다볼 필요는 없다. 데이터가 전체 프로그램과 충돌하는지 알아보기 위해 컴퓨터 프로그램에 무작위 데이터를 입력하는 퍼즈 테스팅fuzz testing에 대해 알아야 하기 때문이다.

우리는 우리의 행운을 만드는 프로그램이 전혀 불분명하지 않고, 열정을 품는 것에서 남다른 길을 가는 것에 이르는 그 원리들이 아주 견고하다고 확신했다. 이러한 원리들은 어떤 것도 헤쳐 나가게 해주는 원동력이다.

하지만 우리는 중심 이론을 세우고 나니 이것이 일상의 상황에 어떻게 적용되는지 궁금했다. 행운을 거머쥐기 위해서 이론적으로 아는 것도 좋지만 사랑, 일, 가족 같은 정말 중요한 영역에서 실제로 행운을 얻는다면 더할 나위 없이 좋을 것이다.

우리는 우선 일이라는 영역을 다루어보기로 했다. 직업에서 행운을 만들어 줄 우연, 재능, 노력의 교차점에 이르는 가장 좋은 방법은 무엇일까?

바나비는 골드만삭스의 1년차 애널리스트에 지원한 야심찬 사람들에 대한 재미있는 이야기를 해주었다. 그들은 대부분 실력이 쟁쟁하고 아이비리그 같은 명문대 출신이다. 워낙 많은 수의 인재들이 경쟁하다 보니 약간의 우위만 있어도 차별화가 된다. 그래서 그들은 정성스럽게 자기소개서를 쓰고 이력서 글씨체를 숙고하며 자신을 돋보이게 해줄 명문구를 찾는다.

어느 해에 골드만삭스에서 채용을 관리하는 전무이사가 애널리스트에 지원한 사람들의 모든 이력서를 책상에 쌓아놓고 이를 두 개의 더미로 나누었다. 그는 잠시 생각하더니 한쪽 더미를 쓰레기통에 통째로 넣었다.

동료가 놀라서 쳐다보자 그는 어깨를 살짝 으쓱이며 말했다. "이 업계에 있으려면 어쨌든 운이 좋아야 하잖아." 그는 책상에 남은 이력서 더미를 가리키며 말했다. "행운의 더미에서 찾는 게 나아."

나는 웃었다. 그건 흥미로운 이야기였다. 아주 똑똑한 사람들도 무작위성에 영향을 받는다는 사실을 생각하니 재미있었다. 나는 바나비에게 이 이야기가 사실인지 아니면 월스트리트에서 전해져 오는 이야기인지 물었다.

"이 이야기의 출처는 확실히 모르지만 금융계에서 내가 만난 그 누구도 이 이야기가 사실이라는 걸 의심하지 않아요." 바나비가 말했다.

취업 원서를 내보았거나 경력을 쌓기 위해 시간을 투자해봤던 사람이라면 무작위성이 생각 이상으로 결과에 영향을 줄 수 있다는 점을 알 것이다. 당신의 미래와 운명은 인사 담당자가 당신을 만나는 날 아침에 두통이 있는지에 따라 혹은, 당신을 인터뷰하는 임원이 당신과 똑같은 대학에서 스쿼시를 쳤었는지에 따라 달라질 수 있다. 엉뚱한 간부가 자기 생각대로 이력서를 쓰레기통에 넣은 행동이 모든 걸 결정하는 것처럼 보인다.

이 이야기를 들으면 생각을 하게 된다. 만일 당신이 지금까지 설명한 대로 당신만의 행운을 만들려고 노력하고 있다면 당신의 이력서가 채용 담당자 책상 위의 이력서 더미에 고스란히 놓여있을 거라고 어떻게 확신할 수 있을까? 바나비와 나는 이 질문을 하면서 한동안 이에 대해 논의를 했다. 우리가 통제하지 못하는 무작위성이 재능과 노력처럼 통제할 수 있는 요소를 능가하여 행운에 영향을 준 사례가 있을까?

"마법의 힘이 없다면 이력서를 책상 위 더미로 옮길 수 없지요." 나는 우려스럽게 말했다.

"그렇죠." 바나비가 동의했다. 하지만 그는 혼란스러운 표정을 잠깐만 짓고 곧바로 밝은 표정으로 말했다. "그렇다면 이력서가 애초에 그러한 두 더미에 속하지 않게 하면 되잖아요!"

아하! 골드만삭스의 전무이사가 일자리를 얻으려면 운이 필요하다고 한 말은 맞았다. 하지만 여기서 지금까지 설명한 행운은 우연, 재능, 노력의 교차점에서 발생한다는 사실을 기억해보자. 이력서의 절반을 버리기로 한 별난 결정은 무작위적 우연을 잘 보여주는 예다. 만일 당신의 이력서가 버려질 더미에 있었다면 당신이 할 수 있는 일은 없다. 당신은 인생에서 무작위적 우연을 제거할 수 없지만 어쨌든 하고 싶은 일을 할 준비가 되어 있어야 한다. 뜻밖의 상황을 항상 예상할 수 없지만 자신이 통제할 수 있는 요소에 초점을 맞출 수는 있다. 그리고 이렇게 하다 보면 우연한 사건을 덜 위험한 사건으로 만들 수 있다.

당신이 골드만삭스에 입사 지원을 한다고 해보자. 당신의 이력서는 셋째 더미에 있어야 한다. 이것은 전무이사가 미리 빼놓았고 자세히 들여다볼 이력서들이 모인 작은 더미다.

어쩌면 우리가 여기서 별 소득 없는 말을 하고 있다고 느껴질지도 모르겠다. 당신은 지원할 때 전무이사가 무작위적인 행동을 하리라는 점을 모를 테니 말이다. 하지만 당신의 이력서가 행운의 더미로 들어가든 불운의 더미로 들어가든지 간에 헬베티카 글자체로

쓰인 기본 이력서와 눈에 띄는 자기소개서만으로는 취직되는 데 충분하지 못할 가능성이 크다. 경쟁이 극심한 환경에서 일반적인 기술만으로는 별다른 효과를 내지 못한다. 당신은 처음부터 당신을 두드러지게 보이게 해줄 무언가가 필요하다. 그래야 당신의 이력서는 전무이사의 책상에 놓인 두 이력서 더미에 속하지 않는다.

한 가지 방법은 이 상황에서 확실히 행운을 누릴 사람을 상상해보는 것이다. 설령, 사장의 자녀가 골드만삭스에 지원했다면 이 사장은 아마 CEO에게 직통 전화를 할 테고 그렇다면 이 똑똑한 자녀의 이력서가 쓰레기통에 들어가는 일은 적어도 없을 것이다. 당신은 발을 쿵쿵 치며 모든 것이 불공평하다고 불평하는 대신 그러한 경우가 당신에게 어떻게 적용되는지 파악해야 한다. 만일 당신 가족의 인맥은 투자은행 경영진보다 배관공, 회계사, 영업 사원 쪽으로 더 많다면 가장 바람직한 다음 단계는 무엇일까?

당신은 당신을 위해 그런 전화를 걸어줄 사람을 찾을 필요가 있다. 그런데 이 일은 생각만큼 어렵지 않다. 당신의 부모가 당신을 위해 해줄 수 있는 혹은 해주지 못하는 일에 대해 속상해하지 말자. 사회학자들이 행운은 항상 혹은, 대체로 가장 가까이 있는 사람에게서 오지 않는다는 점을 입증했다는 사실을 기억하자. 그러니 당신은 약한 연결 고리의 힘에 의존할 필요가 있다.

바나비는 경영자 코치이자 직업을 얻는 방법과 관련한 책을 열두 권 출간한 돈 애셔Don Asher를 알아냈다. 그래서 우리는 이 문제와 관련한 그의 조언을 듣고자 그가 있는 곳을 찾아냈다. 그는

"우리가 평소에 사는 공간을 넘어설 때 그러한 전화를 걸어줄 사람을 찾을 가능성이 가장 커요. 친구들하고만 소통을 하면 많은 행운을 놓치고 맙니다"라고 말했다.

애셔는 소매 영업을 하는데 패션 업계에 들어가고 싶어 했던 한 고객에 대한 이야기를 해주었다. 애셔는 그 여성에게 만나는 모든 사람마다 그 분야에 있는 사람을 아는지 물어보라고 했다. "그 여성은 헬스장에 있을 때 개인 트레이너 헬가에게 자신의 상황을 얘기했어요. 그런데 알고 보니 헬가의 고객 가운데 한 명이 유명 패션 브랜드의 재무 담당 부사장이었던 거예요." 그가 말했다. 그렇게 연결이 이루어졌다.

우리는 두 명의 다른 커리어코치(career coach, 개인의 진로 계획과 관리를 돕는 조언자 - 역주)에게 전화를 걸었다. 대화를 해보니 헬가가 말한 사례가 이례적인 일이 아니었다. 미용사나 개인 트레이너 같은 사람들은 행운을 만드는 데 도움이 되는, 의외로 좋은 소식통이다. 이들은 직업상 자연스럽게 다방면의 사람들을 만날 수 있기 때문이다. 당신은 자신이 무엇을 찾는지 정확히 인지한다면 힙합 댄스 수업을 듣거나 금색으로 부분 염색을 한 후 층을 낸 단발머리를 하면서 행운의 연결 고리를 만들 수 있다.

약한 연결망 가운데 가장 큰 영향력을 발휘하는 것은 흔히 대학 동창회다. 누군가가 상대방이 펜실베이니아 주립 대학교가 아닌 노트르담 대학교를 나왔다는 사실 때문에 그 상대방과 대화를 하고 싶어지는 이유를 정확히 설명하기란 어렵다. 하지만 대학 동문이라는 점은 영향력이 있다. 심리학자들은 사람들이 흔히 약한 연결망을 통해 부족의 충성 같은 연대감을 형성한다는 사실을 여러 번 입증했다. 한 무리의 사람들 가운데 절반에게 빨간색 티셔츠를 주고 나머지 절반에게 파란색 티셔츠를 준다고 해보자. 그러면 순식간에 사람들은 같은 색 티셔츠를 입은 사람들에게 강한 연대감을 느낀다. 그들은 같은 색 티셔츠를 입은 사람들에게 돈을 더 잘 빌려주고 게임에서 더 협력하는 경향을 보일 것이다.

인간은 신경학적으로 집단 동일시group identification라는 본능을 지녔다. 그런데 이러한 본능 때문에 종교 전쟁에서 종족 학살, 이민 금지까지 역사적으로 비극적인 사건들이 발생했다. 그러한 본능을 다른 방향으로 돌려 집단 동일시를 긍정적인 목적에 이용하는 것이 우리가 저울의 균형을 잡기 위해 할 수 있는 최소한의 일이 아닐까 싶다. 그러니 만일 당신이 골드만삭스 혹은 다른 회사에 입사 지원을 한다면 링크드인이나 대학 동창생 명부를 확인하여 같은 대학 출신으로 그 회사에서 높은 자리에 있는 사람이 있는지 찾아봐야 한다. 우연, 재능, 노력 이 세 가지가 있어야 행운을 얻는 것 같다.

나는 이력서가 쓰레기통에 버려지는 사태를 모면하기 위해 인맥을 활용해야 할 필요성을 강조해도 되는지 생각을 해보았다. 그러던 차에 빠르게 성장한 전자 상거래 사이트의 31세 임원인 잭 Jack과 이야기를 나누게 되었다. 똑똑하고 열심히 일하는 잭은 대부분의 사람들이 상사로 삼고 싶어 하는, 고무적이고 배려 깊은 관리자다. 그는 팀원들에 대한 지지는 모두에게 이로운 일이라고 판단했다.

잭은 운영 초기에 약 20명의 직원을 고용해야 했다. 인사부는 그에게 수백 개의 이력서와 자기소개서를 건넸다. 거기에는 명문대 졸업자부터 폭넓은 경험을 자랑하는 지원자들까지 주목할 만한 사람들로 가득했다. 거기서 어떻게 구별해낼 수 있을까?

"제가 고용한 직원들은 대개 저와 직접 소통을 하려고 노력했거나 회사 내에서 자신을 추천해줄 사람을 찾으려 애썼던 사람들이에요." 잭이 말했다.

그는 스스로 시작하고 책임질 줄 아는 사람을 원했다. 지원자들이 그와의 연결고리를 찾으려 한 노력은 이를 입증하는 한 방법이었다. 연결망이나 약한 연결 고리는 그들에게 유리하게 작용했다. "처음부터 그럴 계획은 아니었지만 열정과 노력을 보여준 사람에게 주목하게 되더라고요."

이 새로운 온라인 회사는 더 큰 회사에 인수되었다. 잭을 비롯한 모든 직원은 그들의 스톡옵션이 후하게 지급되었을 때 상당히 운이 좋아 보였다. 하지만 애초에 그들은 연결 고리를 제대로 활용했기에 그러한 행운을 누릴 수 있었다.

어떤 사람들은 이런 식으로 인맥을 활용하는 것에 대해 그럴 자격이 없는 사람들이 유리한 고지를 빼앗는 것 같아 남사스럽다고 생각한다. 우리는 때로 이러한 시도를 공정성의 문제로 약간 거북하게 느낄 수 있다.

어떤 사람들에게 행운을 안겨주는 인맥과 약한 연결 고리가 사실상 다른 사람들의 길을 막는 건 사실이다. 사회적 유동성과 모두를 위한 가능성이라는 측면에서 직업과 금융 분야와 연예계에서 기회가 동등하게 주어질 방법을 생각할 필요는 있다. 실제로 이렇게 하고 있는 사람들이 있다.

내 친구 줄리안 존슨은 소외된 사회 출신의 학생들에게 경력 관리 프로그램을 제공하는 비영리 단체인 교육 기회 후원회(SEO)의 부사장이다. 만일 골드만삭스에서 일하고 싶은데 앨라배마 남부의 가난한 동네 출신인 사람이라면 줄리안이 도움을 줄 수 있다. 실제 그와 그의 동료들은 수많은 소수 인종 학생들이 금융, 법, 투자 은행 분야에서 직업을 찾을 수 있도록 오랫동안 도움을 주었다.

"우리는 연결 고리가 없는 사람들에게 연결망을 만들어주는 데 도움을 줍니다." 줄리안이 내게 말했다. 규모가 작은 대학에 다니는 소수 인종 학생들은 월스트리트에 진출할 확실한 방법이 없을 것이다. 일반적으로 투자 은행들은 소수의 엄선된 대학에 다니는 학생들에게 일자리를 제안하기 때문이다. 하지만 SEO는 연결망을 확장하는 역할을 한다. SEO 측은 당신이 노력하고 결단력 있는 사람임을 확인한다면 당신이 적절한 인맥과 연결될 기회를 제공한다.* 줄리안과 내가 대화를 할 당시 SEO의 도움을 받은, 105개 대학교의 학생들이 하계 인턴사원을 나갈 예정이었다. 이는 상당한 수다. SEO 측은 많은 사람에게 행운의 문을 열어주고 있었으며 이러한 인턴사원 가운데 80퍼센트가 정규직 제안을 받을 것으로 예상했다.

줄리안은 직업에서 행운을 얻고 싶다면 공부와 노력 그 이상이 필요하다는 점을 지적했다. 공부와 노력은 학창 시절에 성과를 낼지 모르지만 사회생활에서는 그것만으로 충분하지 않다. 공부만 하면서 일이 저절로 주어지기를 바라지 말고 자신이 전진하는데 도움이 될 멘토, 조언자, 후원자를 찾을 필요가 있다. 줄리안은 SEO 팀들은 학생이 인턴 사원으로 나간 후에도 회사 내에서 승진하는 방법을 이해하는 데 도움을 주기 위해 그 학생과 계속 소통한다고 말했다. "네트워크network가 곧 넷워스(net worth, '순자산'이라는 뜻 – 역주)가 되기 때문이죠."

개인의 연결망이 예상치 못한 길을 열어준다. 당신은 첫 시작을 어디에서 하든 그 기회를 잘 활용하고 스스로 발전해야 할 의무가 있다. 스스로 많은 시도를 해봐야 한다. 아버지가 되었든, 미용사, 몇 년 전의 학교 대표팀 동료, SEO 같은 단체가 되었든지 간에 이들을 통해 연결망을 넓힌다면 당신의 운이 달라진다.

---

* SEO는 훈련도 제공한다. 대학생들은 투자 은행 채용 담당자와 첫 인터뷰를 준비하기 위해 30시간의 코칭을 받는다.

바나비와 나는 지금까지 각자 해왔던 일들에 대한 이야기를 나누었다. 그러다가 우리는 그동안 일자리를 얻기 위해 지원한 적이 없었다는 사실을 알고 서로 놀랐다. 우리는 이력서를 제출한 적이 한 번도 없었기에 이력서가 버려지는 문제를 걱정할 필요가 없었다. 우리는 항상 대안을 마련해놓고 있었다.

그동안 내가 한 일들은 한 가지 일이 다른 일로 연결되는 양상을 보였다. 내가 일하는 곳의 임원이 자신과 함께 다른 곳으로 가자고 제안했을 때 따라간 경우가 많았다. 이는 신중하게 계획하고 한 행동은 아니었으나 때로는 기회를 인지하고 그것을 붙잡는 것이 경력과 행복한 삶을 만드는 가장 좋은 방법이다.

바나비는 항상 운 좋은 자기만의 방향을 만들었고 전형적이지 않은 길을 따라갔다. 그의 부모님은 모험을 좋아하는 분들로 관리직에서 일찍 은퇴하고 다섯 자녀와(바나비가 첫째다) 함께 알래스카로 이사했다. 바나비는 일곱 살이나 여덟 살이었을 때 가족과 함께 시계, 달력, 전기, 수돗물도 없는 숲속 한복판에서 살았다. 그는 곰을 조심하면서 혼자 많은 시간을 보냈다. 환경이 그러했기에 다른 사람들이 따르는 일반적인 방식을 따를 수 없었다. 그래서 자기만의 방법을 찾아야 했다.

바나비는 대학 입학 전에 디즈니에서 사실상 처음으로 일을 해보았다고 했는데 그 일도 링크드인에서 찾은 것이 아니었다. 그 당시 그는 희귀 조류의 행동을 관찰하는 데 흥미를 느꼈다. 그래서 디즈니의 애니멀 킹덤 테마 파크의 중심축에 있는 디스커버리 아일랜드의 책임자를 찾아가 그곳의 다양한 새들을 관찰해도 되는지 물었다.

"원래 그런 직업은 없었는데 내가 워낙 흥미를 느꼈던 터라 책임자가 즉흥적으로 만들어낸 일을 수락했어요." 바나비가 말했다.

바나비가 처음 조사한 새는 야생 칠면조라는 큰 새였다. 호주 북동쪽의 깊은 열대우림에서 온 이 새는 낙엽을 긁어모아 거대한 퇴비 더미를 만들며 시간을 보낸다. 낙엽 퇴비는 열기가 발산되기 때문에 둥지로 사용될 수도 있다. 현명한 방법 같지 않은가? 퇴비 더미를 관찰하는 일이 당신에겐 꿈의 직업이 아닐지 모르지만 바나비는 그 일에 어찌나 열정적이었던지 그 야생동물 공원에서 유명 인사가 되었다. 심지어 그는 디즈니랜드의 컬러링북에도 등장했다. 그는 독수리의 행동에 관심이 많다고 사람들에게 말하고 다녔고 그 공원에서 독수리들의 생활을 관찰하고 싶어 했다. 그라면 그럴 만도 했다. 이에 디즈니 측에서 무선 추적 장치가 특별히 장착된 개인전용 비행기를 그에게 마련해주었다.

나는 우리가 이러한 물건을 마련하지 못하더라도 이러한 상황을 만들 수 있다고 말하고 싶다. 자신의 행운을 만드는 과정에서 바로 이러한 점이 중요하다. 바나비는 여담으로 월트 디즈니가 자신의 행운을 만드는 방법을 이해했던 사람이라고 말했다. 월트 디즈니는 사업에 여러 번 실패했지만 결코 포기하지 않았다. 그는 우체국 직원 자리에 지원서를 냈으나 너무 어리다는 이유로 거절당했다. 그러다가 얼굴에 수염도 그리고 옷을 잘 차려입고 다시 나타나 그 일자리를 얻었다. 이후에 다른 직장에서는 누군가가 그에 대해 "상상력과 좋은 아이디어가 부족하다"고 말하는 바람에 해고되기도 했다. 여기서 알 수 있듯 행운을 거머쥐려면 끈질기게 나아가야 한다. 그래야 자신만의 마법의 왕국을 만들 수 있다.

누군가가 당신을 신뢰하고 당신의 독창적인 생각을 모험 삼아 실제로 시도하려 할 때 당신만의 고유한 직업이 탄생된다. 몇 년 전 나는 이전에 존재하지 않았던 일을 했는데 바로, 유명한 잡지사에서 후원하는 TV 방송을 제작하는 일이었다. 나는 5년 동안 그 일을 하면서 행복했다. 내가 제작했던 방송 가운데 하나가 그 당시 방송계에서 유명한 사람들이 등장한, 연례 시상식 특집 방송이었다. 첫 해 방송 때 찍은, 내가 좋아하는 사진을 보면 남편과 나는 레드 카펫을 밟고 있다. 턱시도를 입은 남편은 잘생겨 보였다. 나는 홍보 담당자가 빌려다 준, 조명을 받으면 반짝이는 디자이너 드레스를 차려입고 로데오 거리의 보석상에서 빌린 백만 달러짜리 다이아몬드 장신구를 착용하고 있었다. 그때 나는 그야말로 행운을 누렸다!

"행운을 차지하는 완벽한 방법은 마음속 열정을 따라가며 자신만의 자리를 만드는 겁니다." 바나비가 말했다.

우리 집 큰아들 잭은 대학생 때 온라인 결제 서비스 회사가 개최한 캠퍼스 토크에 참석했다가 자신의 행운을 스스로 만들어간다는 원리를 직접 경험했다. 잭은 그 행사가 끝나고 회장에게 다가가 자신이 그 회사를 정말 좋아하는데 언제 한번 뵐 수 있느냐고 물었다. 회장은 만남을 약속했지만 단순히 조언과 정보를 주기 위해서였다. 그 회사에는 잭 같은 배경의 학생에게 줄 일자리가 없었다.

잭은 그 만남에 준비를 철저히 하고 나갔으나 회장의 말도 신중하게 경청했다. 회장이 고객에게 다가가는 방법을 설명할 때 잭은 특정한 유형의 데이터를 수집하고 분석하는 것이 유용한 이유에 대해 자신의 견해를 말했다. 회장은 생각에 잠긴 듯 고개를 끄덕였다. 이전에 그러한 접근법을 생각한 적이 없었던 그는 잭에게 그 일을 할 수 있는지 물었다.

"그럼요, 그 일을 맡는다면 너무 좋을 것 같습니다." 잭이 말했다.

"오늘 오후부터 시작할 수 있겠나?" 회장이 물었다.

"기꺼이 할 수 있지요." 잭이 말했다.

당신은 이력서가 쓰레기통에 던져지는 상황을 걱정할 필요가 없다. 미래의 상사와 마주보고 앉아 그를 위해 문제를 해결한다면 말이다. 아주 구체적인 방안을 제안한다면 고용주의 "당신을 채용할 수 없네"라는 대답을 "오늘 오후부터 일을 시작할 수 있겠나?"라는 제안으로 바꿀 수 있다. 잭의 친구들 눈에는 이 근사한 회사에서 일하는 것이 궁극적인 행운으로 보였을 터다. 하지만 이는 잭이 스스로 만든 행운이었다.

내 아들이 자랑스럽냐고 물으신다면 그렇다고 대답하겠다.

무작위적 요소의 예측 불허성을 피하기 위해 자신의 방향으로 포기하지 않고 가면서 행운을 만들려 애쓰는 사람들이 많다. 때로는 셋째 더미에 속하는 가장 좋은 방법은 첫째와 둘째 더미가 존재하지 않는 곳에 있는 것이다. 상당한 성공을 거둔, 바나비와 나의 한 친구는 이런 말을 했다. "사람들은 항상 정해진 틀을 벗어나 사고해야 한다고 말하지. 그런데 난 그러한 틀이 존재했다는 것도 몰랐거든."

갈수록 기업이 많아지는 세상에서 대부분 영역의 진입 장벽이 계속 낮아지고 있다. 이제는 공장이 아닌 노트북으로도 회사를 창업할 수 있다. 따라서 전형적인 직업의 길을 버리고 자기만의 길을 만드는 일은 무모한 행동이 아니다. 이는 행운의 클럽으로 들어가는 한 방법일 수 있다.

바나비는 내게 레베카 칸타라는 젊은 여성을 만나보라고 제안했다. 그 여성은 자기만의 길을 가면서 행운을 만든 좋은 본보기라고 했다. 20대 중반인 그녀는 이미 여러 사업을 하고 있었다. 우리는 어느 날 오후 그녀가 이따금 일하는 거슨 레어먼 그룹GLG의 사무실로 갔다. 그곳은 모든 주변 사람이 나보다 더 멋지다는 생각이 곧바로 드는 아주 근사한 사무실이었다.

레베카는 웃으면서 나와 우리를 맞아주었다. 긴 금발 머리에 우아하고 매력적인 레베카는 고등학교 치어리더에 쉽게 합격했을 것 같았다. 하지만 그녀는 치어리더를 한 적이 한 번도 없었다. 구석 테이블에 자리를 잡고 앉았을 때 레베카는 자신은 항상 자기만의 길로 가는, 좀 유별난 사람이었다고 재빨리 시인했다. 몇 년 전에는 하버드 대학교 2학년을 마치고 중퇴하기로 결정해 모두를 놀라게 했다고 한다. 그녀는 그렇게 하는 것이 행운을 얻을 좋은 방법이라고 생각했다.

"하버드대 중퇴자들의 평균 수입이 하버드대 졸업생들의 평균 수입보다 더 높아요." 그녀가 활발하게 말했다.

바나비는 그 평균이 하버드 중퇴생이자 페이스북 창시자인 마크 저커버그의 엄청난 재산 때문에 왜곡되었을지도 모른다고 말했다.

"그래요, 하버드를 중퇴한 마크 저커버그, 빌 게이츠, 맷 데이먼은 모두 평균을 높이고 있죠." 레베카가 말했다. 그녀는 그들의 방식으로 자신을 보고 싶어 했다. 또한, 큰 모험을 하는 독창적인 사람이 되고 모험이 결실을 맺을 때 행운의 주인공처럼 되고 싶다고 했다. 그녀는 하버드대에 다닐 때 동기생들에게 자극을 받지 못했고 학위가 미래에 어떻게 유용할지 알 수 없었다고 했다.

"부모님은 공황 상태였지만 전 설명하려 애썼고 무엇을 걱정하시는지 물어보았어요. 엄마는 제가 대학 졸업장 없이 투자 은행이나 컨설팅 회사에서 전형적인 일자리를 얻지 못할 거라고 지적하셨지만 전 그런 일을 하고 싶지 않다고 했어요. 엄마는 제가 결국 정치계에 입문하고 싶어 한다면 어떻게 될지도 걱정하셨어요. 전

우리 세대는 전형적인 일보다 흥미로운 일을 하는 사람을 더 좋아한다고 말씀드렸죠."레베카가 말했다.

레베카는 어렸을 때부터 자기만의 방향을 추구했다. 매사추세츠 뉴턴 교외에서 자란 그녀는 중국어를 배웠고 종이접기에 매료되었으며 트럼펫을 연주했다. 그녀는 바트미츠바(bat mitzvah, 유대교에서 12세에서 14세까지의 소녀를 대상으로 치르는 성인식 - 역주)를 기념하여 친구들과 눈썰매를 탔고 중학생이 되어서 당나귀를 사달라고 졸라 부모님을 당황하게 했다.

"뒷마당에 한 마리 있으면 좋겠다고 생각했지 별다른 이유는 없었어요. 제가 당나귀를 좋아했거든요."레베카는 미소를 지으며 말했다.

레베카의 부모님은 큰 논쟁을 피하기 위해 교외에 있는 그들의 집은 가축을 키울 수 있는 용지가 아니라는 설명만 해주었다. 그녀는 어려서 운전을 못했기에 어느 날 오후 시청까지 걸어가 용지 변경을 위한 청원서를 제출했다. 그리고 그녀의 청원대로 되었다. 그럼에도 당나귀는 얻지 못했지만.

당나귀 일화를 보면 레베카의 성향을 잘 알 수 있다. 한마디로 그녀는 남다른 것을 추구하는 사람이다. 고등학생 때 레베카는 일반적인 수업 과정을 원하지 않았기에 자기만의 교육 과정 고안하게 해달라고 요청했다. 학교 측은 이를 거절했다. 그래서 그녀는 자신이 지원한 아이비리그 학교의 학과장들에게 AP(고등학생이 대학의 교과과정을 미리 익히는 제도로, 이 시험에 합격하면 대학 입학 때 특혜를 얻을 수 있다 - 역주) 수업을 그만두고 남은 한 해 동안 독자적인 연구 프로젝트를 진행하고 싶다는 편지를 썼다. 그들은 이를 어떻게 생각했을까? 대부분 그래도 괜찮다고 대답했다. 레베카는 고등학교 3학년 동안 교실 밖에서 지냈다. "그건 제가 해봤던 최고의 학문적 경험이었어요." 그녀가 말했다.

레베카는 하버드대에 다니는 중에도 젊은 사업가들을 기업과 투자자와 연결해주는 브라이트코BrightCo라는 회사를 만들었다. 젊은 층이 전통적인 방식을 뒤집는 혁신을 잘 안다는 발상에서 나온 회사였다.

"코카콜라는 몇몇 스무 살 젊은이들이 자사 장사에 큰 지장을 줄 수 있는, 분무기형 카페인을 개발하고 있었다는 걸 몰랐을 거예요. 그래서 우리가 그들을 연결해주었어요." 레베카가 설명했다.

그 회사는 레베카가 손을 뗐을 때 여전히 작은 회사였다. 그녀는 그 회사가 페이스북처럼 되지 못하리라는 점을 알았다. 하지만 결국 GLG가 그곳을 인수하겠다는 제안을 했다. GLG는 전문가들을 그들의 정보를 원하는 사업가와 투자자와 연결해주면서 큰 성공을 거두었다. GLG는 레베카가 고안한 그 회사를 매입하면서 그녀에게 초빙 기업가라는 직함을 주었다.

지금 레베카는 대학교와 직장에서 테스트가 이루어지는 방식을 바꾸기 위해 한 회사를 만들고 있다. 그녀는 IQ든 SAT든 성격 진단 검사든 현재 사용되는 표준 테스트로는 성공에 가장 중요한 창의적 사고력을 진단하지 못한다고 확신한다.

"유별난 방식으로 지능이 뛰어난 사람들은 큰 행운의 변화를 만들 수 있는 사람들이에요. 우리는 그들이 그들만의 길을 가게 해주어야 해요. 이 세상엔 양이 있어야 하지만 우리가 특이한 검은 양을 발견하더라도 그 양이 더 검어질 수 있게 해주어야 해요." 레베카가 말했다.

레베카는 일반적인 길을 따라가면 실망스러운 결과로 이어질 수 있다고 생각한다. "하버드대에 들어갔다고 했을 때 가장 안 좋은 결과는 투자 은행 직원이 되는 거예요. 하지만 거기서 나오면 결과야 어찌되었든 커다란 가능성의 나무를 만들 수 있거든요."

바나비는 그곳을 나오면서 몇 달 전 혁신자 학회에 참석했는데 레베카도 그 학회에 참석하고 싶어 했다는 말을 해주었다. 바나비는 그녀를 위해 학회 측에 문의를 했다. 하지만 그녀는 그토록 원하는 학회 초청을 받지 못하자 초청받을 방법을 계속 찾았다. 나는 이에 깊은 인상을 받았다. 그녀는 치어리더 같은 외모를 보이지만 해군 특수부대 같은 맹렬함과 강인함을 지녔다. 어떤 임무가 주어지면 그 무엇도 자신을 방해하지 못하게 만드는 사람이었다.

독특한 사람이 앞으로 어떻게 될지 예측하기란 어렵다. 레베카는 결국 차세대 스티브 잡스처럼 될 수도 있고 아무런 잡job도 없게 될 수 있다. 초대받지 않은 파티에 밀고 들어가려 애쓰면 때로는 부딪힐 수도 있다.

모든 일에 기꺼이 모험을 감행하는 일은 직장에서 행운을 얻을 수 있는 한 방법이다. 이 방법은 때로는 큰 성공을 거두기도 하고 때로는 그렇지 못한다. 하지만 실패가 항상 나쁜 것은 아니다.

또한 자신을 알아야 하고 자신이 모험을 얼마나 감수하는 사람인지도 알아야 한다. 바나비와 레베카는 쾌히 그 모험을 따라갈 사람들이다. 그러나 나는 그렇게 하진 않을 것 같다. 나는 제대로 된 인맥을 형성하고 열심히 일하고 기회를 붙잡는 방식으로 행운을 얻고 싶지만 큰 모험을 감행하는 사람은 아니다.

자기만의 길을 가면서 행운을 거머쥐려 노력하는 일이 항상 성공하는 것은 아니다. 하지만 이 방법이 성공을 거둔다면 당신은 결국 독창성의 가치를 보여주는 이야기의 주인공이 된다. 바나비는 레베카처럼 대학을 중퇴하지 않았지만 하버드 대학에서 코넬 대학으로 옮겼다가 옥스퍼드 대학에서 1년 동안 연구원으로 지내는 등 여러 대학을 옮겨 다녔다. 세계적으로 유명한 조류학 교수들과 연구하고 싶어 했기에 이 모든 과정을 계획한 것이다. 바나비는 이후 옥스퍼드 대학으로 돌아가기 위해 로즈 장학금을 받고 싶어 했는데 그러려면 다니는 학교의 승인을 받아야 했다. 코넬 대학 측에서는 그가 학교에 기여를 많이 하지 않았다는 이유로 처음에 그를 승인해주지 못한다고 했다. 바나비는 갈수록 직급이 높은 행정부 직원을 찾아갔고 마침내 대통령의 집무실 문을 두드렸다. 그는 자신의 연구 신청서에 대한 지원을 받기 위해 능력이 각각 다양한 50명 정도의 사람들과 접촉했다.

"그건 일반적인 접근법이 아니었지만 이 경우 독창적인 방식이 나를 두드러지게 했어요. 난 많은 사람을 만났고 그중 일부는 새 친구가 되었어요." 바나비가 말했다.

아무리 똑똑한 사람이라도 로즈 장학금을 받을 가능성은 희박하다. 바나비는 일반적인 방법을 벗어난 접근법으로 그 일을 해냈다. 남다른 접근법을 쓸 때 행운을 거머쥘 수 있다.

우리는 원하는 직장에 취업하고 싶든지 새로운 사업을 시작하고 싶든 간에 자기 자신만의 길을 가야 행운을 얻게 된다. 물론 어떤 무작위적 요소가 작용하기도 한다. 하지만 미리 예측해보고 그것을 피하기 위한 모든 노력을 기울일 수 있다. 그러면 자신의 이력서가 버려질지도 모르는 이력서 더미가 아닌 셋째 더미에 놓일 것이다. 유익한 사람들에게 말을 하고 자신의 방향을 찾고 기꺼이 두드러져 보일 노력을 해보자. 이것이 항상 성공하는 것은 아니지만 실패에서 뭔가를 배울 수도 있다. 물론 이러한 노력이 성공한다면 우리는 행운의 주인공으로 보일 것이다.

HOW

LUCK

HAPPENS

9장

완벽한 배우자 만난 게 우연인가 인연인가

인간관계에 투자하라…
새로운 장소에서 사랑을 찾아라…
제대로 된 목초지를 찾아라.

최근에 나는 남편과 중요한 기념일을 축하하기 위해 남아프리카로 멋진 여행을 떠났다. 우리는 르 카르티에 프랑세로 불리는 아름다운 호텔에서 하룻밤 묵으며 테이스팅룸이라는 유명한 음식점에서 9코스 요리가 나오는 저녁 식사를 마음껏 즐겼다. 황홀할 만큼 좋은 음식을 앞에 두고 우리는 손을 잡고 서로를 가만히 바라보며 우리의 놀라운 행운에 대해 이야기했다. 우리는 여전히 서로를 웃게 해주었고 둘 다 어느 정도 모험을 좋아했으며 멋진 두 아들 녀석을 키운 좋은 부모였다. 그때 우리 둘의 대화를 엿들었던 사람은 아마 닭살이 돋았을지도 모른다.

하지만 나는 시간이 아주 많이 흐른 후에야 우리가 어떻게 그리 운이 좋은지 생각해보았다. 그 오래전, 내가 완벽한 남자를 만난 것은 우연이었을까? 나는 스물네 살에 전 세계 70억 명의 사람들 가운데 내 소울 메이트로 운명 지어진 한 사람을 단순히 우연적으로 발견한 걸까?

그렇게 낭만적인 인연이면 좋으련만. 물론 남편 론은 잘생겼고 건강하며 내가 높이 평가하는, 의사로서의 친절함과 배려심을 갖춘 사람이다. 하지만 내가 그동안 그 모든 조사를 하며 알게 되었듯, 우리 부부의 행운은 마법처럼 운명의 짝을 만난 사실보다는 우리가 이후에 기울인 노력과 더 관련이 있다.

대부분의 사람들은 사랑에서 행운을 얻는다는 것의 의미를 현실적으로 생각한다. 바나비와 내가 실시한 전국 조사에서 완벽한 사람을 찾아야 한다고 응답한 사람은 7퍼센트에 지나지 않았다. 80퍼센트라는 아주 많은 수의 사람들이 사랑에서 행운을 얻는 비결은 자신뿐만 아니라 상대방의 필요에도 관심을 기울이는 것이라고 응답했다.

나는 집에 돌아가 남편과 좀 더 일반적인 1코스 요리인 구운 닭고기와 야채로 저녁 식사를 하면서 사랑이라는 영역에서 우리가 운이 좋다고 느끼게 해주는 것이 무엇이라 생각하는지 물었다.

"넷플릭스 같은데." 남편이 말했다.

"넷플릭스?" 나는 어리둥절했다.

"그래. 당신은 내가 좋아할 영화를 고르고 난 당신이 좋아할 만한 걸 고르려 하잖아. 그렇기 때문에 우린 함께 볼만한 영화를 결코 선택하지 못할 수도 있어. 결과적으론 우리가 실제로 보는 영화 수가 줄어드는 셈이지만 어쨌든 우린 그런 과정에서 서로 운이 좋다고 느끼잖아."

나는 그 설명이 마음에 들었다. 상대방의 욕망을 자신의 욕망만큼 중요하다고 여기고 상대방 역시 그렇게 생각한다. 서로 사랑과 지지를 받는다고 느끼며 운이 좋다고 느끼는 것이다. 사랑의 영역에서 행운에 대한 남편의 정의는 바나비와 나의 조사 결과와도 일치했다. 하지만 대담하게 다른 시각을 제시하는 사람들도 있다.

영국의 가수 믹 재거Mick Jagger는 1985년에 발표된 첫 솔로 앨범에서 '럭키 인 러브Lucky in Love'라는 노래를 불렀다. 엉덩이춤을 추던 도발적인 록 스타에게 그 노래는 성적 정복을 표현할 확실한 방법이었다. 그는 카드, 말, 룰렛, 주사위로 하는 도박에선 운이 없을지 몰라도 여자만큼은 정복하기 쉬웠다고 자랑할 수 있었다. '그래, 난 승리의 손길을 가졌어'라고 그는 우렁차게 노래했다.

재거는 사랑의 행운을 끊임없이 차지한 남자다. 모델 제리 홀 Jerry Hall은 재거가 처음부터 외도하는 것을 알았지만 그와의 사이에서 네 명의 자녀를 두었다. 그는 여섯 명의 여자들과 여러 자녀를 두었고 70대까지 섹스 심벌로 남아있다. 어쨌든 그는 섹스에선 운이 좋은 사람이다. 만일 그가 자신은 사랑에서 행운이라고 말한다면 나는 그 말을 믿을 것이다.

하지만 행운에 대한 재거의 정의에 공감하는 사람은 생각처럼 많지 않다. 나는 남아프리카 여행을 다녀오자마자 아이오와의 서점에서 작가와의 만남에 참석했고 그 자리에서 피비라는 한 여성을 만났다. 피비는 고등학교 시절 남자 친구 알과 결혼한 지 40년이 넘었다고 했다. 피비의 말로는 두 사람 모두 바람을 피운 적이 한 번도 없다고 했다.

"저보다 행복한 사람은 없을 거예요." 피비는 남편의 손을 잡으며 말했다.

피비가 사랑하는 남편은 약간 대머리에 카키색 반바지 위로 배가 나온 모습이었다. 이 부부에겐 자녀가 없지만 눈이 살짝 안 보이는 사랑스러운 셰퍼드 한 마리와 그곳에서 두 시간 거리의 호수에 자리한 작은 오두막집이 있었다. 그들은 따뜻한 주말엔 오두막집에 가서 지낸다고 했다.

"사랑의 보금자리인가요?" 나는 장난 삼아 말했다.

"아뇨, 그저 허물어진 오두막집인 걸요." 피비는 살짝 미소를 지었다. 회계사였던 알은 2년 전에 직장을 잃었고 이제 집에서 컨설턴트로 일한다고 했다.

"남편 일거리가 많진 않지만 제가 간호사로 일해서 먹고 살만해요." 피비가 말했다.

남편의 실직, 허름한 외모, 허물어진 오두막집. 이 모든 요소를 감안할 때 일부 사람들은 적어도 표면적으로는 피비가 사랑에서 그렇게 운 좋은 사람이 아니라고 생각할 것 같았다. 하지만 피비는 남편 알에게 전념했고 남편의 좋은 면만 보았다. 두 사람은 긍정적인 면에 초점을 맞추고 서로 많은 사랑과 지지를 해주었기에 스스로 운이 좋다고 느꼈다.

피비는 존경받는 심리학자 배리 슈워츠Barry Schwartz 박사라면 곧바로 이해했을 어떤 비결을 찾은 듯했다.

"행운의 관계는 발견하는 것이 아니라 만들어지는 것입니다." 어느 날 아침, 바나비와 내가 전화를 걸었을 때 슈워츠 박사가 말했다.

스와스모어 칼리지에서 오랫동안 교수로 재직 중인 슈워츠 박사는 선택의 역설에 대한 놀라운 연구로 미국에서 유명해졌다. 그는 《선택의 패러독스》라는 책과 수많은 테드 토크(TED talk, 미국의 비영리 재단에서 운영하는 강연회 – 역주)에서 이러한 개념을 많은 사람에게 알렸다. 그는 우리가 선택안이 많으면 더 행복할 거라고 생각하지만 실제로 덜 만족한다는 사실을 입증했다. 우리는 선택안이 너무 많으면 항상 포기한 선택안을 생각한다.

슈워츠 박사는 몇 년 전, 동네 상점에서 딱 한 종류의 데님 바지를 팔았을 때 얼마나 행복했는지 모른다며 농담을 했다. 그 이후 슬림핏, 이지핏, 릴렉스드핏, 단추 여밈, 스톤워시 가공, 애시드워시 가공 등등 다양한 종류가 나왔다. 이제 그는 상점을 나올 때 몸에 더 잘 맞는 데님 바지를 샀을지 몰라도 예전보다 만족스럽지 않다고 했다. 선택안이 많으면 기대감이 높아진다. "이렇게 되면 아무리 좋은 결과라 해도 그 결과에 만족감을 덜 느끼게 돼요." 그가 말했다.

데님 바지에 적용된 이러한 원리는 배우자에게도 똑같이 적용된다. "최고를 찾아다닌다면 이미 가지고 있는 것을 최고로 만들기 위해 시간과 노력을 기울이지 않게 되죠. 이건 틴더 효과에요. 곧 있으면 다른 선택안이 스윽 나타나는데 관계를 성장시키기 위해 필요한 시간과 노력을 투자하겠어요?"

결혼한 지 40년이 넘은 슈워츠 박사는 오랜 세월 동안 결혼 생활에 노력을 기울였다. "서로 알고 지낸 건 그보다 훨씬 오래 되었어요. 아내는 중학교 2학년 때 저의 가장 친한 친구였어요. 아내는 제가 '상당히 괜찮은' 배우자를 찾는 것을 주제로 말할 때 좋아하질 않아요." 그는 이 말을 하며 웃었다. "하지만 이건 사람들이 정말 원하는 주제이지요."

포비 역시 남편이 '상당히 괜찮은' 배우자라는 생각에 동의하지 않을지 모른다. 하지만 남편의 특성이 어떠하든지 간에 그녀가 남편의 손을 잡고, 함께 미소 짓고, 오두막집에 다녀오는 등 긍정적인 행동을 하고 노력을 기울이며 사랑에서 행운을 얻은 것만큼은 분명하다. 포비 부부는 슈워츠 박사 부부처럼 서로 어렸을 때 고등학생 시절에 만났고 고향과 가까운 곳에서 살았다.

"작은 동네에 살면 선택안이 많지 않죠. 그래서 주위의 누군가를 찾아 인연을 만들어봐야겠단 생각을 할 가능성이 높아요. 이런 상황에선 주의를 밖으로 돌리게 만드는 요소들이 많지 않아요." 슈워츠 박사가 말했다.

사람들은 한 명의 배우자에게 '정착'한다는 개념을 좋아하지 않는다. 하지만 슈워츠 박사는 일반적으로 사람들이 배우자가 될 사람을 제대로 평가하지 못한다는 점을 지적한다. 그는 많은 세월을 지나오면서 아내가 친절하고 공감을 잘하며 총명하고 도덕심이 강할 뿐만 아니라 자신이 출간한 모든 책의 훌륭한 첫 독자라는 사실을 알게 되었다. 하지만 처음 만났을 때는 이러한 측면에 초점을 맞추지 못했다. "아내는 제가 만난 여자들 중 야구를, 더 구체적으로 말하면 뉴욕 양키스를 사랑한 첫 여자였기에 무척 끌렸어요. 끝내주는 뉴욕 양키스를 좋아한다는 것. 이건 관계 맺음에서 어떤 유형의 근거일까요?"

분명히 그건 아주 좋은 유형의 근거인 것 같다. 만일 사랑에서 행운을 얻는 것을 할리우드의 로맨틱 코미디에서 착안한 사람이라면 슈워츠 박사의 이야기 중 첫 부분에 초점을 맞출 것이다. 그러니까, 슈워츠와 마이어나가 어렸을 때 만나 친한 친구가 되었고 슈워츠는 그녀를 여자 친구로 만들려고 엄청난 노력을 기울였으며 결국 두 사람이 결혼했다는 부분 말이다. 이제 음악이 흐르고 화면이 흐려지면서 이야기는 끝난다.

하지만 슈워츠 박사 부부에게 결혼의 행운은 두 사람이 만난 날 또는, 결혼식 날 만들어지지 않았다. 이 날은 이야기의 진짜 시작이지 끝이 아니다. 이 부부의 진짜 관계는 이후에 두 사람이 서로에 대한 지지와 사랑을 위해 신뢰하고 의지하면서 발전되었다.

"사람들은 항상 "아, 저 부부는 잘 맞는 짝을 찾아 정말 운이 좋아"라고 말해요. 하지만 그건 아니에요. 그러한 부부는 서로를 찾아내어 그들의 관계를 타인이 부러워하는 관계로 만든 거예요. 현실에선 운명보다는 그러한 행운이 더 많이 발생하는 법이죠." 슈워츠 박사가 말했다.

환상만 갖고 있다면 부부 관계가 불행해질 수 있다. 결혼에 이르기까지의 나날들에만 초점을 맞춘다면 결혼 이후의 현실을 생각하지 못하기 때문이다. 결혼이 그리고 사랑에서의 진짜 행운이 의미를 지니는 것은 결혼식 그 이후부터다.

성공을 거둔 한 금융업자는(그를 트로이라고 부르겠다) 빅토리아 시크릿(Victoria's Secret, 미국 최대의 란제리 회사 - 역주)의 모델과 데이트를 시작했을 때 자신이 세상에서 가장 운 좋은 남자라고 생각했다. 그의 친구들은 당연히 눈이 휘둥그레지며 부러워했다. 브라와 팬티 차림의 포즈로 유명한, 아름다운 여성과 데이트를 했으니 믹 재거가 '난 행운아야, 행운아야…'라고 노래한 것처럼 으스댈 수 있었으리라.

결국 그들이 아주 근사한 결혼식을 올리고 이 장면이 각종 소셜미디어에서 공유되면서 행운은 지속되었다. 아니 그렇게 보였다. 하지만 결혼식 이후 현실이 들이닥쳤다. 압도적으로 아름다운 모델과(그녀를 헬렌이라고 부르겠다) 데이트하는 남자는 A형 행동 유형을 보이는 사람이라고 할 수 있다. 그러니까, 관심의 중심에 서고 싶어 하고 남성 호르몬 수치가 높은 유형이다. 트로이는 침실에선 자신이 원하는 모든 것을 과시할 수 있었을지 몰라도 사람들 앞에 서면 자신이 갑자기 배경으로 밀려난다는 사실을 자주 경험했다. 사진가들은 레드 카펫에 선 헬렌을 찍고 싶어 했고 그가 옆으로 물러서주기를 바랐다. 두 사람이 근사한 음식점에 들어서면 한바탕 난리가 났지만 잠시 후 모든 시선은 그가 아닌 헬렌에게 향했다. 트로이는 헬렌이 외출할 준비를 너무 오래하는 것에, 옷 입는 시간이 너무 오래 걸리는 것에, 그녀가 남편보다 자기 자신을 좀 더 사랑하는 듯한 모습에 어느 순간 분개했다.

행운은 거액의 돈이 들어간 이혼으로 막을 내렸다.

사랑의 영역에서 행운을 생각한다면 단순히 황홀한 결혼식 그 이상을 생각하는 긴 안목이 있어야 한다. 데이트할 때 재미있는 사람은 좋은 일과 나쁜 일이 번갈아 일어나는 인생길에서 내가 사랑받는다고 그리고, 운 좋은 사람이라고 느끼게 해줄 사람이 아닐 수 있다. 결혼식 산업은 사랑의 영역에서 발생한 가장 불행한 요소인지도 모른다. 값비싼 밴드와 꽃 장식은 행복한 결혼을 위해 하는 역할이 전혀 없다.

이 경우 친절하고 너그러운 능력과 노력이 행운을 만드는 역할을 한다. 하지만 우선 미래의 배우자를 만날 기회는 어떻게 찾아야 할까? 미혼자라면 적절한 결혼 상대를 찾는 일이 끝없는 지뢰밭처럼 보일 수 있다. 사랑이라는 분야에서 세계적 전문가인 생물인류학자 헬렌 피셔Helen Fisher는 어느 날 아침 바나비와 나를 만나 아침 식사를 하며 데이트와 사랑에서 행운을 얻는 것을 주제로 대화를 나누었다. 피셔 박사는 오랫동안 사랑에 실패했지만 활기가 넘쳤고 여전히 사랑에 고무되었다.

"사람들은 인생의 가장 큰 상을 받기 위해 애를 써요. 이 상은 평생 반려자 그리고, 자기 DNA를 미래에 전송할 기회, 이 두 가지에요." 피셔 박사는 접시에 담긴 신선하고 몸에 좋은 과일을 아삭아삭 씹으며 말했다. "하지만 데이트하러 나가는 것은 어떤 일처럼 느껴지고 노력이 필요해요. 옷을 차려 입어야 하고 매력을 풍겨야 하고 머리칼도 깨끗해야 하죠."

피셔 박사는 킨제이 연구소의 연구원이자 럿거스 대학교의 교수직을 맡고 있다. 하지만 현재 웹사이트 매치닷컴의 수석 과학 고문으로 많은 주목을 받고 있다. 피셔 박사와 이야기를 나누는 사람들은 기술이 어떻게 사랑을 변화시켰는지 알고 싶어 한다. 그녀는 미혼자 가운데 40퍼센트의 사람들이 온라인에서 만난 사람과 데이트를 하지만 기술이 사랑을 전혀 변화시키지 못한다고 강조한다.

"뇌는 애초에 사랑을 찾도록 만들어져 있는데 인류학 연구 결과를 보면 상호작용의 90퍼센트는 비언어적으로 이루어진다는 것을 알 수 있어요. 누군가와 함께 있을 때 고대 인간의 뇌가 작동하여 상대방이 적합한지 말해주죠." 피셔 박사가 말했다.

피셔 박사는 온라인 데이트 사이트에서 상당한 보수를 받고 있지만 사랑에서 행운을 얻는 첫 원칙은 밖에서 상대방을 직접 만나는 것이라고 말한다. "처음엔 교회, 커피숍, 온라인 등 어디서 만나든 상관없어요. 진짜 알고리즘은 뇌 속에 있으니까요."

피셔 박사는 너무 많은 선택안이 사랑을 저해할 수 있다는 배리 슈워츠의 생각에 동의한다. 온라인 세상에 너무 오래 있으면 거기에 압도된다. 피셔 박사는 매치닷컴이나 다른 중매 사이트에서 다섯 명에서 아홉 명을 고른 후에는 그만 멈추고 그 가운데 한 사람에 대해 알아가야 한다고 조언한다. "이제 그 사이트에서 나와 선택한 사람에게 열정과 관심을 가져야 하죠. 어떤 사람에 대해 많이 알수록 그 사람이 좋아지기 마련이거든요." 그녀가 말했다.

행운을 얻고 싶다면 자신이 원하는 것에 대한 시야를 넓힐 필요가 있다. 예를 들어 피셔 박사는 데이트 웹사이트를 이용하는 사람들이 흔히 자신이 원하는 상대방의 특성을 아주 구체적으로 요약해놓지만 실제로는 이와 완전히 다른 특성을 지닌 사람과 연결된다는 사실을 발견했다. 이는 BBC 다큐멘터리를 보고 싶다고 해놓고서 〈프렌즈〉의 지난 에피소드를 다운받는 것과 비슷하다. 당신은 무엇이 당신을 행복하게 하는지 확실히 아는가? 일부 데이트 앱의 알고리즘은 이제 사람들이 한 말뿐만 아니라 행동도 참작하고 있다.

사람을 만나는 일이 너무 어렵다고 불평하는 사람들에 대해 물어보자. 피셔 박사는 한숨을 쉬었다. "우리는 행운이 발생할 수 있는 장소에 가는 식으로 자신의 행운을 만들어요. 오페라를 좋아하는 사람은 오페라 행사장에 가죠. 미술 작품을 좋아하는 사람은 미술관 행사장에 가고요. 돈을 좋아하는 사람은 부자들이 어울리는 곳을 가죠. 87퍼센트의 미국인이 결국 결혼을 하는데 집에서 〈웨스트월드〉만 시청하면 거기에 끼지 못하는 거죠."

그렇다면 배우자를 만나기에 가장 좋은 장소는 어디일까? 나중에 우리는 이에 대한 대화를 나누었다. 그때 바나비는 행운은 숫자의 힘보다는 연결 고리의 힘에서 생겨난다고 지적했다. 그러니까, 2만 명의 열띤 관중이 있는 축구 경기장보다는 125명이 참석한 친구의 결혼식장에서 사랑을 발견할 가능성이 더 크다. 잠재적 배우자와 연결되고 싶다면 경기장 핫도그 판매점보다는 디저트 뷔페점에서 대화를 시작해보는 것이 좋다. 자신감, 긍정적인 태도, 가능성에 대한 열린 마음은 사랑의 영역에서 행운을 얻는 데 도움이 된다.

바나비는 다양한 분야에서 연구한 결과 자신이 어디에서 최고의 기회를 발견할 것인가라는 문제에 관심을 기울일 때 행운을 얻을 가능성이 가장 크다는 사실을 발견했다. 여기서 최고의 기회란 자신에게 최고의 기회를 의미한다. 앞에서 바나비가 설명한 최적 자유 분포라는 개념이 생각나는가? 동물들은 먹이와 짝을 발견할 가능성이 가장 높은 곳으로 모여드는 성향이 있다. 이 개념을 인간 사회에서 찾아보면 술집의 해피아워(happy hour, 특별 할인 시간대를 정해 이용률을 높이려는 마케팅 전략 – 역주)가 있다. 동물들은 자원을 얻으려면 어디로 가야 하는지 아주 자연스럽게 아는 듯하다. 풀을 뜯기에 좋은 울창한 초목이 있다면 그곳에서 많은 사슴을 발견할 테고 저 건너편 덜 울창한 구역에서는 사슴을 이보다 덜 발견할 것이다. 이것이 모두에게 만족스러운 상황이다. 한 장소에 너무 많은 사슴이 모여들면 일부 사슴들은 다른 곳으로 밀려나기 마련이다. 다시 말하지만 이것이 모두에게 만족스러운 상황인 것이다.

데이트 영역에서도 누구에게나 충분한 기회가 있다는 점을 떠올린다면 도움이 된다. 자신에게 어떤 유리한 점이 있는지, 동료들은 어떻게 행동하는지 생각해보자. 그렇게 하면 자신의 행운을 만드는 방법을 합리적으로 판단할 수 있다. 당신은 근사한 사람, 부자, 매력적인 사람이 드나드는 바에 갈 수 있다. 그곳이 근사하고 부자이고 매력적인 배필을 찾을 가능성이 가장 높은 곳이기 때문이다. 하지만 모두 그곳에 간다면 당신은 똑같은 목적을 위해 경쟁해야 한다. 동물로 치면 자원을 얻기 위해 경쟁하는 것과 같다. 기회가 많은 곳일수록 경쟁자들도 많기 마련이다. 당신이 그러한 상황에서 경쟁할 수 있는 사람이라면 그곳으로 가서 마티니를 주문하시길. 하지만 당신이 시끄러운 곳에서 두드러지지 못하는 사람이라면 한 블록 떨어진 곳에 자리한 좀 더 조용한 커피숍이 인연을 만날 가능성이 더 높을 것이다.

사랑에서 행운을 얻으려면 자신이 무엇을 추구하는지 알아야 한다. 이러한 부분은 사람마다 다르다. 만일 아주 특정한 유형의 배필을 원한다면 수요와 공급이 일치하지 않을 수 있다. 바나비가 언급한 동물 세계의 비유를 잠시 생각해보자. 어떤 동물들은 풀을 뜯어먹고 어떤 동물들은 나뭇잎을 뜯어먹으면서 각자 나름의 행운을 누린다. 우리도 적절한 대상을 정할 때 이후에 찾아올 행운을 붙잡을 준비가 된다. 제대로 된 대상을 정하지 못한다면 행운의 기회를 놓치기 마련이다.

피셔 박사는 젊었을 때 결혼한 적이 있으나 얼마 지나지 않아 그 관계를 정리했고 다시는 결혼하지 않았다. 이후 자신보다 나이가 상당히 많은 한 남성과 30년 동안 친밀하고 사랑하는 관계를 유지했고 그가 죽은 후에 몇 명의 사람을 더 만났다. 지금 그녀는 새로운 남성에게 애정을 느끼는데 과연 그가 자신에게 딱 맞는 사람인지 판단하는 중이었다. 그녀는 자신이 그 남자를 많이 좋아하지만 둘의 관심사가 똑같진 않다며 내게 살짝 말해주었다. 이 문제는 큰 걸림돌일까 아니면, 행복한 관계를 위해 감당해야 할 사항일까?

피셔 박사는 모든 사람이 그렇듯 자신이 사랑에서 행운을 움켜쥐었다고 느끼게 할만한 것이 무엇인지 파악하려 애쓰고 있다. 피셔 박사는 인간이 세 가지 유형의 사랑과 함께 진화해왔다고 강조한다. 바로, 성욕, 낭만적 사랑, 상대방에 대한 애착이다. 이 모든 것은 생물학적 근거가 있다. 성욕의 진화적 근거는 분명하다. 성욕이 없으면 진화가 발생되지 않기 때문이다. 피셔 박사는 애착 역시 진화에 기여한 본질적인 동인이라면서 이렇게 말했다. "애착이 있어야 자녀를 기르는 오랜 시간 동안 서로 너그럽게 봐줄 수 있으니까요."

그렇다면 신화, 전설, 셰익스피어가 쓴 최고의 희곡 등과 관련이 있는 낭만적 사랑은 어떤가? 피셔 박사는 이것 역시 기본적 동인이라고 말한다. 피셔 박사와 동료 두 명은 예전에 한 실험을 했다.

이 실험에서 그들은 깊이 사랑하는 두 사람을 기능성 MRI 스캐너에 넣고 뇌 기능을 관찰했다. 그들은 사랑하는 두 사람의 신경 화학 물질 도파민(신경 흥분을 유도하며 사랑에 빠지면 분비량이 늘어나는 호르몬 – 역주)이 서로 긴밀하게 연결되어 있다는 결론을 내렸다.

"뇌 밑 부분에는 도파민을 만드는 작은 공장이 있는데 그 바로 옆에 갈증과 배고픔을 관장하는 부위가 있어요. 이러한 것들은 아주 기본적인 동인이기 때문에 이를 제거할 순 없어요." 피셔 박사가 말했다.

도파민과 관련 있는 낭만적 사랑은 성욕이나 애착보다 더 강력한 동인일 수 있다. 피셔 박사는 누군가가 자신과 섹스를 하지 않는다고 해서 자살하지는 않지만 너무 깊은 사랑의 끝은 격노와 분개와 심지어 자살로 이어질 수 있다는 점을 지적했다. 이를 로미오와 줄리엣 증후군이라 해보자. 이 희극에 이런 대사가 나온다. "이렇게 입 맞추며 죽음을 맞이하겠어요."

낭만적인 사랑에 한창 빠져있을 때는 뇌가 일으키는 행복한 착시 현상으로 긍정적 환상에 빠지기 때문에 상대방의 단점을 쉽게 간과한다. 그러다 사랑이 시들해지면 사실을 좀 더 제대로 보게 되며 때로는 바로 이러한 순간에 자신이 행운아라는 생각을 멈추게 된다. 트로이와 슈퍼 모델 헬렌을 생각해보면 된다. 피셔 박사는 이러한 긍정적 환상 가운데 일부를 유지하거나 적어도 상대방의 싫은 점이 아닌 좋은 점에 초점을 맞추면 자신이 운 좋은 사람이라는 생각을 지속하며 애착의 단계에 접어든다고 생각한다. 이

부분이라면 아이오와에 사는 피비에게 물어보면 좋을 듯하다.

사랑에서 행운을 거머쥐는 일에서 한 가지 문제는 낭만, 섹스, 애착이라는 세 가지 요소가 항상 같은 방향을 향하는 것이 아니라는 점이다.

나는 끊임없이 바람 피는 믹 재거를 떠올리며 어떤 점 때문에 우리 부부가 사랑에서 행운을 얻었다고 확신하는지 생각했다. 피셔 박사가 말한 낭만, 섹스, 애착이라는 요소에 비추어 현재 나의 상태를 생각해보았더니 세 가지 부분에서 모두 운이 좋다고 말할 수 있을 것 같았다. 하지만 인생의 시기를 고려하는 것도 중요했다. 우리가 항상 운이 좋다고 말할 수 있을까? 우리는 수년 동안 작은 말다툼과 큰 언쟁을 벌이곤 했고 다정다감하게 대하기는커녕 화를 내며 몇 주를 허비했다. 우리의 결혼 생활이 항상 완벽한 것은 아니었다. 나는 결혼식에 참석할 때면 내가 신랑신부에게 줄 수 있는 최고의 선물은 이런 메모일거라는 생각을 종종 했다. '앞으로 흐린 날들도 찾아올 거예요!' 하지만 아무도 그런 말을 듣고 싶어 하지 않는다. 결혼 생활에서 행운을 얻는 진짜 비결은 어떤 일이 있어도 함께 살겠다고 결심하는 것이라는 메모를 쿠진아트 (Cuisinart, 미국의 주방 가전 브랜드 - 역주) 상자에 넣어 줄 걸 그랬나 보다.

바나비와 나는 듀크 대학교 심리학자이자 행동 경제학자인 댄 애리얼리Dan Ariely 박사와 대화의 자리를 마련했다. 그는 사람들의 불합리한 행동 방식에 대한 연구로 유명하다. 인터넷으로 가장 저렴한 라이스 크리스피를 찾느라 20분을 쓴 후 비싼 저녁을 먹으러 나가는 경우를 생각한다면 그가 말한 불합리한 행동의 의미를 알 것이다. 나는 애리얼리 박사의 연구 결과를 보며 사랑에서 행운을 얻기 위한 합리적인 방법에 대해 어떤 식견이 있는지 궁금했다.

그에겐 이것이 물론 있었다.

"세상에서 가장 괜찮은 사람을 찾겠다는 사고방식에서 벗어나야 합니다. 세상에서 가장 괜찮은 사람은 존재하지 않기 때문에 찾는 일 자체가 헛된 행동이에요." 그가 직설적으로 말했다. "사람들은 어떤 시점이 되면 "이 사람은 정말 괜찮은 사람이야"라고 말해요. 어쩌면 주변에 더 괜찮은 사람이 있을지도 모르지만 저라면 계속 찾아보지 않을 거예요."

애리얼리 박사는 존경받는 교수이지만 그 말은 왠지 고정관념처럼 들렸다. 물론 그는 아주 합리적인 관점에서 이러한 생각에 이른 것이다. 그와 바나비는 '비서 문제secretary problem'라 불리는, 경제학자들이 사용하는 전형적인 사례를 논의했다. 이것은 필요한 사람을 찾는 일을 그만두어야 할 때를 어떻게 아는가를 알아보는 방법이다. 이 공식은 경영자가 비서를 고용해야 해서 인터뷰를 시작하고 적절한 인물을 찾는다는 가정에서 만들어졌다. 경영자는 훌륭한 비서를 원한다. 하지만 비서가 없어서 매일 문제가 생기며 그만큼 손실도 발생된다. 전화를 받을 사람이 없기 때문이다! 여기서 발생되는 질문은 이렇다. 경영자가 비서를 찾는 일을 그만두고 완벽하진 않더라도 누군가를 고용해야 하는 시점은 언제인가?

"최적의 방안은 지원한 인원을 확인한 후 합격선을 정해서 그 합격선을 넘은 첫 지원자를 선택하는 것입니다. 이는 적절한 배우자를 찾는 일에도 적용돼요." 애리얼리 박사가 말했다.

진정한 사랑을 믿는 사람이라면 주변에 완벽한 사람이 있을지도 모르는데 그냥 괜찮은 정도의 사람과 결혼하고 싶지 않을 것이다. 하지만 애리얼리 박사는 사랑에서 행운을 얻는 가장 좋은 방법은 계획을 세우는 것이라고 생각한다. 아무리 가장 감정적인 영역이라고 해도 감정에만 의지하면 안 된다고 본다. 사랑, 직업, 재정 문제든 라이스 크리스피 구입 문제든 본능을 따를 때 항상 합리적 선택으로 이어지는 것은 아니다. 만일 당신이 미혼이고 사랑에서 행운을 얻고 싶다면 사랑이 오기만을 기다리면 안 된다. 전략이 필요하다. 내가 아는 한 경영자가 자주 하는 말인데 희망은 전략이 아니다.

우리와 대화하던 애리얼리 박사는 데이트를 주식 시장에 투자하는 것에 비교했다. 사람들은 합리적인 접근을 하고 있다고 생각하지만 가령, 다우 지수가 200포인트 하락하며 시장 상황이 변할 때 공황 상태가 되며 순간적인 감정 때문에 계획을 바꾼다. "사랑이나 주식 시장에서 행운을 거머쥐려면 본성에 휘둘리면 안 됩니다."

하지만 애리얼리 박사는 잠깐 말을 중단했다가 주식과 인간 사이의 큰 차이점을 지적했다. 우리가 주식을 선택하면 그 주식 자체는 변하지 않는다. 하지만 어떤 사람을 선택한 순간 관계가 변한다. "우리가 무엇에 오랫동안 전념하기로 결심하면 행운을 얻을 수 있어요. 그러니 무엇이 효과적인지 파악해봐야 하지요. 우리가 어떤 관계에 투자를 할 때 그 관계는 점점 좋아져요. 그리고 이러한 헌신은 새로운 기회를 만들어냅니다."

사랑에서 행운을 거머쥐려면 정착에 대한 스멀거리는 두려움을 투자라는 흥미로운 생각으로 바꾸어야 한다. 한 사람에게 시간, 노력, 신뢰, 사랑을 쏟으면 엄청난 이익으로 돌아온다. 나는 우리 부부가 이러한 과정을 경험했다는 생각이 들었다. 우리는 서로에게 전념했고 무슨 일이든 서로를 신뢰했다. 그래서 함께 탐험하고 시도하며 효과가 없는 일은 과감히 손 떼고 효과가 있는 일은 지속할 수 있었다. "만일 두 사람이 서로에게 충실하며 오래 같이 산다면 내가 원하는 것이 상대방도 원하는 것이 되어요. 그리고 이것이 바로 행운을 만드는 방법이지요. 두 사람은 함께 새로운 것을 시도할 수 있고 어떤 일이 효과가 없을까봐 걱정할 일도 없어요."

함께 사는 것이 항상 올바른 선택인 것은 아니다. 정서적 학대, 폭력, 알코올 중독, 이 밖에 해로운 행동이 가해지는 상황들이 많이 존재하는데 이럴 때는 헤어지는 것이 운을 좋게 하기 위한 유일한 방법이다. 하지만 애리얼리 박사는 이보다 더 나은 상황에서 일단 선택을 내렸다면 중요한 것은 선택 그 자체가 아니라 내가 어떻게 하느냐라는 점을 지적한다.

행동 심리학자들은 우리가 어떤 결정을 내리면 그것이 최선의 선택이었음을 증명하기 위해 뇌가 활성화된다는 사실을 입증했다. 연구자들은 유명한 실험에서 머그잔이나 펜 같은 소소한 물건을 실험 참여자들에게 주었다. 그들은 이 물건이 공식적으로 자기 소유가 된 후 그것을 맞바꾸어도 되었다. 하지만 그렇게 한 사람은 거의 없었다. 그들은 물건이 자기 소유가 된 것만으로도 그 물건을 더 좋아하게 되었다. 이는 배우자에게도 적용된다. 헬렌 피셔는 자신이 주관하여 1,100명을 대상으로 한 조사에서 86퍼센트의 사람들이 다시 결혼해도 현재 배우자와 하겠다고 응답했다고 했다.

애리얼리 박사는 임차인이 단기 임대한 아파트에 사는 상황을 예로 들었다. 임차인과 집주인은 주기적으로 계약을 갱신해야 한다. "만일 계약을 연장할지 자주 결정해야 한다면 집에 페인트칠을 하거나 꽃을 사지 않을 겁니다. 그리고 항상 다른 대안을 찾아보겠지요."

이는 여러모로 좋은 지적이었다. 나는 남편과 교외에 있는 집을 떠나 맨해튼으로 이사를 할지 고민하던 때에 작은 아파트를 빌려서 한번 시험적으로 살아보자고 제안했다. 우리가 도시 생활을 좋아했다면 곧바로 다음 행동을 취했을 것이다. 하지만 남편은 그 생각을 마음에 들어 하지 않았다. 남편은 우리가 집을 사서 우리 소유물로 애착을 느낀다면 완전히 다른 경험이 될 거라고 생각했다.

그래서 그렇게 했다. 우리는 상태가 안 좋은 작은 아파트를 사서 깔끔하게 수리를 했다. 나는 페인트 색과 욕실에 설치할 기구들과 부엌 찬장을 골랐다. 남편은 자신이 원하는 대로 배선 작업을 하고 제자리에 맞게 콘센트 작업도 했으며 거기에다가 동축 케이블도 연결했다. 내가 모든 걸 이해할 필요는 없었다. 하지만 중요한 사실은, 우리가 시간과 관심을 쏟고 나자 그 작은 아파트가 이유 불문하고 좋아졌다는 점이다.

물론 단기간 빌린 집이라도 페인트칠을 하고 신선한 꽃을 사다 장식하고 욕조에 생긴 틈을 다시 메우는 사람들도 있을 것이다. 하지만 대개 그 집에 계속 살 거라고 생각할 때 이렇게 하기가 훨씬 쉽다.

바나비는 폴 잭Paul Zak 교수를 만나자고 제안했다. 그는 클레어몬트 대학원 교수로 신경경제학 연구 센터Center for Neuroeconomics Studies를 열었다. 그는 TV 방송에도 자주 나오는데 방송에서 대개 닥터 러브Dr. Love로 불린다.

내가 어찌 닥터 러브를 만나는 일을 거절하겠는가?

코넬 대학교 동문회 회관 로비에서 기다릴 때 바나비는 폴 잭 박사의 연구가 대체로 신경화학물질 옥시토신이 신뢰, 사랑, 도덕성과 어떻게 연결되는지에 초점이 맞추어져 있다고 말했다. 옥시토신이 작은 분자치고 큰 역할을 하는 것 같았다.

바나비는 그 말을 하더니 몸을 살짝 기울여 "미리 말해두는데요. 닥터 러브가 뭘 좋아하냐면…"이라고 속삭였다.

바나비는 말을 끝내기도 전에 닥터 러브가 나타나는 바람에 우리 두 사람을 소개시켜주었다.

"안녕하세요, 전 포옹을 좋아해요." 잭 박사는 바나비의 뒷말을 마무리했다.

그는 키도 크고 전형적인 연속극 배우 같은 잘생긴 외모를 지녔기에 포옹은 완벽하게 좋은 인사처럼 느껴졌다. 하지만 나는 자리에 앉았을 때 왜 포옹을 좋아하는지 물었다.

"포옹을 하면 옥시토신이 분비되고 이렇게 되면 열린 마음이 되거든요. 한 모임에서 처음으로 모든 사람을 포옹했을 때 사람들이 웃으면서 더 많은 이야기를 공유한다는 사실을 발견했어요."

나는 순간적인 포옹이 큰 변화를 줄 만한 경험처럼 느껴지진 않는다고 지적했다.

잭 박사는 미소를 지었다. "옥시토신은 순식간에 분비되어 뇌에서 20분 정도 머물러요."

잭 박사는 우리가 누군가를 사랑하게 되면 의식적인 뇌는 이를 잘 감지하지 못하더라도 신체는 이를 잘 안다는 점을 입증하고 있다. 그는 ABC 방송 프로그램 〈배첼러The Bachelor〉의 2016 시즌을 위해 실험을 설정했다. 이 실험에서 그는 미혼남 벤과 그가 만나는 여성들 여섯 명의 뇌 활동을 확인했다. 그는 이 실험을 통해 서로의 냄새에 대한 반응, 옥시토신 분비 수준, 생리적 동기화를 살펴보았다. 이 세 가지는 심박 변이도와 서로의 리듬이 얼마나 밀접하게 일치하는지를 기준으로 측정되었다.

그 실험은 색깔 액체가 가득 든 시험관과 비커와 복잡해 보이는 기계들로 가득 찬 깔끔한 흰색 방에서 시행되었다. 세트 장식 담당의 구상으로 연구소를 재현한 방이었다. 세 가지 실험에서 우승자는 올리비아라는 미혼 여성이었으나 벤은 로렌 B라는 여성에게 청혼했다. 잭 박사는 이 조사가 타당성이 있다고 판단했지만 〈배첼러〉는 이를 증명하기엔 부적합한 매체였을 것이다.

잭 박사가 관심을 기울인 신체적 반응은 우리가 사랑에서 행운을 얻는 데 상당한 역할을 한다. 심장이 사랑의 근원이라고 생각했던 고대 시인들은 완전히 틀린 생각을 한 게 아니었다. 우리의 신체는 우리에게 사랑의 신호를 보낸다. 심리학자들은 만일 누군가가 자신에게 빠지기를 원한다면 첫 데이트에서 그 사람과 무서운 경험을 하라고 말한다. 예로 암벽 등반을 하거나 한밤중에 스키를 타거나 롤러코스터를 타는 것이다. 뇌가 기분을 고무시키게 만든 요인을 혼동하는 현상을 일컬어 '잘못된 귀인'이라는 특이한 명칭으로 부른다. 만일 당신이 롤러코스터를 타면서 흥분하여 소리를 질렀다면 당신의 뇌는 이러한 흥분이 어느 정도는 옆에 앉은 남자 때문이라고 판단한다. 모험을 하면 흥분을 느끼며 자신과 동행한 상대방이 연결되어 있다는 기분을 느낀다.

예전에 나는 남편과의 관계가 삐거덕거릴 때마다 아주 친한 친구에게 전화를 걸었다. 그러면 그 친구는 항상 가만히 들어주고 조언을 해주었다. 하지만 어느 순간 그 친구는 반복되는 양상을 알아차렸다. 어느 날 내가 걱정에 싸여 대화를 시도하자 그 친구는 고민을 들어주는 것을 거절했다.

"너희 두 사람은 섹스하거나 하이킹하거나 미술관에 다녀오면 다시 모든 게 괜찮아지잖아." 그 친구가 한 말이었다.

나는 웃고 말았다. 하지만 그 말을 남편에게 해주었고 그것이 우리에게 일종의 반복적인 의식이었음을 인정할 수밖에 없었다. 섹스, 하이킹, 미술관 방문 후 우리 사이가 더 나아지지 못할 이유가 없었다. 어쨌든 남편과 나는 이러한 활동들을 좋아한다. 어떤 부부든 서로에게 행운의 활동을 찾을 수 있다. 뭔가 미술관에 가는 것처럼 새로운 활동이나 하이킹처럼 도전적인 일을 할 때 분비되는 모든 신경 화학 물질은 유대감을 형성하는 데 도움이 된다. 그리고 섹스는 그 이상의 역할을 한다.

잭 박사는 아내를 비행기에서 만났다. 기내에서 그녀 뒤에 앉았던 잭 박사는 둘 다 채식 기내식을 받았다는 사실을 알아차렸다. 그는 앞쪽으로 기울여 말을 걸었고 결국 그녀의 빈 옆자리로 옮겼다. 그 당시 경제학 박사학위 과정에 있던 그는 대화가 잠시 중단될 때를 대비해 논문 뭉치를 챙겼다.

"아내는 엄청난 양의 방정식에 감명 받았어요." 그가 농담을 했다.

잭 박사는 결혼한 지 20여 년 되었고 10대인 두 딸이 있다. 그는 "때로는 서로를 죽이고 싶을 만큼 화날 때도 있기 마련"이라는 말로 결혼 생활을 요약했다. 그는 여행을 자주 하며 바람을 피울 기회가 사실 많다고 인정했다. 하지만 여러 여자들을 만나며 사랑을 나누는 것이 항상 좋은 건 아니라는 확신이 들기 때문에 그러한 기회들을 그냥 지나친다고 했다.

"만일 제가 네 명의 여성에게 임신을 시킨다면 진화론적으론 성공일지 모르나 아내가 절 쫓아내겠죠." 그가 말했다. 그는 신경학적 관점에서 뇌는 정교한 비용 편익 계산기인데 자신은 가정을 지키는 것이 가장 큰 이익이라는 결론을 내렸다고 했다. 그는 한 사람에게 전념하고 신뢰를 쌓고 있으며 아이들에게 단단한 울타리를 만들어주고 충분한 노력을 기울인 이점을 누리고 있다.

"만일 제가 아이들 양육을 덜 중시했더라면 미모의 여성들을 만날 기회를 지나치지 않았겠죠. 하지만 전 뇌간의 충동을 억제하고 전전두엽에 의존해 이성적 사고를 함으로써 제가 더 행운을 누릴 수 있다고 생각해요."

그렇다면 사랑에서 행운을 얻는 첫 단계는 모든 선택에는 이율배반성이 존재한다는 사실을 이해하는 것일 수도 있다. 사람은 모든 것을 가질 수 없다. 이처럼 사랑에서 행운을 얻겠다고 끊임없이 찾아다닐 필요가 없다는 점을 안다면 좋을 것이다. 그저 자신이 원하는 행운의 상황을 만들면 된다. 이를 위해 롤러코스터를 타야 할지도 모르지만.

HOW
LUCK
HAPPENS

10장

재능과 행운을 만들어주는 부모의 역할

자녀에게 많은 길을 보여주어라…
자녀가 노력하고 모험을 하도록 자극을 주어라…
자녀가 자신의 행운을 스스로 만들 수 있다는 점을 깨닫게 해주어라.

어느 화창한 일요일 오후, 나는 한 친구의 베이비 샤워 (baby shower, 임신을 축하하기 위해 친구들이 아기 용품을 선물하는 파티-역주)를 위해 북부 지역으로 차를 몰았다. 쌍둥이를 임신한 이 예비 엄마는 40대 초반이었다. 이 친구는 미리 부탁했던 선물이었던 탓인지 눈앞에 늘어선 선물들에 놀라지 않았다. 몇 년 전 가벼운 결혼식을 한 친구는 자기 그릇이나 크리스털 제품에 관심이 없었다. 하지만 이제 그녀는 아기들에게 유기농 면 옷을 입히고 비단처럼 부드러운 이불을 덮어주고 싶어 했다. 또한, 아기들에게 자극을 주기 위해 모차르트 음악을, 아기들을 잠잠하게 하기 위해 자동 그네를 원했다. 켄싱턴 궁전에나 있을 법한 고급 아기 침대, 누에고치 모양 요람, 값비싼 유모차가 그 아기들이 행운의 출발을 할 수 있도록 정성껏 마련되어 있었다.

부모라면 누구나 자녀에게 가능한 한 모든 걸 해주고 싶어 한다. 뭐, 당연한 말이지만 말이다. 하지만 행운이 재능, 노력, 우연의 교차점에서 발생한다고 하면 값비싼 물건들이 자녀를 운 좋게 만들어줄 것 같다는 생각이 들지 않았다. 부모가 궁극적으로 자녀에게 줄 수 있는 최고의 선물은 스스로 행운을 만드는 방법을 가르쳐주는 것이리라.

나는 주초에 뉴욕 브롱크스에 소재한 호레이스만 스쿨(Horace Mann School, 미국의 명문 사립학교로 유치원부터 고등학교까지 있다 - 역주)의 녹음이 우거진 교정을 거닐며 자녀가 행운을 얻는 것에 대해 생각했다. 그곳의 학생들은 전부 아기 때 누에고치 모양 요람에서 자란 것은 아니지만 대부분 교육을 중시하고 자녀에게 최고의 환경을 마련해주고 싶어 하는, 여유 있는 부모를 두었다. 이러한 지원을 받는 학생들의 부모들은 자녀에게 책을 읽어주었고 자녀를 심화학습 프로그램에 참여시켰으며 자녀가 잘되도록 희생을 한 사람들이다. 올바른 가치관을 지닌 부모가 있으면 자녀는 확실히 유리한 출발을 하게 된다. 하지만 궁극적으로 행운의 삶을 만드는 것은 무엇일까?

나는 햇볕이 내리쬐는 인도에 서서 한 무리의 여학생들이 언덕 아래를 내려가 운동장으로 향하는 모습을 지켜보았다. 여학생들이 길을 건널 때 차에 있던 한 보안 요원이 사려 깊게 차에서 내렸다. 연 학비가 4만 5천 달러인 이 학교는 학생들의 안전을 확실히 책임졌다. 하지만 그 보안요원보다 더 인상 깊었던 것은 여학생들이 그에게 반응하는 방식이었다. 일부 학생은 걸어가며 손을 흔들었고 두어 명은 "조지 아저씨 고맙습니다!"라고 소리쳤다. 그 자리에서 그는 보이지 않는 존재가 아니라 한 명의 사람이었다. 자신들을 도와주는 사람들에게 감사할 줄 아는 마음은 행운을 만드는 과정에서 좋은 출발점인 것 같았다.

운동용 반바지와 학교 티셔츠 차림에 긴 머리칼을 야무지게 뒤로 묶고 라크로스를 겨드랑이에 끼운 두 여학생이 길을 건넜다. 대화에 깊이 빠진 두 학생을 보노라니 숙제 이야기를 할까 파티 이야기를 할까 아니면, 다음 라크로스 시합에 대한 대화를 할까 궁금했다. 하지만 나의 추측은 전혀 맞지 않았다. 두 여학생이 내 옆을 지나갈 때 한 학생이 "넌 행복하니? 왜냐면 말이야, 이건 정말 중요한 문제거든"이라며 진지하게 하는 말을 나는 들었다.

나는 속으로 웃었다. 라크로스를 하는 14세 여학생이 내게 필요한 답을 제공해주었다. 운 좋은 아이들은 행복한 아이들이고 그 반대도 성립한다는 것을.

잠시 후 나는 호레이스만 고등부 교장인 제시카 레벤스타인 박사의 교장실에 있었다. 레벤스타인 박사는 항상 행복한 자녀를 만드는 것을 목표로 삼아야 한다는 말을 시작으로 행운을 거머쥐는 자녀에 대한 우리의 대화에 참여했다. 나는 웃으며 아까 들었던 말을 해주었고, 레벤스타인 박사는 흡족한 듯 고개를 끄덕였다. 그녀의 메시지가 학생들에게 잘 전달된 듯했다.

레벤스타인 박사는 행복한 자녀에 대한 접근법이 여느 교장들과 달랐다. 프린스턴 대학에서 박사 학위를 땄고 단테와 오비디우스에 대한 해박한 지식을 자랑하는 그녀는 웃는 얼굴 사진을 학교 곳곳에 붙이는 그런 교장이 아니다. 그녀는 행복이란 호화로운 물건과 긍정적인 구호보다 훨씬 복잡한 것으로 보며 호기심과 지적인 발견에서 상당 부분 느낄 수 있다고 본다. "자녀들이 행운을 얻기 위해 필요한 것은 행복으로 이끌어줄 수 있는 다양한 길을 알아보는 능력이라고 생각합니다." 그녀가 말했다.

호레이스만 스쿨에서 아이비리그 대학에 보내는 학생 수는 미국의 여느 학교에 비해 많다. 하지만 레벤스타인 박사가 학생들에게 주는 가장 큰 선물은 프린스턴 대학이나 하버드 대학이 아닌 그 이상을 볼 수 있는 더 큰 시각이다.

그러나 야심찬 부모들은 자녀가 좋은 성적을 받아 하버드대학에 들어가고 졸업 후 월스트리트에서 일하기를 바랄 것이다. "물론 이렇게 되는 것이 행복한 삶의 중요한 요소일 수도 있어요. 하지만 열여섯 살 학생은 이런 걸 아직 모르죠. 이 시기 학생들은 생각조차 해보지 못한, 다른 유형의 행복한 삶에 대해서도 몰라요. 학생들을 위해 애쓰는 우리 학교 직원들의 임무는 무엇이 행복과 운 좋은 삶을 만드는가에 대한 학생들의 인식을 확장시키는 데 도움을 주는 거예요."

레벤스타인 박사는 이따금 남다른 길을 가는 동창생들을 초대하여 학생들에 강연을 하는 자리를 마련한다. "이는 학생들에게 그 나이 대에는 상상할 수 없는 다양한 가능성이 존재한다는 것을, 학생들이 알지 못하는 도시에서 그들이 전혀 들어본 적 없는 일들이 존재한다는 것을 알려주기 위해서예요."

학생들에게 아이비리그 대학과 월스트리트에 사고를 고정하지 말도록 장려하는 것은 수준 높은 이들에게 국한된 문제로 들릴 수 있다. 하지만 레벤스타인 박사의 관점은 폭넓게 적용된다. 아이들은 어디에서 자라든지 간에 흔히 자신의 가능성에 대해 제한된 시각을 지닌다. 아이들은 부모님과 친구들이 하는 행동을 항상 보기 마련이다. 어쩌면 아이들은 자신들이 자란 작은 동네를 떠난다거나 동네 월마트가 아닌 나사에서 일을 하는 미래를 상상하지 못할 것이다. 부모님과 교사들은 아이들에게 여러 기회를 보여주고 시각을 넓혀주는 방식으로 아이들이 행운을 누리게 해줄 수 있다.

그렇다면 어떻게 해야 할까? 레벤스타인 박사는 집이나 학교에서 책을 읽는 것이 도움이 된다고 생각한다. "소설 작품은 아이들에게 다양한 삶의 방식을 보여주죠. 소설을 읽으면 다른 사람들의 삶의 현실을 이해할 수 있어요. 영어 수업의 주목적은 학생들에게 유창한 수준으로 글을 읽고 쓰는 방법을 가르치는 것이겠죠. 하지만 우리는 소설 작품을 통해 학생들에게 인간 행동의 본보기를 보여줄 수 있어요." 나는 이를 위한 많은 책이 떠올랐지만 레벤스타인 박사가 오이디푸스 희곡을 언급하여 내심 놀랐다.

"학생들은 앞으로 아버지를 죽이고 어머니와 잠을 자게 될 아이와 자신을 동일시하지 않지만 자신의 운명을 스스로 만들고 싶어 하는 사람과는 동일시해요. 학생들은 자신의 인생을 어떻게든 스스로 통제하려는 노력을 이해하죠." 레벤스타인 박사의 이 말은 왜 그녀가 교육자고 나는 아닌지 증명해주었다.

나는 그 학교를 다시 찾아가 박사의 수업을 들을 수 있다면 정말 고무적이겠다는 생각이 들었다. 아니면, 호레스만의 어떤 수업이라도 들어보면 좋을 듯싶었다. 이는 나쁘지 않은 생각 같았다. 박사가 가르치는 열린 마음과 유연성을 배워서 자기 것으로 만든 부모라면 자녀를 더 운 좋게 만들 수 있기 때문이다.

자녀를 위한 행운의 미래가 위태로울 때 여러 가능성에 마음을 여는 것은 쉽지 않은 일이다. 다른 기회들에 마음을 열고 남다른 방식으로 자신을 위한 행운을 만들려고 노력하는 부모라도 자녀에게는 자신도 모르게 반대로 할 수 있다. 많은 부모가 자녀의 행운은 통제와 한 가지 길에서 나온다고 생각한다. 레벤스타인 박사는 새 학년이 시작되기도 전에 자녀의 선생님을 바꿔달라는 전화를 종종 받는다고 했다. "부모님들은 자녀에게 도움이 될 선생님이 단 한 명이라고 생각하고 그분이 없으면 일 년을 망칠 거라고 짐작해요. 부모님이 그런 생각을 한다면 자녀가 전진하는 데 행복한 방법이 없다고 봅니다."

이럴 수가. 부모라면 한 번쯤 그런 전화를 걸어봤을 텐데. 나 역시 둘째 아들이 지역 공립학교 4학년이 되려는 시기에 그런 전화를 했다. 나는 아이들의 축구 모임에서 다른 엄마들로부터 한 선생님을(W여사라고 부르겠다) 꼭 피해야 한다는 이야기를 들었다. 그

선생님은 많은 4학년생의 일 년을 망친 장본인이라고 했다. 그래서 둘째 아들 맷이 W여사 반에 배정되었을 때 교장선생님께 전화를 걸었다. 교장선생님은 레벤스타인 박사와 마찬가지로 학년이 시작되기도 전에 아이의 반을 바꿔주지는 않았다. 그저 내게 맷과 W여사가 서로 잘 맞을 수도 있으니 맷에게 선생님에 대한 긍정적인 생각을 심어주라고 격려했다.

"맷이 어떻게 하느냐에 따라 모든 것이 달라질 수 있어요." 교장선생님은 말했다.

그래서 나는 노력했다. 모두가 놀랍게도 맷의 4학년은 아주 멋진 한 해가 되었다. 맷의 영리한 측면을 좋아한 W여사는 맷을 새로운 방향으로 이끌어주었다. 맷은 그 선생님이 가위와 종이를 가지고 자신을 복도로 데리고 나가 종이 자르는 법을 알려주었던 날에 대해 여전히 농담을 한다. "넌 수학과 읽기엔 뛰어날지 몰라도 유치원 때 배웠어야 할 기술을 아직 못 배웠어." W여사가 이렇게 말했다고 한다. 다행히 아들 녀석은 그 자리에서 웃었다. 두 사람은 서로를 좋아했다.*

어른들도 마찬가지겠지만 아이들은 어떤 상황이든 자신에게 유리하도록 활용을 잘하는 법을 배울 때 행운을 만들 수 있다. 부모

---

* 나중에 맷은 호레이스만 스쿨에 들어가 레벤스타인 박사를 영어 선생님으로 만났다. 맷은 이 선생님에게 엄청난 자극을 받았고 열렬한 팬이 되었다. 부모가 자녀에게 뭔가를 배우는 것은 기분 좋은 일이다. 내가 행운에 대해 레벤스타인 박사와 대화를 나눠보라고 제안한 사람이 바로 맷이었다.

가 인생의 일들은 그냥 들이닥치는 거라고 생각할 때 자녀에게 또한 스스로 행운을 만들도록 가르칠 수 없다. "곧장 비난의 대상만 찾는다면 항상 외부의 힘에 휘둘릴 수밖에 없어요. 자신의 행동에 따라 삶이 꾸려진다는 생각을 하는 사람들이 훨씬 더 행복한 길을 가게 되죠." 레벤스타인 박사가 말했다.

자녀가 썩 좋지 못한 수학 점수를 가지고 집에 왔을 때 곧장 담당 선생 실력이 형편없다면서 불공평하다고 불평하는 부모들도 있을 것이다. 어떤 부모는 "시험지를 같이 보면서 왜 틀렸나 확인해보자. 엄마 아빠가 도와줄게. 그러면 다음엔 지금과 다르게 시험 준비를 할 수 있을 거야"라고 말할지도 모른다. 어떤 자녀가 행운의 미래로 향한 길을 가겠는가?

호레이스만 스쿨은 똑똑한 아이들을 높이 평가하고 심지어 멋지다고 여기는, 몇몇 명문 학교 가운데 한 곳이다. 하지만 레벤스타인 박사는 애정과 자녀의 성과를 연결 짓는 부모들을 걱정한다. 행운의 길을 가는 아이들은 자신이 한 일 때문이 아니라 있는 그대로의 자기 모습이 사랑받는다는 사실을 안다. 중학교 1학년 자녀가 시험에서 A를 받았을 때 축하하거나 과학상을 수상했을 때 아이스크림 케이크를 주문하는 것은 좋은 일이다. "그건 정말 기특한 일이죠! 하지만 자녀에게 그러한 성과 때문에 자녀를 사랑한다고 느끼게 해주어선 안 돼요."레벤스타인 박사가 말했다.

아주 오래전 중학교 때 첫 성적표를 가지고 집으로 갔던 기억이 난다. 그 학교는 열린 교육 방식을 썼던 터라 수업을 학생 본인이 정하게 했고 중학교 3학년 때 처음으로 성적표를 나누어주었다. 나는 공부 잘하는 학생이었지만 A라는 점수를 쭉 확인하지 못하다가 이제 다섯 개의 A가 나란히 놓인 성적표를 보았다. 나중엔 열린 교육의 방식이 폐지되었다.

자녀를 흔히 성과로 판단했던 엄마는 나를 축하해주었다. 하지만 나는 지적이고 감정이 풍부한 아빠에게 훌륭한 점수를 보여주고 싶어 안달이 났다. 그날 저녁 아빠가 퇴근했을 때 나는 아빠가 서재의 편안한 의자에 앉을 때까지 흥분해서 기다렸다. 그리곤 아빠에게 성큼성큼 다가가 접힌 성적표를 내밀었다. 아빠는 그게 무엇인지 확인하더니 무릎에 내려놓고 나를 올려다보았다.

"어떻게 했니?" 아빠는 성적표를 열어보지 않고 내게 물었다.

"열어서 보세요." 나는 의기양양하게 말했다.

아빠는 고개를 젓더니 말했다. "선생님들이 널 어떻게 평가했는지 묻는 게 아니야. 네 스스로 어떻게 했다고 생각하는지, 최선을 다했다고 생각하는지 묻는 거야."

나는 깜짝 놀랐다. 나는 그곳에 가만히 서서 아빠의 질문을 곰곰이 생각했다. 잠시 후 열심히 공부하고 많은 것을 배웠으며 정말이지 최선을 다했다고 빠르게 말했다.

아빠는 끝까지 성적표를 열어보지 않고 내게 건네주며 말했다.

"그렇담 우리 딸이 정말 자랑스럽구나."

자라면서 내게 일어난 모든 일 가운데 그때의 기억이 너무 선연하게 남아있어 놀라움을 느낀다. 레벤스타인 박사와 대화를 하면서 나는 이해했다. 그 기억이 아직 남아있는 이유는 아빠가 내게 인생에서 행운을 얻는다는 것의 의미를 스스로 정의할 기회를 주었기 때문이라는 사실을. 내가 한 일에 대해 내가 만족스럽다고 느낀다면 아빠 역시 그렇게 느꼈던 것이다. 무엇이 중요한지 내가 정하면 되는 거였다.

레벤스타인 박사는 부모가 행복에 이르는 다양한 길을 자녀가 볼 수 있도록 도움을 주는 식으로 자녀의 행운을 만들어가는 일에 대해 말했다. 그러면서 부모가 자신의 삶에서 유연성과 가능성을 인지하는 일이 아주 중요하다고 지적했다.

"부모가 자녀에게 "난 내가 하고 싶은 일을 하며 살지도 않고 살고 싶은 곳에 살지도 않는데 그걸 바꿀 순 없어"라는 식으로 말하면 안 됩니다. 그러한 말은 삶이란 속박이며 젊은 시절의 결정이 은퇴 시점까지 자신을 옭아맨다는 메시지를 전달하기 때문이에요." 레벤스타인 박사가 말했다.

레벤스타인 박사는 성공한 광고 기획자였지만 극작가에 대한 꿈을 접었던 아버지 밑에서 자랐다. 그녀의 남편은 몇 년 전까지 예일 대학 교수였다. 그러다가 교수가 아닌 작가가 되기로 결심했다. 그는 뉴헤이븐을 떠나 현재 열정적으로 여러 책을 쓰고 있다. 그는 그 책들이 영향력 있기를, 그 책들로 자신이 행복해지기를 바란다. 그녀의 아버지와 남편에게 비슷한 경험이 있다는 건 우연의 일치다. 하지만 그녀는 아이들에게 열정을 전수해주고 싶어 한다.

"전 아이들을 키울 때 아이들이 계속 탐험하고 한곳에 얽매이지 않기를 바랐어요. 나이가 어떻든지 간에 기회는 많다는 점을 아이들이 알기를 바랐어요."

나는 레벤스타인 박사와 온종일 대화하고 싶었지만 그녀는 교실로 얼른 가봐야 했다. 그래서 나는 그녀에게 감사를 표하고 아름다운 교정을 지나 지하철역까지 걸어갔다. 맨해튼으로 돌아가는 길에 그녀의 지혜가 마음속에 주문처럼 울리는 듯했다. 행운을 쥔 아이들이란 행복한 아이들을 말한다. 행운을 쥔 아이들은 행복에 이르는 다양한 길을 안다.

나는 집으로 돌아가 바나비에게 전화를 걸어 레벤스타인 박사와 나눈 대화를 말해주었다. 바나비는 그녀의 태도를 마음에 들어했다. 아이들에게 행운의 삶에 이르는 길이 다양하다는 사실을 알려주는 일은 새로운 것을 시도하고 실패도 해볼 자유를 주는 것이기도 하다. 이럴 때 아이들은 나중에 더 많은 행운을 누릴 수 있다.

"트레프오데이터Traf-O-Data에 대해 들어봤어요?" 바나비가 물었다.

"아뇨."

"빌 게이츠와 폴 앨런이 고등학교 다닐 때 만든 회사에요. 그들은 컴퓨터로 교통 자료를 분석하겠다는 생각을 했어요. 그 회사가 오래 가진 못했지만 나중에 그들은 그러한 경험이 마이크로소프트를 성공으로 이끈 밑바탕이 되었다고 말했어요."

"아무도 SAT 공부에 집중해야 한다고 말해주지 않았을까요?"

"그런 것 같아요." 바나비는 웃으며 말했다.

빌 게이츠처럼 성공한 사람이라면 부모님이 해주셨던 일들을 되돌아보면서 그것이 옳았다는 생각을 할 수 있다. 빌 게이츠의 아버지는 변호사 사무소의 공동 창업자였고 어머니는 다양한 기업 이사회와 시민 위원회에서 활동했다. 그의 아버지는 빌이 열두 살이나 열세 살 때 까칠하고 고집이 세서 대하기 쉽지 않았다고 인정했다. 그의 부모는 아들이 새로운 가능성을 보고 익숙한 것만 고수하지 않기 위해 좋아하지도 않는 운동을 시도했다고 말했다. 하지만 기본적으로 그들은 아들이 원하는 대로 하게 해주었다.

"전 제가 하는 일에 대해선 에너지가 넘치고 고집이 있었어요." 게이츠는 몇 년 전 한 인터뷰에서 이렇게 말했다. 그는 고등학교 3학년 때 컴퓨터에 매료되면서 이 새로운 분야에서 일을 하고 싶어 했다. 하지만 그렇게 하려면 학교를 다니지 못할 터였다. "그런데 아버지가 교장 선생님을 뵙고 모든 자료를 본 후 "그래 이 일이 네가 할 일이구나"라고 하셔서 놀랐어요."

부모는 자녀가 원하는 일이 남다른 길로 가는 것일 때 이를 인정해주려면 자녀를 잘 알고 신뢰할 필요가 있다. 하지만 부모가 자녀와 함께 시각을 확장한다면 서로가 운이 좋다고 느낄 수 있다.

나는 두 아들을 키울 때 항상 새로운 기회에 열린 마음을 갖도록 노력했다. 시간이 흐른 후 아이들은 내가 그러했던 순간들에 대해서 이야기한다. 첫째 아들 잭은 고등학교 3학년 때의 어느 저녁에 내가 저녁을 만들기 시작할 때 부엌에 들어왔다. 잭은 내가 당근을 써는 모습을 물끄러미 쳐다보았다. 나는 잭이 내게 할 말이 있다는 걸 감지했다. 잭은 대학 지원 에세이를 써왔는데 평소의 자신감이 사라지고 없었다. 나는 대학 입학 과정이 강인한 아이도 힘들게 한다는 사실에 마음이 아팠다.

"뭘 좀 물어봐도 돼요?" 잭이 당근을 만지며 물었다.

"당연하지. 무슨 말인데?"

잭은 당근을 한 입 깨물더니 천천히 씹었다. "제가 지원하는 곳 어디에도 붙지 않으면 어떡하죠?"

나는 걱정이 담긴 잭의 눈빛을 보고 크게 심호흡을 했다. 똑똑하고 열심히 노력하는 아들이 내년에 갈 대학이 없다고 상상하기가 힘들었다. 하지만 누가 알겠는가? 그 과정이 워낙 치열해서 결과는 아무도 장담하지 못한다. 만일 그런 일이 발생한다면….

"그것도 나쁘지 않지! 일 년 쉬면서 여행하거나 연구를 하거나 떨어지지 않았음 시도해보지 못했을 흥미로운 것을 발견하면 되지. 멋진 경험을 쌓고 다시 지원하면 돼. 솔직히 그렇게 하는 것이 너한테 훨씬 좋을 수도 있어."

"진심이세요?" 잭이 물었다.

"물론이지. 그건 다른 길일 뿐이고 그 여정을 멋지게 만들면 되는 거야."

잭은 당근을 한 입 다시 깨물어 먹으며 "엄마 고마워요"라고 말했다. 그러더니 방으로 돌아갔다.

나는 그 일에 대해 많이 생각하지 않았는데 어쨌든 잭이 내년에 탐험하는 상황은 발생되지 않았다. 잭이 처음에 선택한 대학에 일찍이 합격했기 때문이다. 하지만 일 년 후 아들은 부엌에서 당근을 씹으며 했던 대화를 언급했다. 아들은 그때 내 대답을 들으며 의지가 생겼을 뿐만 아니라 살아가는 데 다양한 길이 있다는 사실을 상기하게 되었다고 부드럽게 말했다. 아들은 자신이 계획한 것과 다른 길로 방향을 틀어서 행운을 더 누렸을지도 모를 일이다.

레벤스타인 박사와 빌 게이츠 아버지는 자녀에게 "그래, 그것도 네가 갈 수 있는 길이야"라고 말했다. 이 말을 들은 자녀는 본연의 자신에게 충실하고 자기만의 길을 발견할 수 있다. 그리고 이는 행운을 만드는 과정에서 큰 도약을 이루게 한다.

자녀에게 본연의 자기 모습을 잃지 말라고 격려하는 과정에서 난관에 처할 때가 있다. 바로 자녀가 8세나 12세나 16세 정도에 자신이 누구인지 제대로 모를 때이다. 다른 사람들처럼 되려고 정신없이 애쓸 때 본연의 자기 자신이 되지 못한다. 내가 아는 여섯 살짜리 여자 아이는 최근에 귀를 뚫었다. 이 아이는 왜 뚫었느냐는 내 질문에 친구들이 모두 그렇게 했다고 대답했다. 아이의 어머니는 딸이 무리에 끼기를 원했기에 귀를 뚫게 해주었다.

아이는 금 귀걸이를 처음 한 날 운이 좋다고 느꼈을 것이다. 하지만 장기적으로 볼 때는 어떨까? 아마 아닐 것이다.

운이 좋아지기 위해선 때로는 기꺼이 남들과 다르게 행동할 필요가 있다. 나는 바나비가 대학 입학 전까지 홈스쿨링을 했다는 사실에 항상 놀란다. 하지만 그렇게 했기에 그가 자신의 길을 선택하고 자신만의 운을 만들어가는 과정을 끈질기게 고수할 수 있었다고 생각한다. 그는 학교 식당에 있는 아이들과 똑같이 해야 할 중압감을 전혀 느끼지 않았다.

두 딸을 둔 바나비와 아내 미셸은 그들 나름의 홈스쿨링을 하고 있다. 이 과정에는 가정교사 방문, 전문 수업, 다양한 도시 경험, 아빠와 보내는 시간이 포함된다. 미국인 아이들 가운데 3퍼센트만 홈스쿨링을 한다. 바나비의 딸 만다린은 발달이 빠른 다섯 살이고 동생 재스민은 두 살이 안 되었다. 부모가 온종일 일하는데 만다린을 그 지역 명문 학교에 보내는 건 어떨까?

"전 아이 특성에 맞게 맞추어진 프로그램이 아이의 운을 더 좋게 만든다고 봐요. 자신이 빠르다는 사실을 아는 상태에서 경주를 하는데 신발 사이즈가 한 가지밖에 없다고 가정해봐요. 좋은 교사들은 속도를 조절하려고 하겠지만 결국 제대로 맞는 신발 그러니까, 자신에게 맞는 프로그램만큼 효과적인 건 없거든요."

바나비는 학교의 수업 과정에 맞추느라 바쁜 아이들은 질문하기를 꺼려할 수 있다는 점을 우려한다. "호기심은 삶에서 행운을 얻는 데 아주 중요한 역할을 하거든요. "왜 그럴까?"라는 질문을 하는 아이들은 다른 아이들이 보지 못하는 것을 보고 다른 아이들이 상상하지 못하는 것을 상상해요."

만다린은 학교 연습 시험을 본 적이 있다. 질문 하나가 바닷가에서 쓸 수 있는 물건을 고르라는 문제였는데 이에 만다린은 스노보드에 정답 표시를 했다. 시험지에 틀렸다는 표시가 되자 만다린은 자기주장을 펼쳤다. "말이 스노보드지 서핑 보드처럼 생겼다고요."

바나비는 그 이야기를 내게 해주며 씩 웃었다. "우린 이 세상을 아이들보다 더 잘 안다고 생각하지만 세상을 좀 다르게 보는 그 아이가 올바른 답을 한 건지도 몰라요. 아이의 그러한 측면을 격려할 때 나중에 아이의 운이 좋아질 수 있을 거예요."

일반 학교에 다니는 아이들은 부모가 집에서 자녀가 호기심과 끈기를 갖도록 격려하고 새로운 생각에 흥미를 느끼도록 유도하면서 배움에 대한 보충을 해줄 때 행운을 얻기 위한 기반을 더 단단히 하게 된다.

모든 부모가 자녀를 바나비나 빌 게이츠, 만다린처럼 키우는 것은 아니다. 설령 그렇게 한다 해도 체계와 훈육을 창의력과 자유와 균형을 맞추게 하는 방법이 항상 명확하진 않다. 당신은 귀걸이처럼 현재 자녀를 행복하게 하는 것을 하도록 허용함으로써 자녀가 운이 좋다고 느끼게 해주는가 아니면, 자녀가 나중에 더 좋은 결과로 이어질 것을 추구하도록 돕는가?

바나비는 그 유명한 타이거 맘Tiger Mom이 그 질문에 통찰력을 제시해주지 않을까라는 생각을 했다.

"좋은 생각이네요!" 내가 말했다.

에이미 추아Amy Chua는 예일 대학교 로스쿨 교수다. 인종 갈등과 세계화 부문 전문가이며 그 로스쿨에서 상당히 존경받는 교수다. 하지만 그녀는 엄마로서 국제적으로 유명해졌다. 그녀가 쓴 베스트셀러《타이거 마더》에 실린 지나친 양육 방식은 전 세계적인 논란을 불러 일으켰다. 그녀는 두 딸에게 하루에 몇 시간씩 피아노와 바이올린 연습을 시키고 모든 과목에서 1등이 되라고 밀어붙인다고 했으며 한 딸이 생일 카드를 대충 만들었다는 이유로 그 카드를 던졌다고 술회했다.

추아 교수는 책 서두에 두 딸에게 허락하지 않는 일들을 요약해놓았다. "친구들과의 밤샘 파티, 친구와 친구 부모님과 같이 만나는 모임, TV 시청이나 컴퓨터 게임, 과외 활동 혼자 정하기, A 미만 점수 받기" 등이 여기에 포함된다.

하지만 추아 교수는 어느 날 오후 바나비와 나와 대화를 나눌 때 그렇게 냉정해 보이지 않았다. "전 양육이 굉장히 힘든 일이라고 생각해요." 그녀는 한숨을 쉬었다. "저의 강한 주장과 명성에도 불구하고 전 상당히 겸손한 마음이고 이 문제에 쉬운 답은 없다고 생각해요."

추아 교수는 자녀를 운 좋게 만드는 일에 대해 복합적인 생각을 했다. 그녀는 자신의 중국인 가족이 여느 중국 사람들처럼 미신을 심하게 믿었고 모두 자신을 행운아로 여겼다고 했다. 중국에서 8은 행운의 숫자인데 그녀의 생일이 10월 26일이었다(2더하기 6은 8이다). 그녀는 "너는 행운아야"라는 말을 듣는 것이 그 자체로 힘이 있다는 사실을 깨닫기 시작했다.

"넌 행운아라는 말을 듣게 되면 모험을 할 용기가 생기고 실수를 하더라도 앞으로 나아갈 자신감이 생겨요. 자녀들이 운이 좋다고 생각하는 것은 대부분 엄청난 준비와 투자의 결과에요. 열심히 일할수록 운이 더 좋아진다는 격언도 있잖아요? 자녀에게 열심히 노력하면 뭔가를 잘 하게 되고 그 결과 운 좋은 사람으로 보인다는 생각을 심어주면 그게 엄청난 힘이 되거든요." 추아 교수가 말했다.

추아 교수는 자신의 행운을 스스로 통제한다는 개념이 중국 미신에도 스며들어 있음을 알게 되었다. 그녀는 운 좋은 집의 특정한 방위를 설명하는 '풍수'에 대해 말했다. "하지만 집이 잘못된 방향에 있더라도 거울을 달아 반대 효과를 노리거나 구멍을 뚫어서 좋은 기운이 들어오게 할 수 있어요. 운이라는 게 존재하지만 운명을 통제할 수 있는 여지도 존재하는 거죠."

추아 교수는 그 메시지를 딸들에게도 전했다. "전 두 딸 중 누구라도 운명이나 잘못 되어가는 일을 불평할 때마다 곧바로 "아니, 이 상황을 바로 잡고 너를 운 좋게 만들 힘은 너한테 있어"라고 말해요."

추아 교수가 딸이 고등학교 다닐 때 다른 반에 배정해 달라고 교장에게 전화하지 않았음은 당연하다. 그녀는 어떤 상황이든 자신에게 유리하게 만들라고 교육시켰다. 그녀는 남편이 자녀들을 좀 더 보호하기를 원해도 두 아이가 모험을 할 수 있게 해줘야 한다고 남편을 설득했다.

"부모라면 나약한 자녀를 보호하기 쉽지만 저는 그게 좋은 방법이 아니라고 생각해요. 많은 아이들이 "난 시험에 약해"라든가 "난 수학을 못해"라는 말을 해요. 그런데 부모가 이를 그냥 받아주면 아이들은 자신이 얼마나 해낼 수 있는지 결코 발견하지 못해요."

추아 교수는 본인이 자녀의 성과에 얼마나 관심을 기울이는지와 상관없이 두 딸이 자신의 성공과 행운을 만들어야 한다고 강하게 믿는다. 그녀는 부모가 자녀를 따라다니며 숙제를 해주거나 문제를 해결해주는 헬리콥터 양육에 반대한다. "부모가 그렇게 하는 게 자녀를 위한 일이 아니에요. 자녀는 스스로 자기 운을 만들어야 해요. 세상은 만만치 않은 곳이기 때문에 아이들은 열심히 노력하고 자신을 믿도록 자극받을 필요가 있어요." 그녀가 단호하게 말했다.

추아 교수는 아이들이 각각 다르다는 점을 안다. 역설적이지만 그녀는 첫째 딸에게 효과적인 방식이 성향이 다르고 좀 더 반항적인 둘째에게 잘 맞지 않는다는 사실을 깨달은 것이 그 책을 쓴 이유 가운데 하나라고 했다. 하지만 두 아이는 하버드 대학에 들어갔고 어린 시절을 행복하게 기억했다. 첫째 딸 소피아는 부모님이 항상 자신의 편이었고 자신에게 큰 기대를 품어서 감사하게 생각한다며 이런 말을 했다. "부모님에게는 제가 엄청난 일을 할 수 있다는 확신이 있었어요."

몇 시간씩 이어진 바이올린 연습에 대한 중압감에 반항했던 루루는 엄마가 자신을 포기하지 않았던 것에 이제는 감사한다. "제가 시험을 못 보면 엄만 제가 침대에서 뒹굴거리는 걸 허용하지 않았어요. 저보고 일어나 더 좋은 점수를 받기 위해 공부하라 하셨죠. 그래야 제 기분이 더 좋아질 거라면서요." 루루가 말했다.

처음에는 레벤스타인 박사와 추아 교수가 운 좋은 아이로 키우는 일에 대해 상당히 다른 견해를 지닌 것으로 보였다. 하지만 두 사람 사이에 공통점이 많다는 사실을 점점 깨달았다. 레벤스타인 박사는 호레이스만 스쿨의 학생들이 행복에 이르는 다양한 길을 보기를 원했고 추아 교수는 두 딸을 위한 한 가지 길을 설명했다. 하지만 루루의 말은 인상적이었다. 루루는 결국 누구도 비난하지 않고 책임을 스스로 지며, 자신의 운을 그리고 좋은 성적 만드는 방법을 알았기 때문이다. 레벤스타인 박사는 분명 이를 높이 평가할 것이다.

레벤스타인 박사는 행복이 항상 성과와 연결된 것은 아니며 능력과 상관없이 행복한 아이들이 있다고 내게 말했다. 추아 교수는 두 딸을 키울 때 이러한 생각을 믿지 않았고 성공이 두 딸을 행복하게 해줄 거라고 생각했다. 하지만 이제 그녀는 노력하고 모험하고 자신을 믿는 과정이 사람을 운 좋게 만들어준다는 사실을 확신한다.

추아 교수는 이렇게 말했다. "제가 훈육 법으로 널리 알려졌지만 세월이 지나 이젠 생각이 달라졌어요. 전 요즘 아이들이 일정이 지나치게 짜여있고 과잉 통제되고 있다고 봐요. 부모님들이 얼마나 불안해하는지 눈에 보여요. 전 어딘가에서 방향을 잘못 틀었다는 생각이 들어요. 아이들이 스스로 강인해지게 만드는 것이 목적인데 말이죠."

추아 교수의 말은 전혀 모순이 아니다. 왜냐하면 추아 교수는 자녀가 "노력하고 스스로 통제력을 발휘하고 자유 의지로 뭔가를 성취할 수 있음을 자신에게 입증할 때" 내적인 힘과 행운이 생겨난다는 점을 항상 믿기 때문이다. 부모는 모두 자신감 있는 자녀를 원하지만 "너는 정말 훌륭해"라는 말을 해주는 것만으로는 큰 변화가 발생되지 않는다. 자녀는 어떻게 스스로 행운을 만들 수 있는지 경험할 필요가 있다.

추아 교수는 자신의 책으로 말미암은 여러 논란과 비판을 감안할 때 자신을 몹시 운 좋은 사람 혹은 운 나쁜 사람으로 볼 수 있을 것 같았다. "전 저 자신을 가장 운 좋은 사람으로 생각해요." 그녀는 밝은 목소리로 말했다. 이러한 긍정적인 태도는 더 많은 행운을 만드는 데 중요한 요소다.

"사람들은 긍정적인 사람을 좋아해요. 그러니 부정성과 상반된 긍정성, 자신감, 밝은 기운을 내뿜는 사람들이 실제로 성공을 거두지요."

나는 그녀와 헤어지는 인사를 한 후 호레이스만 스쿨에서 보았던 두 개의 포스터를 생각했다. 학생들이 생각하는, 건강한 삶을 만드는 요소들을 모아서 써놓은 포스터였다. 나는 그 내용을 적어두었다. 이제 노트를 꺼내 그 내용을 들여다보았다. 일부를 소개하면 다음과 같다.

공동체에서 편안함을 느끼기
소속감
평온함과 성취감
긍정적인 자아상
단점에도 불구하고 자신에게 만족하기

나는 이 글귀를 쓴 학생들은 운 좋은 삶에서 유리한 출발을 했으리라는 생각이 들었다. 다니는 학교를 감안할 때 그 학생들은 열심히 노력했을 테고 이는 추아 교수가 생각한 자신감과 행운을 형성했을 것이다. 하지만 그 학생들은 긍정적인 태도와 탐구심을 기르도록 격려받았다. 행운의 길을 가는 아이들은 좋은 측면을 바라보면 그것을 찾을 가능성이 높다는 사실을 이해한다.

4부

생각을 바꾸면
행운은 내 편이 된다

당신은 불운이 당신을
어떤 나쁜 운으로부터 구해주었는지 결코 알지 못한다.

코맥 매카시 Cormac McCarthy

HOW
LUCK
HAPPENS

11장 | 애인의 변심을 불운이 아닌 행운으로 바꿔라

긍정적인 결과를 상상하라…
불운을 좋은 일이 일어날 기회로 보라…
한바탕 웃어보기.

행운을 만드는 여러 가지 흥미로운 길에 대해 바나비와 대화를 나눈 후 한 가지 문제 때문에 마음이 불편해졌다. 어쩔 수 없는 불행은 일어나기 마련이다. 우리는 가능성을 인지하고 기회를 붙잡고 노력하며 열정과 긍정적인 태도로 전진하고 남다른 재능을 보이며 남들과 다른 길을 갈 수 있다. 하지만 병이 나거나 비극적인 사고가 발생하기도 하며 미국에서 흔한 일이지만 총기 난사범이 불시에 나타나기도 한다. 이럴 때 우리는 우리가 통제하지 못하는 힘에 휘둘린다.

바나비는 이에 동의했지만 항상 그렇듯 약간 다른 관점을 보였다. "때로는 행운이나 불운에 대해 좀 더 폭넓은 시각을 지닐 필요가 있어요." 바나비는 그 주에 행운 연구실에서 저명한 천체물리학자 피어트 헛Piet Hut과 계속 대화를 나누었다. 그는 바나비에게 자신의 틀에서 벗어나 상황을 좀 더 폭넓은 관점으로 볼 때 불행의 순간에 행운을 만들 수 있다고 말했다. 바나비는 이를 숲속에서 홀로 걷는 일에 비유했다. 사방으로 숲이 너무 울창해서 아무것도 보이지 않아 무서울 수 있다. "하지만 만일 정신이 저 위로 올라가 위에서 숲 전체를 내려다볼 수 있다면 다른 생각이 들 거예요. 자신이 어느 방향에서 왔는지 보일 테고 앞으로 갈 수 있는 많은 방향도 알 수 있죠. 한 장소에 갇히고 버려졌다는 생각은 들지 않을 거예요. 더 많은 걸 볼 수 있으면 상당한 통제력이 생기는 것이죠."

물론 현실에선 정신이 몸 밖으로 빠져나가지 못하지만 우리는 앞으로 일어날 가능성이 있는 긍정적인 결과를 상상할 수 있다. 아니면, 구체적으로 상상을 하지 못하더라도 그럴 가능성이 있다는 점을 알고만 있어도 좋다. 오늘 불운으로 보이는 일이 내일 행운으로 바뀔 수도 있다.

1998년도 영화 〈슬라이딩 도어즈〉가 생각났다. 이 영화에서 기네스 펠트로Gwyneth Kate Paltrow가 연기한 영국인 여성 헬렌은 어느 날 아침 홍보 회사에서 해고되어 집으로 향한다. 지하철역에서 열차에 타려는 순간 문이 쾅 닫힌다. 다음 열차가 지연되자 그녀는 택시를 잡을 심산으로 역을 나와 서 있다가 강도를 당한다. 머리를 다친 그녀는 병원으로 달려간다.

정말 운 없는 하루 아닌가? 모든 것이 꼬여서 일이 잘못되었다고 말할 수 있을 것이다. 하지만 영화는 앞으로 돌아가 그 날의 또 다른 가능성을 보여준다. 이번에는 열차 문이 열려있어서 헬렌이 열차에 탄다. 이전 상황보다 운이 좋다. 하지만 그녀는 아파트에 도착하자 동거하는 남자 친구가 침대에서 다른 여자와 함께 있는 모습을 목격한다.

이제 영화에서 두 시나리오가 계속 전개된다. 이 로맨틱 드라마의 이면에는 우리가 인생이 어떻게 펼쳐질지 알지 못한다는 심오한 메시지가 담겨있다. 행운은 불운으로 바뀔 수 있고 그 반대도 마찬가지다. 남자 친구가 바람을 피운 사실을 발견한 것은 불운일 수 있다. 하지만 그 일을 계기로 더 멋지고 친절하고 마음이 잘 변하지 않는 남자를 만난다면? 아니면, 그 일로 말미암아 예측하지 못했던 비참한 헤어짐을 받아들일 마음의 준비를 할 수 있게 되었다면?

우리가 상황이 어떻게 펼쳐질지 항상 예측할 수 있는 것은 아니다. 설령 평행 우주가 존재한다 해도 우리는 아직 그곳에 접근하지 못했다. 따라서 우리가 할 수 있는 일이란 현재 일어나는 상황을 불운보다는 행운으로 바꾸려는 노력밖에 없다.

나는 큰 잡지사를 운영할 때 어느 아침에 작가 리 차일드Lee Child에게 전화를 걸어 표지 기사를 써줄 수 있는지 물었다. 나는 그의 힘찬 문체와 강인한 남자 주인공 잭 리처가 나오는 유명한 소설들을 좋아했다. 대하기 힘든 것으로 유명한 배우 로버트 드니로Robert De Niro를 인터뷰하기에 그가 적합한 사람이라는 생각이 들었다. 그는 동의했고 며칠 후에 내게 진행 상황을 알려왔다.

"방금 끝냈고 드니로와는 즐거운 시간을 보냈어요. 정말 멋진 인터뷰였고 좋은 기사가 나올 것 같아요." 그가 잉글랜드 상류층 특유의 악센트로 말했다.

나는 활짝 웃었다. 리포터들이 드니로와 즐거운 시간을 보내는 경우는 거의 없었다.

"대단하세요!" 내가 말했다.

"잭 리처는 어떤 일을 시키면 잘 하거든요." 그가 말했다.

나는 웃음을 터뜨렸다. 다시 대화를 시작했을 때 나는 리가 본인이 창조한 유명한 소설 주인공처럼 단호한 사람이라는 사실을 발견했다. 리는 영국에서 13년 동안 몸담았던 방송국에서 해고된 후에야 작가가 되었다. 그는 그곳에서 평생 일하고 싶었지만 새로운 경영진이 들어왔다. 그는 자신의 불운을 믿을 수 없었다. 주택 담보 대출금과 자동차 구입 대출금에 딸이 한 명 있었다. 은행 잔고는 고작 몇 개월 치 적금이 전부였다. 그는 분개하고 좌절했으며 완전히 배신감을 느꼈지만 감정의 방향을 새로운 기회를 발견하는 쪽으로 돌렸다.

"전 원래 호전적인 사람이거든요. 그래서 어떤 도전이 주어지면 그걸 물리치거나 사력을 다해요." 그가 말했다.

그래서 리 차일드는 해병대에서 나온 후 굳은 결심을 하는 인물인 잭 리처를 창조했다. 리 차일드도 잭 리처도 불운을 행운으로 바꾸기 위한 결단력이 있었다. 나중에 리는 실직 후 어떻게 현실을 헤쳐 나갔는지에 대해 쓴 글을 내게 보내주었는데 그의 조언이 인상적이었다.

'뭔가를 시도해야 해요. 무엇이든요. 가만히 앉아 심호흡을 하고 자신을 믿고 자신의 꿈을 정의하고 100퍼센트 매진하는 거예요. 아마 그 순간만큼 동기가 강해지는 때는 없을 거예요. 기회가 다시 오지 않을 지도 몰라요." 그는 이렇게 썼다.

나는 불운을 자신 앞에 찾아온 기회로, 다시는 찾아오지 않을 지도 모른다고 본 그의 관점이 마음에 들었다. 불운의 한가운데 있는 순간에는 그것을 좋은 기회로 보기 어렵다. 아무리 리 차일드처럼 재능 있는 사람이라도 자신이 앞으로 세계적으로 유명한 작가가 되리라는 사실을, 자신의 소설을 각색한 영화에 톰 크루즈가 출연하리라는 사실을 알 수 없다.* 물론 모든 사람에게 이러한 반전이 일어나는 것은 아니다. 때로 실직은 극복하기 너무 힘든 큰 불행일 수 있다. 하지만 어떤 방안이 있다면, 실직 같은 힘든 상황은 자신이 정말 원하는 일을 다시 시도할 수 있는 기회가 된다. 당신을 안주의 영역에서 나오게 해 예상치 못한 행운으로 이어질 모험과 기회를 붙잡도록 자극을 주는 것이다.

나는 바나비에게 불운이 기회로 바뀔 수 있다는 내 생각을 말

---

* 톰 크루즈가 잭 리처 역을 맡았을 때 일부 논란이 일었다. 소설의 주인공은 195센티미터에 100킬로그램이 넘는 거구이기 때문이다. 170센티미터로 알려진 톰 크루즈는 이보다 훨씬 작다. 리 차일드는 크루즈의 대단한 연기력이 그 점을 보완해줄 거라고 수완 좋게 말했다.

했다. 그러자 그는 곧바로 동의하며 수전 그린필드Susan Greenfield 남작 부인(그녀는 영국 왕실에서 작위를 수여받아 '남작 부인'이라는 호칭이 붙는다 - 역주)에게 연락을 해보자고 제안했다.

"남작 부인이 불운을 경험해봤을까요?" 내가 물었다.

"아마 본인이 말해주겠죠."

나는 옥스퍼드서 주 오트무어의 그린필드가 뇌 생리학 분야 과학자로서 남긴 업적 때문에 작위를 수여받았다는 사실을 곧 알게 되었다. 그녀는 세습이 안 되는 이른바 일대一代 귀족이다. 이는 영국의 귀족원으로 태어난 것이 아니라 뭔가 중요한 업적을 남겨 그 무리에 들어갔다는 것을 의미한다. 완만하게 경사진 드넓은 사유지와 여왕을 만나는 모습을 상상하면 안 된다. 이 남작 부인은 알츠하이머병에 대해 주목할 만한 연구를 했고 시험관 앞에서 수많은 시간을 보냈다.

그린필드는 과학 연구와 교육을 위한 기관으로 1799년에 설립된 왕립연구소에서 크리스마스 과학 강연으로 불리는 일련의 중요한 강연을 한 최초의 여성이었다. 1998년, 세간의 관심 속에 그녀는 왕립연구소 최초의 여성 소장으로 임명되었다. 그리고 12년 후 세간의 더 많은 관심을 받으며 그녀는 소장 자리에서 해임되었다.

"언론에선 헐뜯는 기사가 수없이 실렸고 전 제 자신이 총리로서 마지막 시기의 마가렛 대처처럼 느껴졌어요. 굉장히 불쾌한 경험이었어요." 그녀가 우리에게 말했다.

일부 사람들은 그린필드가 구식 성차별의 희생자라고 말했다.

그들은 남자 과학자들이 그녀가 자신들의 영역에 들어오는 것을 원치 않아서 연구소를 개편했다고 생각했다. 바나비는 왕립연구소에서 그녀를 방문했던 때를 기억하며 이렇게 설명했다. "검은색 양복을 입은 죽은 백인들의 사진이 사방에 수없이 걸려있는 답답한 공간이었고 그린필드는 빨간색 짧은 원피스에 광택 나는 하이힐 가죽 부츠 차림이었어요. 상당히 자립적이고 확신에 차있고 기백이 넘치는 여성이었어요."

하지만 보수적인 남성들의 눈에는 지나치게 기백이 넘쳤던 모양이다. 왕립 연구소 관계자들은 그린필드가 위원회의 지원을 받아 주도한 개발 계획이 결과적으로 엄청난 빚만 남겼다고 주장하면서 그녀를 비난했다. 그린필드는 자신의 자리가 필요 없게 되었다는 내용의, 마지막 전화를 받았던 순간을 기억한다. 이는 그녀를 해고한다고 말하는 좋은 방법이었다.

"전화를 끊고 생각했어요. '지금 무슨 일이 일어나는 거지?' 제겐 깊은 구렁텅이를 들여다보는 듯 최악의 순간이었어요. 하지만 그때가 12월 24일이었고 부모님이 오셨기에 전 행복한 크리스마스를 보내야 했어요! 부모님과 뮤지컬 〈치티치티뱅뱅〉을 보러 가기로 했기에 전 기분을 망치면 안 되었어요. 전 뭔가를 노력할 때 독하게 하거든요."

그린필드는 해임 사실이 대중에 알려진 후 자신이 추문을 좋아하는 영국인들의 입길에 오르내린다는 사실을 알게 되었다. 하지만 그녀는 일부러 당당하게 나왔고 유머 감각을 잃지 않았다.

"젊은 시절 처음으로 남자들과 파티에 갔을 때 전 '저 남자들은 날 어떻게 생각할까?'가 궁금했어요. 엄만 제게 "네가 그 남자들을 어떻게 생각하는지를 신경 써라"고 하셨죠. 엄만 무용수이자 구습 타파주의자였고 제게 회복탄력성을 키워주었고 인생이 얼마나 부조리할 수 있는지 보는 눈을 갖게 해주었어요."

실직한 사람들이 대부분 그렇듯 그린필드는 어디에 소속되어 있지 않다는 기분을 살짝 느꼈다. 하지만 자신이 좋아하는 무언가가 있을 때 좋은 운이 따른다고 생각했다. 그녀는 이른바 '무의미한 사교 활동'에 관심이 없었다. 그래서 우선순위를 일에 두었고 논란의 여지가 있어도 자신이 열정을 느끼는 이론을 계속 발전시켰다.

"전 제 알츠하이머 이론이 옳고 다른 사람들이 틀렸다고 생각해요!" 그녀는 자신만만하게 말했다. "문을 두드릴 수 있으려면 그 정도로 강하게 믿는 무언가가 있어야 해요."*

사람들은 그린필드의 그런 모습을 좋아하고 배우려 한다. 그녀는 늘 열정을 잃지 않았고 몇 년 만에 생명공학 회사를 창업했다. 그녀가 왕립 연구소에서 해임되어 깊은 구렁텅이를 보는 듯했던 크리스마스는 이제 아주 다른 울림을 선사한다.

"그때는 몰랐지만 너무 불쾌했던 그 경험이 아주 좋은 운으로 바뀌었어요. 만일 그런 일이 없었다면 아직도 런던에 붙박여서 만

---

* 그린필드는 AChE라 불리는 펩타이드가 알츠하이머와 관련된 세포 소멸에 관여한다고 생각한다. 이 이론은 아직 널리 인정받지 않았지만 그녀의 회사는 이 과정에 개입할 약을 개발하고 있다.

찬회를 열고 있겠죠. 하지만 전 생명공학 회사를 창업했고 매일 들뜬 마음으로 일어나 출근을 해요. 이게 마치 우주의 아고스 같다는 생각이 들어요."

나는 망설여지긴 했지만 질문을 해야 했다. "우주의 아고스가 뭐예요?"

"아고스. 아고스 매장 아시죠?"

나는 모른다고 시인할 수밖에 없었다. 그린필드는 그것이 영국에서 엄청 유명한 카탈로그 중심의 상점이라고 설명했다. 손님이 카탈로그를 보고 원하는 상품의 주문서를 작성해 점원에게 주고 잠시 기다리면 원하는 상품이 손님 앞에 놓인다고 했다.

"그래서 친구들과 저는 우주의 아고스라는 말로 농담을 하곤 해요. 내 생각을 행동으로 옮기면 적절한 결과가 내 앞에 주어진다는 점에서 말이에요. 전 최악의 역전패를 당했다고 생각했는데 나중에 알고 보니 저한테 아주 잘된 일이었어요. 내가 제대로 행동하면 우주의 아고스가 나를 위한 계획을 세우는 거죠." 그린필드가 말했다.

나는 전화를 끊고서 내가 최근에 대화한 사람들 가운데 그린필드가 유달리 유쾌하다는 생각이 들었다. 하지만 그녀가 말한 우주의 아고스는 마법의 힘 같은 것은 아니다. 그녀는 자기만의 결단력과 긍정성과 열정으로 최악의 순간을 그 반대로 바꾼 것이다. 그녀는 자신이 가는 길에서 불운을 만나더라도 이를 행운으로 바꿀 것이다.

전국을 돌아다니며 '감사'를 주제로 썼던 내 책에 대해 강연을 할 때 질병, 참사, 가족의 죽음 등 자신이 경험한 불운에 대해 말하는 사람들이 너무 많다는 사실에 놀랐다. 그들이 힘든 상황 때문에 매일 일어나는 좋은 일들에 더 감사하는 법을 멈추게 되었다는 이야기를 나는 끊임없이 들었다.

강연 시작 전 한 젊은 여성이 따뜻한 미소와 활기찬 태도를 보이며 내게 다가왔다. 그러면서 자신은 일 년 전 난소암 판정을 받았다고 말했다.

"정말 안됐네요." 나는 연민을 느끼며 그녀의 손을 잡았다.

"고마워요. 제 인생 최악의 한 해가 되었어야 했지만 제가 아주 운이 좋다고 느끼는 순간들이 너무 많았어요."

눈빛이 반짝이던 그녀는 내 손을 놓아주지 않았다. 치료 과정은 끔찍했지만 이제 차도를 보이고 있다고 했다. 2주에 한 번씩 정밀 검사를 받는데 그때마다 언니가 동행하며 검사 결과가 괜찮게 나올 때마다 함께 점심을 먹으러 나가 축하를 한다고 했다. 그리고 항상 자기편인 멋진 남편도 있다고 했다.

"아이들이 네 살, 일곱 살 밖에 안 되어서 아이들을 위해서라도 살고 싶어요. 어쨌든 지금 전 아이들을 사랑하고 매일 즐거운 시간을 보내요. 우리가 함께 있는 매 순간이 행운으로 느껴져요."

내 눈이 눈물로 가득 찼다. 젊은 여성에게 난소암 판정은 그야말로 불운한 일로 여겨질 텐데. 하지만 그녀는 그 일로 말미암아 언니와 즐거운 시간을 보내고 남편과 사이가 더 돈독해지고 아이들과 매순간 추억을 쌓아서 운이 좋다고 생각했다.

나는 너무 힘든 상황에서 긍정적인 측면을 찾아내는 능력에 경의를 표한다고 말해주었다. 그녀는 그게 극복할 수 있는 유일한 방법이라고 말했다.

행운은 감사처럼 상황에 달려있는 것이 아니다. 중요한 것은 우리가 주어진 상황에서 어떻게 행동하고 어떤 관점을 지니는가 하는 점이다.

며칠 후, 로스앤젤레스에 있던 나는 산타 모니카에 있는 셔터스 호텔로 렌터카를 몰았다. 그곳은 항상 내가 좋아하는 장소다. 드넓은 해변 가장자리에 위치한 그곳은 너무 완벽하게 꾸며져 있어서 진짜 호텔보다는 L.A.의 한 호텔을 재현한 촬영장처럼 보였다. 내 친구 모니카 홀로웨이가 로비에서 불길이 타는 벽난로 근처의 깊은 소파에 앉아 나를 기다리고 있었다. 바깥 온도가 18도였는데 산타 모니카에선 이러한 날씨에도 난로를 피운다.

"멋져 보여!" 나는 모니카가 자리에서 일어나 나를 안을 때 이렇게 말했다.

"점심 약속 치곤 너무 차려입었지." 모니카는 자신처럼 대담하고 독창적인 팔라초 팬츠(바지폭이 넓어 치마처럼 보이는 바지 - 역주)를 과장스럽게 잡아당기며 말했다. "여기서 곧바로 에미상 시상식 파티에 가야 해서 말이야."

몇 년 전 모니카를 처음 만났을 때 그녀에게 살짝 경외심을 느꼈다. 모니카는 금발에 재미있고 상당한 재치와 그만큼의 따뜻한 마음씨를 지녔다. 더욱이, 나는 그녀가 〈심슨 가족〉의 최고 제작자 가운데 한 명인 마이클 프라이스와 결혼했다는 사실도 알게 되었다. 나는 그녀의 가정생활이 시트콤 같을 거라고 상상했다. L.A.에 사는 재미있고 재능 있는 두 사람이라….

촬영 시작!

하지만 아름다운 해변이 보이는 셔터스 호텔 식당에서 점심 식사를 하며 몇 시간의 대화를 하는 동안 나는 모니카의 삶이 그렇게 평탄하지 않다는 사실을 알게 되었다. 재미있는 두 사람의 완벽한 결혼이 그렇게 완벽해 보이지 않게 된 어느 시점에 이 두 사람은 별거를 했다. 물론 이제는 아주 행복해 보였지만 이는 불운을 행운으로 바꾸기 위한 엄청난 노력의 결과였다.

모니카는 폭력과 폭언을 일삼는 아버지와 오하이오의 작은 마을에서 어린 시절을 보냈다. 그녀가 사회에서 처음 한 일은 영구차를 공항까지 몰아 시신을 실어 장례식장에 데려다놓는 일이었다. 그녀는 그 일을 그만 두고 결혼할 때까지 안정감을 전혀 느끼지 못했다. 그래서 출산을 했을 때 아이에게 자신이 누려보지 못한 재미있고 안전한 환경을 만들어주어야겠다고 결심했다. 하지만 얼마 후 아이 윌스가 자폐증 진단을 받았다. 그녀는 진료 중 한 신경심리학자가 윌스는 앞으로 책을 읽거나 운전을 하거나 독립하지 못할 거라고 말했던 때를 떠올렸다.

"그땐 최악의 순간이었어." 우리가 아이스티를 홀짝이며 바구니에 있는 빵을 먹을 때 모니카가 말했다.

하지만 그러한 최악의 순간에 삶을 어떻게 더 나아지게 할 것인가에 대한 실마리를 얻기도 한다. 모니카는 그날 진료가 끝난 후 화가 나고 두려웠다고 했다. 차를 몰아 주차장을 나오는데 한 여성이 뛰어들어 부딪힐 뻔했다. "난 그 여자에게 소리를 지르면서 내가 느낀 모든 분노를 마구 발산했어. 어느 순간 난 "우리 애를 놀라게 하다니 뭐 이따위가 다 있어"라고 소리를 쳤어. 그런데 뒷자리에서 윌스가 낄낄거리며 웃는 소리가 들리는 거야. 아들이 웃고 있었어." 아들은 엄마의 분개하는 모습이 재미있었던 것이다.

어렸을 때 겁먹고 자랐던 모니카는 웃음이 넘치고 분위기가 개방적인 가정을 원했다. 처음엔 아이가 모든 걸 두려워하는 자폐증이 있다는 사실에 큰 충격을 받았다. "하지만 윌스가 겁을 먹고 있었기에 내가 대담해져야 했어! 윌스에게 세상은 안전하다고 안심시켜주어야 했기에 나 자신이 그렇다고 믿어야 했어." 모니카는 우리의 창가 테이블에서 해변을 바라보며 말했다.

모니카는 그날 자동차 안에서 아들의 웃음소리를 듣는 순간 자신의 출발선이 아무리 불리한 조건이었더라도 행운을 만들 수 있으리라는 생각이 들었다.

"우리 가족은 재밌는 사람들이거든." 모니카가 말했다.

지금 윌스는 대학에 다니며 책을 읽고 운전할 줄 알고 독립해서 살고 있다. 난 이를 단계적 차이가 많은 복잡한 병인 자폐증을 치유한 기적 같은 이야기로 생각하지 않았다. 모니카 부부처럼 단단히 결심하고 아이를 사랑하고 능숙한 부모들이라 해도 그렇게 운 좋은 결과를 얻지 못한 경우도 많다.

하지만 내가 중요하게 생각한 부분은 모니카의 태도였다. 이러한 태도 덕분에 모니카는 어떤 불행 속에서도 운 좋은 결과를 맞이할 터였다. 내가 이런 말을 하자 모니카는 고개를 열심히 주억거렸다. 그녀는 예전엔 학대하는 아버지와 자폐증 아들 등, 자기 삶에서 일어난 불행한 일들을 세어보며 운명의 잔인한 손이 자신을 좌지우지한다는 생각을 했다고 말했다. 하지만 얼마 후 그러한 운명을 반대로 바꿔 보기로 결심했다.

"이젠 웃을 수 있어. 출발점은 끔찍하게 여겨졌지만 이제 재미와 운 좋은 측면을 찾을 수 있게 되었어. 그때 발가벗은 남자가 샤워한 사건처럼 말야."

"발가벗은 남자…?"

"내가 그 얘기 안 했나?" 모니카가 활짝 웃으며 물었다.

모니카가 세어본 불운에는 두 번의 피부암 발생도 포함되었다. 이 피부암은 수술이 필요했다. 모니카는 그러한 상황에서도 그녀만의 방식으로 좋은 측면을 발견했다.

"그 덕에 새로운 코와 턱을 갖게 되었어!" 그녀는 이어진 성형 수술에 대해 설명했다.

모니카는 남편과 별거하여 인생에서 힘든 시간을 보내던 때에 두 번의 수술 가운데 한 수술을 받았다. 그래서 수술이 끝나고 집에 가는 대신 수술 후 몸조리를 전문으로 하는 고급 호텔에 갔다.

"새벽 세 시 삼십분 쯤 욕실에서 샤워기 물소리가 들리는 거야. 의식이 몽롱해서 앞이 잘 보이진 않았지만 '이건 아니잖아'라는 생각이 들더라고. 침대에서 일어나 비척비척 걸어가 보니 누가 거기다 벗어놨는지 바닥에 남자 옷가지가 쌓여있었어. 정말 어이없는 상황이었지. 욕실로 들어갔더니 다 벗은 남자가 샤워를 하고 있는 거야."

모니카는 도움을 청하기 위해 비명을 지르며 방을 뛰쳐나왔다. 하지만 한밤중에 욕실에 발가벗은 남자가 있다고 알려도 항상 예상한 반응을 끌어내진 못하는 모양이다. 안내 데스크에 있던 사람들은 그럴 리가 없고 진통제 때문에 환각 증세를 보인 것 같다고 차분하게 설명했다.

모니카는 환각에 빠진 것이 아니었다. 불가사의하게도 모든 보안원의 눈을 피해 돌아다니던 미지의 남자는 결국 잡혀서 끌려갔다. 하지만 모니카는 그 호텔에 단 1분도 더 있기 싫었다. 그래서 별거 중이긴 하지만 남편에게 전화를 걸었다.

"남편은 기사처럼 내 곁에 와주었어. 난 점무늬 실크 파자마 차림에 눈과 얼굴이 퉁퉁 부어있었어. 우린 얼마나 웃었는지 몰라. 난 19년 동안 발가벗은 다른 남자를 못 보던 차에 마주치고 놀라서 우느라 두 눈이 앞이 안 보일 정도로 퉁퉁 부은 거라고 했지. 우린 같이 웃었고 남편은 나를 집에 데려다줬어. 그 일로 우린 다시 합쳤지."

삶의 부조리 앞에서 기꺼이 웃을 줄 아는 모니카의 태도가 행운으로 이어지는 것 같다는 생각이 들었다. 대부분의 사람들은 수술을 받고 얼굴이 퉁퉁 붓고 호텔 방에 발가벗은 남자가 침입한 일을 일련의 불행한 사건으로 여길 것이다. 하지만 한바탕 호탕하게 웃고 이러한 사건을 결혼 생활을 재충전하는 기회로 삼는 사람이라면 결코 불운한 희생자가 아니다. 이러한 사람은 난데없이 발생한 부조리한 일들에 스스로 어느 정도 통제력을 발휘한다. 안 좋은 상황에 있더라도 예상 밖의 사건과 최악의 순간으로부터 행운을 만들 수 있다.

나는 뉴욕으로 돌아갔을 때 행운이 꼭 곧게 이어진 길에서만 나타나는 것은 아니라는 내 생각을 바나비에게 말했다. 수잔 그린필드와 모니카를 보면 알 수 있듯 때로는 나쁜 일이 좋은 일로 연결된다.

바나비는 종이 한 장을 꺼내더니 다양한 크기의, V를 뒤집은 모양을 네다섯 개 그렸다. 마치 작은 산 풍경 같았다. "행운 연구실에서 그 원리와 비슷한 걸 찾아봤어요. 우리는 기업들이 최고의 이익을 내기 위해 전략을 어떻게 극대화하는지 분석해왔어요. 그것을 '언덕 오르기 전략hill climbing strategy'이라 불러요."

그 말은 발가벗고 샤워하던 남자 이야기만큼 흥미롭진 않았지만 어쨌든 나는 더 들을 준비를 하며 고개를 끄덕였다. 그 이론은 기업 혹은 개인이 가능한 한 높은 봉우리에 올라가서 가능한 한 오랫동안 그곳에 머물고 싶어 한다는 내용이었다. 만일 당신이 중간 높이의 언덕들 가운데 한 언덕을 정상까지 올랐다면 그곳에 머물 것인지 아니면, 더 높은 언덕의 정상까지 올라갈 것인지 결정해야 한다.

바나비는 종이에 그려진, 뒤집은 V자 모양들을 가리키더니 중간 높이의 언덕들 가운데 한 언덕의 꼭대기에 손가락을 갖다 대었다. "만일 여기서 여기로 가고 싶다면 우선 이 언덕을 내려와야 해요. 정상에서 정상으로 바로 연결된 길은 없거든요. 따라서 최고의 행운을 누리려면 골짜기를 반드시 지나야만 할 거예요."

변화를 주는 일은 결코 쉽지 않다. 만일 자신이 가진 것 이상의 무엇인가를 원한다면 이를 얻기 위해 흔히 현재 상황에서 모험을 해야 할 필요가 있다. 중간 높이의 언덕에 그대로 있는 편이 더 나은가 아니면, 좀 더 높은 산을 오르며 행운을 만들려는 노력을 하는 편이 나은가? 우리는 자신의 삶에서도 이러한 질문과 맞닥뜨리게 된다.

나는 리아라는 대학 친구가 생각났다. 리아는 결혼 생활을 오래 유지했고 잘 자란 두 자녀가 있다. 겉으로 보면 리아는 아주 잘 지내는 것처럼 보였다. 따라서 중간 높이 언덕의 정상에 올라있다고 말할 수 있을 터였다. 하지만 리아는 행복을 온전하게 느끼지 못했고 자신이 여전히 원하는 낭만, 열정, 모험이 자기 삶에 부족하다고 느꼈다. 이러한 것들을 얻으려면 다른 언덕의 초입으로 가서 언덕을 오르는 일을 다시 시작해야 했다.

그래서 리아는 삶에서 가장 힘들었다고 할 수 있는 해에 남편과 별거를 했고 이어서 합의 이혼을 했다. 그렇게 해서 가구 몇 점과 수많은 불확실성과 함께 작은 아파트에 남겨졌다. 하지만 자신이 원하는 목표에 도달하기 위해 기꺼이 모험을 감수했다. 2년이 지난 지금 리아는 새로운 사랑과 함께 아주 행복한 시간을 보내며 자신이 꿈꾸던 미래를 함께 계획하고 있다. 아이들은 엄마를 이해하며 전 남편은 리아와 친구로 지낸다. 리아는 자신이 원했던 더 높은 언덕의 정상으로 올라가는 중이다. 그녀가 원한 건 다름 아닌 진정한 행복이다.

리아가 이전의 언덕, 즉 오랜 결혼 생활을 떠나는 것을 미친 짓이라고 생각하는 사람들이 많았다. 그 결혼 생활이 그렇게 끝날지 누가 알았겠는가? 리아는 가까운 미래가 침울해 보였다. 하지만 행운을 만들려면 때로는 지금의 언덕을 내려와 골짜기를 지나려는 의지가 필요하다. 지금보다 더 나은 인생을 만들고 싶다면 살면서 겪은 가장 힘든 순간 또는 한 해를 견뎌야 한다.

"자신이 무엇을 추구하는지, 자신이 어떤 모험을 기꺼이 감수할 수 있는지 알아야 해요. 가장 높은 봉우리를 오를 때 많은 위험을 무릅쓰게 되죠."

기업들은 흔히 이런 상황에 놓인다. 기업들은 변화를 이루고 더 높은 봉우리에 오르기 위해 골짜기를 건너야만 한다. 이 상황에서 골짜기는 주가 하락이나 수익 감소를 의미할 수 있다. 나는 바나비에게 전날 밤에 넷플릭스로 영화 한 편을 봤다고 말했다. 이어서 우리는 이 회사가 어떻게 여러 번의 큰 변화를 겪었는지를 주제로 대화를 나누었다. "상황이 악화되는 시기가 지나면 상황은 더 좋아지기 마련이죠." 바나비가 말했다.

처음에 넷플릭스는 우편으로 DVD를 보내주는 업체로 시작하여 비슷한 업체 블록버스터Blockbuster를 시장에서 몰아내었다. 분명 넥플릭스는 중간 높이의 언덕 정상에 위치해있었다. 하지만 CEO 리드 헤이스팅스Reed Hastings는 주변을 둘러본 후 스트리밍(Streaming, 인터넷에서 영상을 실시간으로 재생하는 기법 - 역주) 서비스라는 더 높은 언덕에서 더 큰 행운을 잡을 수 있다고 판단했다. 훌륭한 생각이었다. 다만, 그가 우편으로만 보내주는 방식에서 탈피한 후 논란이 많은 가격 전략을 실험하기 시작했을 때 널리 비난을 받았다. 2011년 어느 시점에 넷플릭스의 주가는 80퍼센트 하락했다.

헤이스팅스는 그러한 최악의 순간을 행운의 미래로 바꾸었다. 〈하우스 오브 카드〉 같은 드라마를 몰아서 본 사람이라면 넷플릭스가 완전히 새로운 방식을 고안했다는 사실을 알 것이다. 넷플릭스는 프로그램을 자체 제작하기 시작했고 이 역시 엄청난 행운으로 이어졌다. 이 회사는 골짜기에서 나와 새로운 봉우리로 올라갔다. 그 최악의 순간이 지난 후 주가는 몇 백 퍼센트 증가했다.

리드 헤이스팅스는 회사가 최악의 상황일 때 밤잠을 이루지 못했을 것이다. 많은 기업가와 CEO가 불확실한 변화의 시기를 힘들게 지나간다. 하지만 헤이스팅스와 리아처럼 더 나은 것을 찾아 자신의 봉우리에서 내려올 때와 모니카와 수잔 그린필드처럼 상황 때문에 어쩔 수 없이 내려올 때 사이에는 상당한 감정적 차이가 존재한다는 생각이 들었다. 전자의 경우 당신은 통제력과 위험에 대한 인식이 있는 상태에서 시작한다. 하지만 뜻밖의 난관에 처하면 고군분투해야 한다. 갑자기 골짜기에 이르지만 당신은 이곳에 있으리라고 예상하지 못했다. 당신이 할 수 있는 일이라고는 지금 어디에 위치해있는지 알아차리고 어떤 언덕으로 올라갈지 정하는 것이다.

헤이스팅에게 최악의 순간은 그가 진정한 열정을 추구할 수 있는 행운의 기회로 이어졌다. 더욱이, 인생과 의미에 대한 가장 기본적인 질문을 이해하기 위한 그의 탐구는 우리 모두에게도 이익이 되는 것이었다.

당신이 낭만, 새로운 직업 등 무엇을 추구하든지 간에 불운은 항상 겉으로 보이는 것이 다가 아니다. 때로 불운은 행운을 발생시키는 데 필요한 자극제가 된다.

12장 건강의 해답은 내 안에 있다

정말 걱정해야 할 문제를 걱정하라…
제대로 된 질문을 하라…
애써 문젯거리를 찾지 마라.

바나비는 어느 비오는 날 건강 유지에 대한 생각에 골몰한 채 수요일 모임에 도착했다. 그에겐 어린 두 딸이 있었기에 세균에 대한 이야기가 빠질 수 없었다. 그의 가족 가운데 한 명이 감기에 걸렸는데 다른 가족에게 그리고 이어서 다른 가족에게 감기가 옮았다고 했다. 미취학 아동의 부모라면 이렇듯 계속 반복되는 옮김 현상을 잘 알 것이다.

"난 아플 시간이 없다고요!" 바나비는 도처의 바쁜 사람들의 걱정을 대변하듯 말했다.

크고 작은 질병은 우리의 통제권을 벗어나는 본질적인 불운처럼 보일 수 있다. 나는 내가 만난 45세의 한 날씬한 여성이 마라톤을 하고 흡연한 적이 전혀 없는데도 병세가 상당히 진행된 폐암 판정을 받았다는 이야기를 해주었다. 그 일은 충격적이었고 무작위로 발생된 사건처럼 보였다. 이러한 일을 어떻게 설명할 수 있을까?

근본적으로 파고들면 이를 설명할 방법은 있을 것이다. 연구원들이 질병의 유전적, 생물학적 근거를 갈수록 많이 발견하고 있기 때문이다. 하지만 대부분의 사람들은 그러한 근거를 더 확실하게 파악하기 전까지는 무작위로 발생하는 듯 보이는 질병에 두려움을 느낀다. 건강한 비흡연자가 폐암에 걸린다? 통제할 수 없을 것 같은 불운을 어떻게 다루어야 하는가? 알 수 없는 현상의 원인을 찾을 때의 우리는 사람들이 공기 중의 '씨앗' 때문에 병에 걸린다고 생각했던 고대 로마 시인 루크레티우스나, 네 가지 체액의 불균형으로 병이 생긴다고 본 고대 그리스인 히포크라테스와 많이 다르지 않다. 중국의 일부 초기 의사들은 질병이 분노한 영혼으로부터 발생된다고 생각했다. 지금도 많은 종교에서 질병의 영적인 원인과 치료를 믿는다.

우리는 알지 못하고 통제하지 못하는 요소에 초점을 맞추지 말고 스스로 영향을 줄 수 있는 건강 문제에 집중해야 운이 좋아지게 만들 수 있다. 하버드 보건 대학원의 연구원들은 한 조사 결과 미국에서 매해 백만 명이 넘는 사람들이 과체중, 흡연, 고혈압으로 조기 사망한다는 사실을 발견했다. 이러한 조기 사망은 예방이 가능하다. 흡연 단 한 가지가 사망 원인의 20퍼센트를 차지한다. 체중을 줄이거나 담배를 끊는 것이 쉬운 일은 아니다. 하지만 만족스럽고 건강한 삶을 누릴 가능성을 높이고 싶다면 이는 최선의 방법이다.

"사람들은 건강을 또 다른 복권처럼 생각해요. 하지만 흔히 사람들은 자기 목숨을 앗아가는 길을 따라가놓고선 불운을 탓해요. 건강에서 운을 얻는 중요한 방법은 좋은 길을 따라가며 정말 걱정해야 할 문제를 걱정하는 거예요." 바나비가 말했다.

우리는 잘못된 걱정을 하며 많은 시간을 보내며 이에 대한 조언도 많이 받는다. 상어 공격 때문에 걱정되는가? 물론 그럴 수 있다. 스티븐 스필버그의 1975년 영화 〈죠스〉는 미국에서만 2억 6천만 달러의 수익을 거두었고 디스커버리 채널은 1988년에 연례 프로그램인 〈샤크 위크Shark Week〉를 방송하기 시작했다. 디스커버리 채널은 어느 해에 메갈로돈으로 불리는 선사 시대 상어가 살아나 유람선과 승무원을 집어 삼켰다는 내용의 모큐멘터리(mockumentary, 현실 효과를 배가하기 위해 현실과 허구를 뒤섞는 다큐멘터리의 한 기법-역주)를 내보내기도 했다. 이뿐만 아니라 온라인 특집에는 상어 공격을 피하는 스무 가지 방법을 제시해놓았다. 가령, 물속에서 안전하려면 피가 나는 상처가 있는 상태로 수영하면 안 되고, 반짝이는 보석류와 밝은색 수영복 착용을 하지 말아야 하며, 피부가 고르지 않게 탔다면 물고기에게 발견되는 색 변화와 비슷한 느낌을 주기 때문에 물 밖에 나와 있어야 한다.

또한 서핑 보드를 탈 때 잠수용 고무 옷을 입지말아야 한다. 맛있는 바다표범처럼 보일 수 있기 때문이다.

역설적인 사실은, 미국 질병통제예방센터에 의하면 미국에서 매해 상어 공격으로 죽는 사람은 단 한 명이라는 점이다. 하지만 매일 열 명 정도의 사람들이 의도치 않게 익사한다. 상어가 무서워서 잠수복을 벗는다면 부력으로 인해 익사할 가능성이 높아질 수 있다. 당신은 삶에서 운이 좋기를 간절히 바란다 해도 상어나 익사를 걱정하지 않고 해변에서 행복하게 놀면 된다. 다만 나중에 집으로 운전해 갈 때 제한 속도만 지키면 된다. 매일 백 명 정도의 미국인이 교통사고로 사망한다. 백 명이 말이다. 운이 좋기를 바라는가? 그렇다면 안전벨트를 매시길.

우리는 누군가 자극한 두려움이 아닌 진짜 사실에 초점을 맞출 때 운이 더 좋아진다. 내가 아는 한 의사는 내게 2014년 11월에 진료실로 찾아와 에볼라로 목숨을 잃지 않는 방법을 물어본 한 환자에 대해 말했다. 서아프리카에서 집단 괴질을 유발하는 에볼라 바이러스가 유행했지만 그녀는 그 지역에 다녀온 적이 없었다. 서아프리카에 다녀온 사람을 알지도 못했다. 미국에서 에볼라에 감염된 단 두 사람은 다른 나라에서 온 에볼라 환자를 치료하던 간호사 두 명이었다.

"아프리카에서 에볼라에 감염된 몇몇 사람들이 미국 병원에서 치료를 받았는데 그 사실이 뉴스에 계속 나왔어요. 그래서 제가 그 여성에게 TV를 끄고 독감 예방 주사를 맞으라고 했어요." 그의 조언은 그 여성이 향후 몇 달 동안 건강 운을 높이는 가장 좋은 방법이었다. 매해 수많은 사람이 유행성 독감으로 사망하기 때문이다. 하지만 그 여성은 접종을 거절했다. "친구가 예방 접종 후 속이 울렁거렸다고 하더군요." 의사는 머리를 살짝 흔들며 말했다.

심리학자들은 사람들이 의사결정을 할 때 사용하는 정신적 지름길을 뜻하는 휴리스틱스heuristics에 대해 말한다. 여러 가지 통계, 사실, 최상의 답을 검토하는 일은 흔히 매우 복잡하기 때문에 사람들은 좀 더 쉬운 방법에 의존한다. 그래서 친구의 의견, 뉴스에 나온 기사 혹은, 막연한 직감이 우리의 생각에 영향력을 주게 된다. 문제는 사람들이 한 상황에서 효과가 있는 이 방법을 다른 문제를 해결하는 데 이용하면 때로 잘못된 결과로 이어진다는 점이다.

안전벨트보다 상어에 대한 이야기를 할 때 더 흥미롭고, 독감보다 에볼라를 걱정할 때 더 호들갑스러워진다. 하지만 건강과 관련된 문제는 좀 더 깊이 생각하고 진지한 추론을 해보는 것이 좋다. 친구의 말보다 의사의 권고가 건강과 관련한 운을 더 좋게 만들어줄 것이다. 의사는 독감 예방 접종을 하거나 하지 않은 수많은 환자를 봐왔기에 그의 조언에는 사실적인 근거가 있다. 하지만 친구의 이야기는 우리의 감정을 자극하여 우리의 기억에 남는다. 하지만 이 경우 친숙함과 편안함에 이끌리는 휴리스틱스 방식이 꼭 최상의 방안인 것은 아니다.

내 남편은 평판이 좋고 환자들에게 온전히 전념하는 의사로 눈코 뜰 새 없이 바쁘다. 아이들은 어렸을 때 아버지가 병원에서 늦게 오는 생활에 익숙해졌다. 아이들은 아버지가 오면 보들보들한 잠옷 바람으로 달려가 두 팔로 아버지를 감싸고 이렇게 물었다. "아빠, 오늘도 누구 구했어요?"

내과 전문의인 남편의 진료 대기실은 심장 이식 수술을 급히 받아야 하는 출혈 환자들이 아닌 보통 환자들로 가득 차 있다. 최근에 환자 한 명이(루시라고 부르겠다) 남편에게 극심한 두통을 호소했다. 루시는 직장에서 스트레스를 받는다고 했다. 그러니 특히, 남편처럼 바쁜 여느 내과 의사였다면 당연히 편두통 약을 재빨리 처방해주거나 요가로 스트레스를 낮춰보라고 제안했을 것이다. 하지만 루시는 자신의 증상을 명확하게 설명했고 이에 남편은 경험과 직감으로 문제가 생각보다 심각하다고 판단했다. 남편은 루시를 MRI 검사실로 보냈다. 그리고 한 시간 후 MRI 영상을 판독하던 중 뇌동맥류가 파열되고 있다는 점을 발견하고 루시를 입원시켰다. 한 시간이라도 지체되어 뇌 속에 혈액이 번졌다면 치명적이었을 것이다. 이는 지주막하 뇌출혈로 불린다.

그 일이 있던 날 밤, 남편이 그 이야기를 해주었을 때 나는 미소를 지으며 말했다. "그러니까 그 환자 목숨을 구한 거네. 애들한테 말해줘야지. 애들이 자랑스러워할 거야."

나는 루시가 다른 의사를 찾아갔더라면 어떻게 됐을까 생각하면 오싹해진다. 미국에서 매해 약 3만 명의 사람들이 뇌동맥류가 파열되며 이 가운데 약 40퍼센트의 사람들이 사망한다. 생존자들 가운데 3분의 2 이상의 사람들에게 영구적 장애가 생긴다. 만일 루시에게 다른 결과가 발생했다면 루시의 친구들은 그 일을 끔찍한 사건이라고, 루시가 끔찍하게 운이 없었다고 이야기했으리라.

하지만 루시의 상태는 아주 좋다.

당신이라면 이 상황에서 어떻게 당신을 운 좋은 사람으로 만들었겠는가? 당신은 몸에서 무슨 일이 일어나고 있는지 알고 싶겠지만 여러 검사를 더 받는 것이 꼭 해결책은 아니다. 뇌동맥류 재단Brain Aneurysm Foundation 측에 따르면 심각한 두통으로 응급실을 찾은 환자들 가운데 1퍼센트만 지주막하 뇌출혈을 일으킨다. 진료실에서 이 수치는 더 낮아진다. 그러니까, 99퍼센트 이상의 경우 의사가 MRI 촬영보다 명상을 권하는 것이 바람직하다는 말이다. 대부분의 의사들은 편두통약 엑세드린Excedrin을 처방해주고 두통이 심화되면 전화하라고 할 것이다.

물론 루시에겐 이러한 처방이 너무 늦은 조치일 것이다. 환자와 의사가 서로 잘 알아 진지한 대화를 나누고 그 결과 증상이 정상 범위를 크게 넘어선다는 사실을 알아차린 것이 큰 도움이 되었다. 서로 관심을 기울인 소통이 다른 결과를 만들어내었다.

과학자들은 우리에게 인간의 몸 안을 들여다볼 수 있는 새로운 기술과 이해하기 어려운 방법들을 제공해왔다. 엑스레이, 초음파 검사, 컴퓨터 단층 촬영(CAT), 양전자 단층 촬영(PET), 자기 공명

영상(MRI), 핵자기 공명(NMR), 자기 공명 분광 영상(MR)을 포함해 더 많이 있다. 대부분의 사람들은 더 많이 조사하고 들여다보고 검사하면 결과적으로 더 좋을 거라고 판단한다. 하지만 그 반대로 하는 것이 맞을 수도 있다.

이는 수 세대 동안 어머니들이 자녀들에게 말해온 '문젯거리를 애써 찾으면 결국 문젯거리를 발견하게 된다'는 격언으로 귀결된다. 의료에서 이는 의사가 아무 증상이 없는데도 굳이 문제를 찾으면 결국 의심되는 점을 발견할 가능성이 높아진다는 것을 의미한다. 불확실성은 또 다른 검사로 그리고, 또 다른 검사로 이어질 수 있고 확실히 알기 위해 수술로까지 이어질 수도 있다. 그런데 어쩐단 말인가. 합병증이 생겨버린다. 이제 정말 아프게 되었다. 환자는 이차 감염, 오진, 부작용으로 목숨이 위태해질 수 있다. 나는 인지도 높은 몇몇 의학 잡지에 실린 기사들을 우연히 읽게 되었다. 심장병과 전립선암을 판단하기 위한 일반적 검사 같은 가장 흔한 검사들 가운데 일부는 이롭기보다 해를 끼치는 경우가 많다는 것이 기사의 내용이다. 〈자마 인터널 메디신JAMA Internal Medicine〉에 실린 한 기사에는 이런 내용이 있다. '몸에 아무 영향을 안 주는 검사는 없으며, 아무리 비침습성 검사라 해도 검사는 적게 받을수록 좋다.'

미국에서 매해 과도한 검사와 수술로 약 2천억 달러가 허비되고 있다. 하지만 돈에 대해선 잠시 생각하지 않기로 해야겠다. 돈에 초점을 두었을 때, 많은 사람들이 능력만 된다면야 검사를 받는 편이 좋다고 생각하기 때문이다. 하지만 이렇게 하면 돈을 내고 운이 나빠질 가능성만 높이는 결과가 될 수 있다.

몇 년 전, 유명한 스포츠 의학 전문의 제임스 앤드루스James Andrews는 MRI 검사가 남용되고 검사 결과가 잘못 해석되고 있는지 궁금했다. 앤드루스 박사는 선수들 치료에 대해선 꿰뚫고 있었다. 그는 1985년에 야구 투수 로저 클레멘스에게 관절경 수술을 해주었다. 클레멘스는 그 이후 사이영상(Cy Young awards, 메이저리그에서 그 해 최고의 활약을 한 투수에게 주는 상 – 역주)을 일곱 번 수상했다. 클레멘스는 자신이 선수로 복귀할 수 있었던 건 앤드루스 박사 덕분이라고 공개적으로 말했다. 마이클 조던, 톰 브래디, 페이턴 매닝, 드루 브리스 같은 스포츠 스타들도 앤드루스 박사의 치료를 받았던 선수들이다.

앤드루스 박사는 2011년에 전문 투수 31명에게 실험 삼아 MRI 검사를 했다. 투수의 운은 팔이 얼마나 잘 기능하느냐에 달려있다. 앤드루스 박사는 회전근개 손상이 있는 투수가 27명, 어깨 연골 상태가 비정상적인 투수가 28명이라는 사실을 발견했다. 하지만 뜻밖의 결과가 있었다. 모든 선수가 완벽하게 건강했고 공을 잘 던졌다는 점이다. 수술을 받는 것은 그들이 할 수 있는 가장 불행한 일이었을 것이다.

"투수의 공을 던지는 팔에 수술을 할 구실을 찾고 싶다면 MRI 검사를 해보면 된다." 그가 말했다.

정밀 검사를 하면 항상 뭔가 비정상적인 것이 보이기 마련이라고 지적한 의사들도 있었다. "MRI가 '정상적인 검사'라는 명칭을 새롭게 얻기는 거의 불가능하다. 내가 그것을 마지막으로 봤을 때가 언제인지 기억이 가물가물하다." 매사추세츠 종합 병원의 정형외과 의사 크리스토퍼 디지오반니Christopher DiGiovanni는 이렇게 말했다.

운 나쁜 간섭을 하는 것은 매우 민감한 MRI뿐만이 아니다. 여러 조사 결과 정상적인 달리기 선수들의 무릎을 정밀 검사하면 당사자가 고통을 느끼지 못하는데도 흔히 연골이나 인대 파열이 보이는 것으로 나타났다. 심장 감시 장치를 누군가에게 오랫동안 착용시키면 이따금 심장 박동이 빠르게 뛰는 시간이 나타날 수 있다. 하지만 이 사람에게 아무런 증상이 없다면 이렇게 감지된 문제에 대해 치료를 해야 할까?

일단 검사와 치료가 시작되었다면 치료를 거부하기란 몹시 힘든 일이다. 최근에 시행된 한 조사 결과 노인 의료 보험 환자들 가운데 25퍼센트에서 42퍼센트의 환자들이 불필요한 치료를 받는 것으로 드러났다. 이는 단순히 이론적인 수치가 아니다. 당신이나 당신이 아는 누군가가 이러한 경험을 해보았을 가능성이 상당히 높기 때문이다. 나도 이러한 경험을 두 번 해보았다. 한번은 한 의사가 아직 마흔 살이 안 된 내게 유방 엑스레이를 찍어야 한다고 설득했다. "뭣 하러 기다려요?" 그는 이렇게 물었다. (나는 나중에 마흔 살까지 기다리는 게 더 나았을 거라는 점을 알게 되었다.) 검사 결과 작은 뭔가가 보였는데 의사는 양성이라고 확신하면서도 이렇게 말했다. "하지만 조직 검사를 해봐야합니다." 그래서 나는 어느 날 아침 일찍 병원에 가서 파란색 가운을 입고 종이 슬리퍼를 신고 서 대기실에서 심한 한기를 느끼며 한 시간 동안 기다렸다. 남편 은 나를 보호하듯 두 팔로 나를 계속 안아주었다. 그러다가 나는 수술실로 옮겨졌고 뒤이어 메스가 내 몸을 파고들었다. 물론 아무 이상 없다는 결과가 나왔다. 내가 젊다는 점을 감안할 때 유방 엑 스레이 결과는 진짜 양성일 가능성보다 허위 양성일 가능성이 훨 씬 컸다. 하지만 의사가 조직 검사 치고는 절제를 많이 하는 바람 에 내 몸이 정상으로 돌아오는 데 수개월이 걸렸다.

몇 년 전에도 한 의사가 내게 지극히 정상적으로 보이는 증상 에 대해 "확실하게 점검하는 차원에서" 정밀 검사를 받도록 권했 다. 이번에도 나는 동의를 했다. 그 상황에서 어떻게 싫다고 하겠 는가? 검사는 순조롭게 끝났지만 그 결과 뭔가 작은 것이 발견되 었다. 의사들은 아주 작은 뭐라도 발견되면 그것을 끝까지 알아내 려 한다. 그래서 나는 몇 가지 검사를 더 받았고 몇 개월 동안 주 기적으로 진료를 받았다. 나는 결국 방사선과 의사에게 이렇게 작 은 혹이 위험한 혹으로 바뀌는 경우를 본 적이 있느냐고 물었다. 그러자 그 여의사는 "제 경험상 그런 경우를 본 적은 없지만 그렇 다고 해서 그런 일이 발생하지 않는다고 말할 순 없죠"라고 말했 다. 그녀가 말한 경험의 세월은 30년이 넘는 시간이었다. 그래서 나는 이제 그만하기로 결정했다. 하지만 결정을 한 순간 의사가 충격적이게도 수술을 제안했다. "이상은 없어 보입니다만, 어쨌든 수술을 아침에 할 수 있어요. 그러면 혹이 깨끗이 사라질 겁니다."
나는 이번엔 거절했다. 내가 낼 수 있는 가장 큰 목소리로. 그리고
주치의를 바꾸었고 더 이상의 정밀 검사도 받지 않았다. 지금 나
는 건강하게 잘 지내고 있다.

나는 건강 불안증이 별로 없는 사람이기에 그 두 가지 상황을
별 문제 없이 지나왔다. 하지만 그러한 경험을 통해 한 번의 개입
이 또 다른 개입으로 이어지며 건강을 위해 하는 검진이 나쁜 결
과로 이어질 수 있다는 점을 깨달았다. 매해 병원의 실수로 20만
명의 사람들이 사망하는 것으로 추산된다. 따라서 불운을 피하고
싶다면 불필요한 수술을 하지 않는 것이 좋다. 꼭 병원에 가야 할
상황이 아니라면 병원을 멀리해야 하고 반드시 입원을 해야 한다
면 절대적으로 필요한 기간 이상으로 입원하지 않는 것이 좋다.

대부분의 사람들은 위험을 평가하는 데 뛰어나지 않다. 또한
통계 자료는 우리를 좋은 방향으로 이끌어주기보다 두려움을 심
어줄 가능성이 더 크다. 하지만 나는 어느 날 아침 베이즈 정리
(Bayes' theorem, 조건부 확률에 대한 정리로, 이전의 경험과 현재의 증거를
토대로 어떤 사건의 확률을 추론하는 과정을 보여준다 – 역주)에 대해 충분
히 읽은 후 각종 검사가 때로는 문제를 해결하기보다 더 야기하는
이유를 마침내 이해하게 되었다. 토머스 베이즈Thomas Bayes 목사

는 1700년대에 이 복잡한 수학 공식을 고안했다. 하지만 수학은 논외로 하고 이 공식은 기본적으로 어떤 사건이 발생될 확률은 우리가 더 구체적인 정보를 얻으면 변화된다는 사실을 보여준다.

인구 천 명 당 한 명이 걸리는 치명적인 병이 있다고 해보자. 그 병이 있는지 판정하는 검사의 정확도는 90퍼센트다(이는 허위 양성이 나타날 확률이 10퍼센트밖에 안 된다는 것을 의미한다). 이 병이 있는 사람에겐 이 검사의 정확도가 100퍼센트다. 이 검사는 저렴하고 간단하기 때문에 당신은 걱정된다면 이 검사를 받을 것이다. 며칠 후 의사가 당신에게 전화를 걸어 낮은 목소리로 나쁜 소식이 있다고 말한다. 검사에서 양성 결과가 나온 것이다. 당신은 현기증을 느끼며 전화를 끊고 자신이 90퍼센트의 확률로 끔찍한 급사에 직면했다고 짐작한다.

하지만 생애 마지막으로 세계 일주 유람선 여행을 아직 예약하지 않아도 된다. 사실 확률은 당신 편이기 때문이다. 당신은 스스로 생각하는 것보다 운이 더 좋다.*

---

* 의사들도 이러한 유형의 통계적 문제에 혼란스러워한다. 한 조사에서 연구진은 의사들에게 정기적 검사를 받는 40세 여성이 유방암에 걸릴 확률은 1퍼센트이며 이러한 유방암을 발견할 확률은 80퍼센트라고 말했다. 9.6퍼센트의 허위 양성율도 존재한다고 덧붙였다. 만일 한 환자가 유방 엑스레이로 양성 판정이 나왔다면 이 환자가 유방암을 앓고 있을 확률은 얼마인가? 대부분의 의사들은 70에서 80퍼센트 사이로 대답했다. 하지만 앞서 언급한 대로 수를 대입하면 8퍼센트 미만으로 나온다. 1,000명의 여성에서 실제 유방암이 있는 여성은 10명이고 96명은 허위 양성으로 나타난다. 아까 유람선에 탔던 101명을 다시 생각해본다면 이해가 될 것이다.

여기서 베이즈의 정리가 적용된다. 천 명의 사람들을 검사하고 양성 결과가 나온 모든 사람을 유람선에 태운다고 가정해보자. 이 병이 천 명 당 한 명에게 걸리고 이 병이 걸린 사람은 검사로 100퍼센트 알아낼 수 있다. 그러니까, 진짜로 병을 앓는 사람은 양성 결과가 나올 것이다. 따라서 이 사람을 유람선에 태운다. 하지만 검사 정확도가 90퍼센트라는 점을 기억하자. 그러니까, 10퍼센트의 허위 양성 결과가 나온다는 말이다. 천 명의 10퍼센트는 백 명이다. 이는 백 명의 사람들도 양성 결과가 나올 것이라는 의미다. 이제 백 명의 사람들도 유람선에 태운다.

당신은 검사 결과 양성이 나왔으므로 유람선에 탄 한 명이 된다. 이제 주위를 둘러보라. 유람선에 101명의 사람들이 있다. 그리고 이 가운데 한 명만 실제로 병을 앓고 있다. 이제 좀 더 확신이 생기는가? 당신이 끔찍한 병을 실제로 앓고 있을 확률은 90퍼센트가 아니라 1퍼센트 미만이다.

정말 명쾌하지 않은가?

여기서 큰 변수는 애초에 이 병을 앓고 있는 사람이 몇 명인가 하는 점이다. 만일 이 병이 흔하다면 이 유람선에 타는, 실제로 병에 걸린 사람들이 더 많아질 것이다. 그렇다면 당신의 확률이 그렇게 긍정적이지는 않다. 이 확률은 나이, 지역, 성별에 따라서도 달라질 수 있다. 40세 미만의 여성에게 유방 엑스레이 검사를 할 때 허위 양성 결과가 나올 확률이 크다. 이 나이대의 여성들의 경우 유방암에 걸린 사람들이 그렇게 많지 않기 때문에 유람선에는 허위 양성 결과가 나온 많은 여성과 실제로 유방암을 앓는 극소수의 여성이 타게 된다.

의료 자문 위원들이 특정한 검사들을 권하지 않는 (일정한 나이 미만의 여성들에게 유방 엑스레이 검사를 권하지 않는 것처럼) 이유는 허위 양성 결과로 말미암은 위험성이 이점보다 훨씬 크기 때문이다. 하지만 유람선에 탔던 사람들 가운데 실제로 병을 앓았던 한 사람은 아마 자신은 그러한 검사로 목숨을 구한 셈이라고 말하며 그렇게 검사를 받는 방식을 바꿀 이유가 없다고 주장할 것이다. 서로 다른 의견을 펴는 양측에서 합리적인 논쟁이 이루어질 수 있다. 사회 활동가들은 정부가 건강을 희생시키면서까지 비용 절감에만 신경 쓴다고 주장할 것이다. 하지만 그 반대가 맞을지도 모른다. 우리는 우리가 상상하는 만큼 널리 퍼져있지 않은 문제를 찾아내는 일을 멈추면서 비용을 줄일 때 건강과 좋은 운의 가능성을 높일 수 있을지도 모른다. 때로는 너무 지나치게 행동할 때 행운이 떠나가 버린다.

우리가 아무리 조심해도 여전히 이 세상은 바이러스, 병원균, 발에 걸려 넘어지게 만드는 나무뿌리로 가득 차 있으며 이 가운데 한 가지로 고통당할 가능성이 있다. 이러한 일이 발생했을 때 무엇을 예상해야 하고 어떻게 준비해야 하는지 안다면 운을 좀 더 좋아지게 만들 수 있다.

바나비는 몇 년 전에 어머니가 매우 아프셔서 재빨리 치료를 해야 했다고 내게 말했다. 그들은 당시 필라델피아에 있었고 근처에 명성 높은 펜실베이니아 대학 병원이 있었다. 그래서 바나비는 어머니를 차에 태워 응급실로 모시고 갔다. 그는 워낙 명성 있는 대학 병원이라 환자의 복잡한 상태를 잘 해결해줄 거라 생각했다. 하지만 그는 자신이 처한 상황에 준비가 되어 있지 않았다.

"응급실 대기실은 만원이고 고통 때문에 비명 지르는 사람부터 리놀륨을 깐 바닥에 드러누운 사람들까지 있었어요. 한 여성은 가슴이 아프다면서 죽을까 두렵다며 울었어요." 바나비는 그때 기억이 떠오르는지 고개를 절레절레 흔들었다. "우리가 서명하고 응급실에 들어서자 책상에 앉은 사람이 환자들을 가능한 한 빨리 만나려고 노력하는 중이라고 하더군요. 기다린 시간이 네 시간이나 지나있었어요."

바나비는 이전에 그 병원에서 마취 전문의로 일했던 한 친구에게 전화를 걸어 혹시 도움을 줄 수 있느냐고 물었다. "그 친구가 한숨을 쉬더니 "바나비, 미국의 수많은 응급실 현실이 원래 그래. 도움 못 줘서 미안하다"고 말하더군요." 하지만 바나비는 쉽게 포기할 사람이 아니다. 그는 자신의 주치의에게 전화를 걸어 상황을 설명했고 의사는 자신이 개입해야 할 만큼 긴급한 상황이라고 판단했다. 그렇게 해서 바나비와 그의 어머니는 맨 앞줄로 옮겨졌다.

응급실에서 기다리는 시간은 지역마다 다르다. 부상을 당하거나 골절되었는데 기다려야 할 때가 흔히 최악의 상황이다. 이러한 환자는 고통 속에서 지금 당장 조치가 취해지기를 원하지만 치료 순위를 정하는 분류 명단에선 아래쪽에 속한다. 발목을 삐었다고 해서 죽지는 않기 때문이다. 프로퍼블리카(ProPublica, 미국의 비영리 인터넷 언론-역주)에 따르면 미국의 대부분 지역에서 골절로 응급실에 가면 진통제만 받는 데도 평균 한 시간 이상 걸린다고 한다.*

부상을 당했거나 응급실을 가야 할 상황일 때 1차 진료 의료인을 알고 있으면 큰 도움이 된다. 지난 수년 동안 나는 남편이 밤늦게 환자와 통화하며 상황을 차분히 판단하고 겁에 질린 환자에게 다음 조치를 조언해주는 소리를 수도 없이 자주 들었다. 현재 1차 진료 의료인을 알고 있지 않다면 그런 의료인을 찾는 것이 운을 좋아지게 하는 쉬운 방법이다. 확실히 대부분의 의사들은 수도 없이 많은 환자를 대한다. 일부 조사 결과 연례 건강 검진으로 정말 건강이 증진되는지에 대한 의구심이 제기되었다. 하지만 의사를 주기적으로 만나면 인맥이 형성되어 이 의사가 치료 조언도 해주고 꼭 필요한 상황일 때 응급실에 전화를 걸어줄 수도 있다. 건강

---

* 프로퍼블리카 사이트에 각 지역별로 응급실에서 의사를 만나기까지 그리고, 입원이나 집으로 돌아가는 것이 결정되기까지 소요되는 대략적인 시간이 요약된 '응급실 웨이트 왓처ER Wait Watcher'가 실렸다. 기다리는 시간이 가장 긴 지역은 메릴랜드와 컬럼비아 특별구다.

에서 운이 좋으려면 이는 상당히 중요하다.

바나비와 나는 병원 안에서 운을 좋게 만드는 방법에 대해 이야기하고자 페렐만 의대 학과장이자 그곳 연수 프로그램 소장인 네하 바피왈라Neha Vapiwala에게 전화를 걸었다. 미국의 좋은 병원들은 대부분 안전 실습을 시행하고 있으며 미국에서 사망의 셋째 원인이 의료 사고라는 비참한 현실을 바꾸기 위해 노력하고 있다. 이러한 현실은 충격적이다. 사망 원인 순서에서 의료 사고보다 앞선 것은 암과 심장병 밖에 없다.

나는 브리트니라는 젊은 의사가 해준 이야기를 생각했다. 브리트니의 한 친구는 임신으로 비롯된 조기 합병증으로 병원에 입원했다. 어느 날 한밤중에 간호사가 그 여성을 깨워 약 먹을 시간이라고 말했다. "제 친구가 "확실해요? 여기에 일주일 입원해 있는 동안 한밤중에 약을 먹은 적이 없어서요"라고 말했어요. 간호사는 맞다고 우겼지만 친구는 먹지 않았어요." 브리트니는 고개를 내저었다. "친구는 한밤중에 간호사가 깨우는 바람에 비몽사몽 했지만 그런 질문을 했던 거예요! 그렇게 할 수 있는 사람이 얼마나 될까요?" 그 여성이 그렇게 한 일은 잘한 행동이었다. 아니나 다를까, 그 간호사는 다른 환자 약을 가져온 거였다.

"그 친구는 뱃속 아기를 지키려고 입원한 거잖아요. 만일 그 친구가 다른 환자 약을 먹었다면 어떻게 되었을지 상상해봐요." 브리트니가 말했다.

브리트니는 그 말을 해줄 때 임신한 상태였다. 병원의 이모저

모를 소상히 알고 있는 그녀였기에 자신의 출산에 대해 걱정스러 웠다. 그래서 의료진에게 이런 저런 질문을 하고 실수가 발생되지 않도록 확인할 사람을 한 명 더 두는 차원에서 임산부 도우미를 옆에 두기로 했다.

나는 그 이야기를 바피왈라 박사에게 해주었다. 그러자 그녀는 우리가 자신을 보살피는 일에 적극적으로 나서야 자신의 운을 좋게 만든다는 데 곧바로 동의했다. "환자는 담당 의사와 간호사에게 편안하게 말할 수 있어야 해요. 어떤 사람들은 의료진의 반감을 사는 걸 두려워해요. 이는 자신의 음식을 갖다주는 웨이터의 기분을 상하게 하는 걸 원치 않는 것과 같아요." 하지만 전자의 결과는 너무 구운 버거나 눅눅한 샐러드 보다 훨씬 더 심각하다. 바피왈라 박사는 환자가 부정적이지 않은 어투로 질문을 할 필요가 있고 의료진은 환자 말에 귀를 기울일 필요가 있다고 말했다.

나는 전화를 끊은 후 이스라엘에서 시행된 새로운 조사에 대한 기사를 우연히 보게 되었다. 바로 집중 치료실에서 의사들과 간호사들이 연약하고 면역력 약한 아기들을 어떻게 다루는지 살펴본 조사였다. 연구자들은 모의 시나리오를 이용해 부모가 무례한 말을 하면 의료진이 실수를 더 하고 기술력이 떨어진다는 사실을 발견했다. 그들이 앙심을 품은 것은 아니었으나 어쨌든 실수를 했다. 그 조사의 집필자들은 무례한 말이 의료진의 정신을 산만하게 만들고 일하는 데 필요한 인지력을 약화시킨다고 결론 지었다.

'우리는 인간이기에 모두 무례한 말에 영향을 받는다.' 이 조사의 한 집필자가 이렇게 썼다.

이 모든 내용을 바탕으로 결론을 내리자면 이렇다. 입원하는 동안 운을 좋게 만들고 싶다면 자신을 보살피는 일에 스스로 책임을 져야 하고, 자신을 옹호해줄 누군가를 옆에 두며, 부정적이지 않은 말투로 의료진에게 질문하고, 부정적인 영향을 이야기할 수 있는 무례한 말을 하지 말아야 한다.

너무 복잡한가? 운을 좋게 만드는 것이 쉽다고 말한 사람은 아무도 없었다.

건강의 측면에서 운을 좋게 만드는 일은 돈이 문제되지 않는다면 훨씬 수월해진다. 나는 이러한 주제에 관한 자료를 읽다가 미국인 가운데 상위 1퍼센트의 부자들이 하위 1퍼센트의 가난한 사람들보다 최고 15년 더 오래 산다는 조사 결과들을 발견했다. 이는 놀라울 정도로 큰 차이지만 새로운 사실은 아니다. 최소한 지난 몇 세기 동안 돈은 장수와 관련이 있었다.

이에 대한 일반적인 설명은 돈이 있으면 명의를 만나고 최고의 치료를 받을 수 있다는 것이다. 좀 더 중요한 사실은, 돈이 있다면 어찌됐든 병원을 갈 수 있다는 점이다. 일련의 보고서에 따르면 저소득층 미국인들은 금전적 여유가 없기 때문에 병원을 가지 않으며 그 결과 돈을 더 못 벌게 된다고 한다.* 하지만 이는 생각보다 복잡한 문제다. 〈자마 인터널 메디신〉에 실린 조사 결과에 의하면 가난한 미국인들의 기대 수명은 사는 지역에 따라 천차만별이다. 의료 서비스를 받느냐 하는 점이 차이를 만드는 것처럼 보이지만 장수에서 이보다 훨씬 더 중요한 사실은 개인의 습관이다. 마약과 알코올에 중독된 사람들은 더 빨리 죽는다. 운동하고 흡연하지 않으며 정상 체중을 유지하는 사람은 좀 더 오래 산다.

물론 나쁜 유전자 탓을 할 수도 있다. 하지만 현재 대부분의 연구 결과를 보면 수명의 차이를 야기하는 유전적 요인은 약 25퍼센트 밖에 되지 않는 것으로 추산된다. 우리는 소득 수준과 유전인자가 어떠하든지 간에 우리가 하는 선택에 따라 건강의 측면에서 운이 좋아지게 만들 수 있다. 이러한 선택은 최근 유행이나 사이비 과학에 근거하지 않고 합리적인 것이어야 한다. 내가 아는 한 남자는 글루텐과 고기가 없는 식단을 신경 써서 유지하고 있지만 (그렇다고 글루텐 알레르기가 있는 것은 아니고 그가 이러한 식단이 몸에 더 좋다고 생각할 뿐이다) 매일 밤 다섯 잔 정도의 와인을 마신다. 나는 그에게 과도한 음주가 건강에 안 좋다는 명확한 증거는 있어도 고기와 글루텐이 몸에 해롭다는 근거는 별로 없다는 점을 말해주려고 애썼다. 그는 자신이 건강 운을 더 좋게 만들고 있다고 생각하지만 나는 그렇게 생각하지 않는다.

---

* 전 국민 단일 건강보험 제도가 있는 영국과 캐나다는 이에 해당되지 않는다.

자신의 건강 운을 좋게 만들려는 노력은 여러 가지 양상으로 나타날 수 있다. 바나비에겐 엄청난 부자 친구가 한 명 있다. 그는 맨해튼에서 가장 큰 저택에 살며 여러 나라에 있는 집들을 몇 채 더 소유하고 있다. 그는 자기 삶에서 많은 것을 관리하는 데 익숙하기 때문에 건강의 측면에서 운을 좋게 만들기 위한 방법을 한동안 숙고했다.

"그 친구는 장비를 완벽히 갖춘 구급차를 각 집마다 갖춰놓는 방법으로 운을 좋아지게 하기로 결정했어요. 어떤 상황에선 얼마나 빨리 치료를 받는가에 따라 운이 달라지잖아요. 그건 그 친구가 항상 제때 치료를 받기 위한 보험 같은 거였어요." 바나비가 말했다.

일리 있는 말이긴 했다. 우리 같은 사람들은 개인 구급차를 갖출 능력은 없지만 그가 그랬듯 응급 상황일 때 병원에 갈 방법을 미리 계획해둘 수 있다. 코네티컷에 있는 우리 집은 상당히 외진 곳에 위치해 있어 전문 병원에 가려면 한 시간 이상 걸린다. 나는 바나비의 이야기에 자극을 받아 만약 무슨 일이 발생하면 어떻게 할까 생각 곰곰이 생각했다.

바나비는 그 친구가 구급차도 여러 대 구입하고 그것들을 관리할 직원들도 고용했다고 말해주었다. 내가 이 이야기가 마음에 든 이유는 색다른 사고로 위험을 줄이고 운을 좋게 만들 수 있다는 점을 보여준 별난 사례이기 때문이다. 그런데 얼마 후 예상 밖의 일이 발생했다. 어느 날, 이 사업가는 카리브해 지역에 있는 자기 집에 있다가 그 시스템을 시험해보기로 했다. 그래서 자신을 위해 대기하고 있는 구급차로 달려갔더니 운전수가 뒷좌석으로 안내해주었다. 모든 일이 계획대로 돌아갔다! 운전수가 운전대에 앉아 시동을 걸었다. 하지만 차는 움직이지 않았다. 알고 보니 운전수가 하루 종일 앉아서 대기하는 데 지루함을 느껴 차 라디오에서 나오는 축구 경기를 온종일 듣는 바람에 배터리가 다 된 거였다.

바나비와 나는 그 이야기에 웃음을 터뜨렸다. 우리는 우리가 할 수 있는 일을 통제하며 건강 운을 만들려고 열심히 노력하지만 여전히 모든 일을 예측하지는 못한다.

HOW
LUCK
HAPPENS

13장 | 재난에서 건져 올린 행운을 잡아라

얻을 수 있는 모든 정보를 얻어라…
준비할 시간을 마련하라…
안이한 생각을 하지 마라.

나는 어느 따스한 5월의 주말에 대학 동창회를 하는 캠퍼스에서 시간을 보냈다. 그러다 오후에 자리를 옮겨 모린 롱 Maureen Long 이라는 젊은 지질학 교수가 지진에 대해 설명하는 교실의 뒷자리에 앉았다. 교수는 뒤이어 쓰나미에 대해 설명했고 자연재해와 관련된 여러 문제들도 다루었다. 나는 교실을 나오면서 지질학을 전공했어야 했다는 생각이 들었다. 그 수업을 들으니 그녀가 얼마나 훌륭한 교수인지 확실히 알 수 있었다.

나는 다음 주에 바나비를 만났을 때 모린 롱 교수의 강의에 자극을 받아 자연 재해 앞에서 누가 살아남고 누가 살아남지 못하는지 생각해보게 되었다고 말했다. 그동안 자연 재해에서 생존한 사람들은 그저 우연히 그렇게 된 걸까 아니면, 뭔가를 제대로 준비했던 걸까? 그야말로 불행한 상황에서 자신의 운을 좋게 만들 방법이 있었을 것 같았다.

지진, 토네이도, 허리케인, 쓰나미 그리고, 그밖에 자연 재해는 닥칠 때마다 충격적이지만 상당히 주기적으로 발생한다. 비행기 추락 사고는 '자연' 재해가 아니지만 이와 같은 범주에 들어가는 것 같다. 우리는 이런 상황에서 어떻게 무사히 빠져나가는 사람이 될 수 있을까?

"좋은 질문이에요. 전 어머니가 알래스카주 지진 대비 설계자로 일한 적이 있었기에 그런 부분에 대해 많이 생각했어요." 바나비가 말했다.

바나비는 어머니가 미술과 설계에 대해 배운 적은 있어도 지진학에 대해선 몰랐다고 했다. 하지만 워낙 활발하고 사업가다운 수완이 있어서 어찌됐든 알래스카주에서 그 일을 맡게 되었다고 설명했다. 그의 어머니는 재빨리 지진학을 공부했고 학교 프로그램과 공공 책자를 통해 지진에 대한 인식을 높이려고 노력했다. 하지만 취약 지대에 땅과 건물을 소유했으나 그 화제에 대해 논의를 거부하는 유지들 때문에 매번 좌절했다.

"알래스카는 세계에서 기본적으로 지진 활동이 가장 활발한 환태평양 지진대에 속해 있어요." 1964년 성금요일(부활절 전의 금요일 – 역주)에 발생한 대지진은 미국에서 발생한 가장 강력한 지진이었고 세계적으로 관측된 지진 가운데 둘째로 강력한 지진이었다. 리히터 지진계로 9.2를 기록했다. 알래스카의 인구 밀도가 워낙 낮은 곳이라 사상자 수가 그리 많지 않았지만 지진에 뒤이은 쓰나미로 백 명이 넘는 사람들이 사망했다.

"앵커리지 시내는 피해가 엄청났어요. 그런데 지진이 발생한 지 단 몇 시간 만에 윌리 히켈이라는, 한 영향력 있는 부동산 개발업자가 건물을 다시 짓겠다고 발표하더군요. 지질학자들이 그러지 말라고 충고했지만 그는 어쨌든 호화 호텔을 지었어요."*

건물주로 유명한 부동산 개발업자가 장기적인 결과를 무시하고 자기 이익을 챙긴다는 것이 그리 놀랄 일은 아니다. 히켈이 공직에 출마했을 때 사람들은 지역 번영에 대한 그의 약속을 마음에 들어 했다. 그래서 결국 그는 주지사가 되었다. 기업 지원이라는 그의 약속은 또 다른 지진이 휩쓸고 지나간다면 의미 없어 보일지도 모른다.

"앵커리지를 방문할 때 불운을 피하고 싶은 사람이라면 문제의 땅 위에 지어진 호텔에 묵는 것에 신중해야 해요." 바나비가 조언했다.

우리는 자연 재해와 관련해선 앞날의 일을 잘 생각하지 못한다. 나는 트립어드바이저(TripAdvisor, 호텔 등 여행에 대한 가격 비교를 제공하는 웹사이트 – 역주)에 올라온 히켈의 호텔에 대한 리뷰에서 지진이 언급된 글을 하나도 발견하지 못했다. 하긴 누가 그런 것을

---

* 히켈의 캡틴 쿡 호텔Hotel Captain Cook 은 여전히 존재하며 인기가 아주 많다. 세 개 동에 550개의 객실이 갖추어진 이 호텔은 그 지역에서 더 많은 건물이 지어지도록 촉진하는 역할을 했다.

생각하겠는가? 설령 확률을 따져본다 해도 사람들은 자신이 알래스카 크루즈 여행을 하기 전날 밤을 앵커리지에서 보낼 때 대지진이 발생할 거라고는 생각하지 않는다. 하지만 종국에 그 확률이 우리에게 불리해질 수 있다.

1906년에 샌프란시스코에서 발생한 지진으로 약 3천 명이 죽었다. 그리고 백 년이 넘는 세월이 지난 후 지구물리학자 메리 루 조백Mary Lou Zoback은 부두나 금융가 같은, 그 도시의 일부 명소들이 민감한 지대에 위치해있다고 지적했다. 지진이 발생한다면 그러한 지대 윗부분에 있는 건물들은 피해를 입을 수 있다.

하지만 더 나은 운을 위한 노력이 진행 중이다. 샌프란시스코에서 오래된 건물들은 보강 공사를 하고 새로 짓는 건물들은 내진 설계를 해야 한다는 법안이 통과되었기 때문이다. 새로 짓는 이러한 건물들이 아주 많다.

나는 지진이 발생했을 때 어떻게 운을 좋게 할 수 있을지 너무 궁금했기에 동창회를 하던 날 만났던 모린 롱 교수에게 전화를 걸었다. 나는 동문들에게 해주었던 강의가 너무 인상 깊었다고 말씀드렸다.

"아, 그 얘길 들으니 기쁘네요. 그건 우리가 이해해야 할 흥미로운 주제예요."라고 말한 뒤, 모린 교수는 중학교 2학년 때 지구물리학자가 되기로 결심하고 지구과학 표준과정을 수강했다고 말했다. 모린 교수는 지구 내부의 구조를 설명하는 이론인 판구조론에 매료되었다. "살면서 들어본 가장 흥미로운 주제라고 생각했지요."

모린 교수는 판의 이동으로 지진과 화산이 발생하지만 여기에 다행인 부분도 있다고 지적했다. 화성과 금성 같은 다른 행성에는 판구조가 없는데 지구의 이러한 판구조가 오랜 세월을 거쳐 인간이 살 수 있는 환경이 되는 데 기여했을 가능성이 있다는 것이다.

"지구의 판들은 이동을 하는 가운데 해양 지각이 맨틀 안으로 들어가 사라지면서 대륙이 증가해요. 우리는 지구의 어떤 점이 이러한 현상을 이끄는지 이해하려 노력하고 있어요. 오랜 세월에 걸쳐 지구 내부와 해양 사이에 물질이 교환될 수 있다는 점은 지구의 장기적인 탄소 순환을 조절하는 데 꽤 중요한 역할을 할 수 있어요. 이는 '무엇이 생명을 발전하게 해주는가?'와 관련한 여러 가지 근본적인 질문들에 대한 실마리가 될 수 있지요." 모린 교수가 말했다.

이 말이 정말 그럴듯하다는 생각과 함께 다행이라는 생각도 들었다. 하지만 단기적 관점으로 볼 때 판의 이동은 지진이 우리가 생각하는 것보다 더 흔하다는 점을 의미한다. 매해 진도 7의 지진이 약 열 다섯 번 발생하는데 지진이 발생할 때 그 주변에 있고 싶은 사람은 없을 것이다. 이러한 지진 가운데 대다수가 사람들과 사회 기반 시설이 있는 지역과 멀리 떨어진 곳에서 발생하기 때문에 저녁 뉴스에서 보도되지 않는다. 하지만 2010년 아이티에서 발생한 지진같은 것도 일어나기 마련이다. 그 당시 10만 명 이상의 사람들이(일부는 이보다 더 많다고 추산한다) 사망했다. 사람들은 그 지진으로 말미암아 취약한 사회 기반 시설과 형편없는 대비는 엄청난 불운으로 이어진다는 사실을 충격적으로 상기하게 되었다.

흔히 비극은 예상치 못하게 일어나지만 때로는 대비할 시간을 주는 경고 신호가 존재하기도 한다. 2004년에 인도양에서 진도 9의 해저 지진이 발생했으며 그 여파로 엄청난 쓰나미가 몰려왔다. 기록상 규모가 셋째 번으로 큰 지진이었다. 첫 파도가 실로 물의 벽이라 할 수 있을 정도였고 태국의 해안가를 순식간에 휩쓸었다. 해안가에 나른하게 누워 휴가를 보내던 사람들은 소용돌이치는 물속에 침수되었다. 불운을 피할 명백한 방법은 없었다. 하지만 대양을 가로질러 파도는 계속 증식했고 몇 시간 후 멀리 떨어진 곳에서 수많은 사망자가 발생했다. "사람들에게 경고하여 대피시킬 수 있는 시스템을 미리 준비할 필요가 있어요." 모린 교수가 말했다. 그 당시 이러한 시스템이 없었기 때문에 쓰나미로 14개 나라에서 약 25만 명이 사망했다.

과학자들은 언제 어디에서 지진이 발생할지 아직 예측하지 못하지만 경고 신호를 감지하는 방법을 갖고 있다.* "때로는 경고 신호가 30초, 40초 혹은 50초로 끝나버려 별일 아닌 듯 느껴져요. 하지만 이는 원자로를 폐쇄하고 지하철이 터널을 빠져나오게 해야 한다는 걸 의미할 수 있어요." 이러한 시스템은 일본에 있으며 현재 캘리포니아와 태평양 연안 북서부 지역에서 개발되고 있다. 사

---

* 모린 교수는 지진으로 발생한 첫 파동이(P파로 불린다) 실제 피해를 입히는 표면파보다 더 빨리 움직인다고 설명했다. "관측 장비가 많아서 데이터를 아주 빠르게 수집할 수 있는 곳에선 P파를 감지하고 사람들에게 경고를 내보낼 수 있어요." 모린 교수가 말했다.

전 통고를 할 시스템이 있다는 것은 다행히 우리가 문틀 안에 들어가거나 책상 밑에 몸을 숙여 떨어지는 물건을 피할 수 있다는 의미다.

자연 재해 앞에서 많은 사람의 운을 좋게 만들려면 신중히 준비된 공식적인 계획이 필요하다. 초기 경고 시스템과 안전한 건축 법규 같은 것이다. 하지만 정부가 이러한 준비를 충분히 하지 않는다면 남은 건 개인의 몫이다. 우리는 불운한 상황에서 자신의 운을 좋게 만들 방법을 반드시 생각해두어야 한다.

바나비는 수년 동안 위험한 상황들에 대한 글을 써온 로렌스 곤잘레스Laurence Gonzales와 대화를 해보자고 제안했다. 그는 황무지에서 발생하는 사고에서 비행기 사고까지 모든 사고 분야를 다루며 어떤 사람이 살아남고 어떤 사람이 살아남지 못하는지 이해하려고 했다. 우리는 곤잘레스와 긴 대화를 나누며 그가 재해 준비에 관해서라면 모든 것을 시도해본 사람이라는 사실을 알게 되었다. 그는 전날 아내와 병원에 있을 때 화재경보기가 울렸다고 말했다. "접수처에서 수표를 적고 있던 아내는 전혀 주저하지 않고 수표장을 내려놓고 제게 걸어왔어요. 우리는 곧바로 출구로 나왔고요. 그건 잘못 울린 경보였을까요? 그런 일은 흔히 일어나요. 하지만 일단 경보가 울리면 건물 밖으로 나와야 합니다. 그렇게 안 한다면 화재경보기를 달 필요가 있을까요?"

좋은 지적이지만 대부분의 사람들은 경보기 울리는 소리를 들어도 건물 밖으로 나가지 않는다. 주저하고 무슨 일인지 정보를 더 알아내려하며 다른 사람들은 어떻게 하는지 본다. 사람들은 본능적으로 모든 것이 괜찮다고 믿고 싶어 한다. 몇 년 전, 우리 부부는 교외에 있는 집의 복도 끝 방에서 그 당시 어렸던 아이들과 함께 잠을 자고 있었다. 새벽 세 시쯤 도난 경보기가 울렸고 곧바로 전화기가 울렸다. 경보 회사에서 확인하러 전화를 걸었던 것이다. 남편은 전화를 받아 비몽사몽 중에 "오경보입니다"라고 말하고 모든 것이 괜찮다는 보안 코드를 입력했다.

남편이 전화를 끊자 나는 충격을 받은 채 남편을 보았다.

"왜 그랬어?" 내가 물었다.

남편은 사각 팬티 차림으로 침대에서 일어나 침입자가 있는지 확인하러 아래층으로 내려갔다. 그때 남편이 침입자를 발견했다면 어떻게 했을지 잘 모르겠다. 다행히 오경보였지만 우리는 그날 밤에 벌어진 일에 대해 여러 번 대화를 나누었다.

정신분석가 스티븐 그로스Stephen Grosz라면 아마 놀라지 않았을 것이다. 그로스는 자신의 저서《때로는 나도 미치고 싶다》에서 우리가 평소의 패턴을 깨는 것이 얼마나 어려운 일인지 지적한다. 남편은 유능하고 어떤 일이든 스스로 해결하려 하는데 이러한 특성은 대부분의 상황에서 효과적이다. 이는 남편의 본능적인 대비책이기도 하다. 남편은 집에서 오경보가 아닌 경보음을 들어본 적이 없었다. 하지만 한밤중에 경보음을 들었다면 자신의 본능을 따르지 않는 게 바람직했을 것 같다. 그로스는 한 나이트클럽에서 화재가 발생했을 때 어떤 사람들은 계산을 하고 그곳을 나온 상태웠고 다른 사람들은 자신들이 들어왔던 문으로 나가려고 하다가 목숨을 잃었다고 말했다. 그러한 상황에서 흔히 사람들은 너무 오래 머뭇거린다. 그러니까, 연기 냄새를 맡더라도 불길을 눈으로 확인할 때까지 기다린다. "사람들은 변화에 저항을 해요. 틀림없이 자신에게 가장 이익이 되는 것인데도 작은 변화에 민감하게 행동하는 것을 위험한 상황이 무시되는 것보다 더 두려워한다니까요." 그로스가 말했다.

로렌스 곤잘레스는 우리가 어떤 것에든 적응할 수 있게 해주는 심성 모형mental model을 만든다고 지적했다. 그는 자신의 손녀가 두 살 무렵 처음으로 쓰레기차를 보았는데 그 차가 큰 소리를 내며 지나가자 손녀가 무서워하고 초조해했다고 했다. 하지만 손녀가 쓰레기차를 여러 번 보고 나더니 이후에는 그것이 지나가도 신경을 안 쓰게 되었다고 했다. "손녀는 인생을 효율적으로 살아가게 해주는 심성 모형에 쓰레기차를 포함시킨 거예요." 그가 말했다.

어른인 우리는 매 사건마다 놀라거나 무서워하면 행복하게 살지 못한다. 혹은, 자신을 운 좋게 만들지 못한다. 우리는 적응을 한다. 모든 것에 주의를 기울일 필요가 없다는 점을 알고 있다. 하지만 때로는 너무 편안해서 위험에 직면했을 때에도 이를 알아차리지 못한다. 곤잘레스는 자신이 자란 텍사스 걸프 연안에서 사람들이 허리케인 파티를 종종 열었다면서 이렇게 말했다. "사람들은 자신을 보호하겠다고 마을을 떠나거나 큰 건물 안으로 들어가지 않았어요. 그냥 술을 잔뜩 준비해놓고 친구들을 불렀어요." 몇 년 전, 아주 큰 허리케인이 발생하기 전에 군 보안관이 갤버스턴 해안가에 있는 공동 주택 단지로 가 사람들에게 폭풍이 오고 있으니 그곳을 떠나라고 경고했다. 5층 발코니에서 파티를 열던 사람들은 "애태우지 마세요. 매해 겪는 일인 걸요"라고 소리쳤다. 그들은 웃으면서 손을 흔들었다.

"그 허리케인으로 거센 파도 높이가 35피트에 달했고 이 때문에 모든 사람이 죽었어요. 이는 익숙한 심성 모형이 우리에게 해로울 수 있다는 점을 보여주는 전형적인 사례에요." 곤잘레스가 말했다.

만일 우리가 어떤 문제로 이어지지 않는 허리케인, 화재경보기, 쓰레기차에 익숙해진다면 이러한 것들이 이전과 양상이 다를 때 어떻게 알아차릴 수 있을까? 곤잘레스는 운 좋은 사람이란 경고 신호에 좀 더 기민하고 아슬아슬한 상황에 내성이 잘 생기지 않는 사람이라고 생각한다.

"전 오랫동안 비행기 조종사로 일했어요. 제 좌우명은 하늘에 있으면서 땅에 내려가면 좋겠다고 바라기보다 땅에 있으면서 하늘에 있으면 좋겠다고 바라는 게 더 낫다는 거예요." 곤잘레스가 말했다. 그는 비행기를 빌릴 때 세 가지 문제를 발견하면 자신이 아직 발견하지 못한 문제가 더 있는 것으로 판단하여 그 비행기는 거절했다. 이는 그동안의 경험에서 나온 그의 원칙이었다.

나는 미리 일정한 기준을 정해놓으면 어떤 상황에서든 효과적이겠다는 생각이 들었다. 모든 것이 다 잘 될 거라고 짐작하지 말고 중요한 기준을 정해두면 우리의 이성적인 뇌가 일부러 그것을 우선시할 것이다. 아무리 일상이 순조롭게 흘러가더라도 우리는 종종 인지하지 못한 불행의 가장 자리에서 비틀거린다. 곤잘레스는 "우리가 좀 더 겸손하고 의구심을 품는 태도를 기를 때 자신의 운을 좋게 만들 수 있다고 생각해요"라고 말했다.

어떤 시스템이 복잡할 때 돌발 고장이 발생할 확률은 상당히 높다. 곤잘레스는 이를 만찬회의 역설이라고 부른다. 당신이 아주 유명한 음식점에 예약했다고 상상해보자. 이 음식점은 모든 사람이 정시에 도착해야 하고 그렇지 못하면 자리를 잡지 못한다. 당신에겐 정시에 도착할 확률이 90퍼센트인, 믿을만한 친구들이 있다. 문제는, 당신이 몇 명을 초대해야 음식점 자리를 확실히 잡을 수 있는가 하는 점이다.

당신은 처음에 직감적으로 원하는 만큼 많이 초대하면 될 거라고 생각할지 모른다. 나도 그렇게 생각했다. 친구들이 제 때 오리라고 90퍼센트 믿을 수 있으니까 말이다! 하지만 수학적으로 계산해보면 놀라운 결과가 나온다. 초대한 사람이 여섯 명이 넘으면 예약이 취소될 가능성이 크며 결국 동네에서 버거나 먹어야 할 것이다.*

---

* 각각의 사람들을 믿을만한 확률이 90퍼센트이므로 만일 두 사람이 온다면 두 사람 모두 제 때 올 확률은 90퍼센트 곱하기 90퍼센트 즉, 81퍼센트일 가능성이 높다. 한 사람이 더 올 때마다 90퍼센트를 다시 곱한다. 이렇게 여섯 번을 곱한 이후에는 모두 제 때 올 확률이 47퍼센트 즉, 절반 아래로 떨어진다. 이를 감안해서 만찬회 준비를 해보시길.

"자, 25만개 부품이 들어간 DC-10 항공기나 이보다 훨씬 많은 부품이 들어간 우주왕복선 같은 시스템을 쓴다고 해봅시다. 각각의 부품이 99.9퍼센트의 신뢰도로 생산된다 해도 계산을 해보면 부품의 복잡성이 어느 수준을 넘어설 때 돌발 고장이 확실해지는지 산출되거든요." 곤잘레스가 말했다.

이러한 큰 재난이 발생할 때 사람들은 본능적으로 극적인 반응을 보이기 마련이다. 사람들이 흔히 거론하는 투쟁 혹은 도피 fight-or-flight 반응이 있으며 일부 신경 과학자들이 '분노 회로rage circuit'라고 부르는 것이 있다 (망치로 엄지를 쳤을 때 어떤 일이 벌어질지 생각해보라). 하지만 운 좋은 생존자가 되려면 때로는 이러한 본능과 싸워야 한다. "그 상황에서 고도의 뇌 기능 즉, 논리적인 뇌 기능을 사용할 수 있다면 이러한 자동적 반응을 유용한 방향으로 통제할 수 있어요."

나는 곤잘레스에게 고도의 뇌기능을 어떻게 쓸 수 있느냐고 물어보았다. 그는 "일정한 패턴이 있고 규칙적이고 반복적이고 특정한 목적이 있는" 활동을 제안했다. 예를 들어 뜨개질, 칼 갈기, 악기 연주, 포켓볼 같은 활동이다. "이러한 활동을 하면 생각의 뇌가 점진적으로 관여하면서 진정 효과가 있어요. 이럴 때 뇌의 신피질이 관여하여 우리가 감정적 반응을 조절하는 데 도움을 주거든요."

재난을 당하는 중에는 자신의 마음을 통제하겠다고 뜨개질을 하진 못한다. 하지만 곤잘레스는 평소에 이렇듯 마음을 차분하게 하는 활동으로 신경계를 단련하면 시련을 잘 견뎌낼 가능성이 커진다고 생각한다. "비상사태에서 자신을 추스르는 한 방법은 그렇게 할 수 있다고 믿는 거예요." 그가 말했다.

몇 년 전, 남편은 우리 시골집에 큰 테라스를 만들었다. 매 주말을 반납해가며 여름 내내 작업을 했다. 남편은 판자들을 배치한 후 제자리에 맞춰 넣는 꼼꼼한 작업을 하면서 엄청난 만족감을 느꼈다. 글쎄, 그때 나는 전혀 이해를 못했다. 하지만 의사인 남편은 매일 위기와 응급 상황과 맞닥뜨린다는 생각이 이제야 들었다. 남편은 그러한 상황을 이성적이고 침착하게 처리하기 위한 고도의 뇌기능이 필요하고 테라스를 만들거나 피아노를 연주하는 일이 그러한 뇌기능에 도움이 될 터였다. 그렇다면, 나로선 좋은 일이다. 어쨌든 테라스는 정말 근사하다.

비상사태에서 이성적인 마음이 작동하게 할 방법을 찾는 것은 운 좋은 사람이 되느냐 마느냐를 가르는 요인이 될 수 있다. 곤잘레스는 자신과 아내는 호텔에 투숙할 때 일단 곧바로 출구 계단 쪽으로 가본다고 말했다. 연기 자욱한 화재가 발생해 바닥에서 기어야 할 때 어느 쪽으로 가야 하는지 미리 알아두기 위해서라고 했다.

"그건 좀 지나친 거 같은데요. 여행을 많이 다니셔서 아실 테지만 호텔 화재는 매우 드문 일이잖아요. 그렇게 시간을 쓸 가치가 있는 건가요?" 내가 말했다.

"모험과 보상의 순환 고리를 생각해봐야 해요. 그 상황에서 무엇을 얻고 무엇을 잃을까요? 만일 불이 나서 제가 밖으로 나가지 못한다면 전 죽겠죠. 미리 계단을 내려가 출구를 찾는 건 제 소중한 TV 시청 시간에서 고작 몇 분 떼어내는 거예요."

좋은 생각이다. 하지만 나는 전화를 끊고 우리가 모든 재난을 통제할 수 있는 혹은 예측할 수 있다는 어리석은 확신도 하지 말아야 한다는 생각을 했다. 본질적으로 재난이란 예측할 수 없으며 어떤 상황에서도 기지를 발휘하고 고도의 뇌기능을 쓰는 사람이 운 좋을 것이다. 우리는 어디를 가든 그곳의 비상구를 확인할 수 있다. 하지만 호텔에 묵는 동안 재난이 발생한다면 그건 전혀 예상하지 못한 상황이 될 가능성이 높다.

침착한 사람은 재난을 당했을 때 예상치 못한 행운을 건질 수 있다. 실제로 이런 일이 2009년 초에 일어났다. 그 당시 라과디아 공항을 이륙한 US 에어웨이스US Airways 여객기가 몇 분 후 거위 떼와 충돌했다. 충돌로 엔진 두 개가 고장 났고 조종사 체슬리 설렌버거Chesley Sullenberger는 재빨리 공항으로 돌아가지 못한다고 판단했다. 대안이 많지 않은 상태에서 그는 뉴욕에 있는 허드슨 강에 불시착하기로 결정했다.

새들이 비행기 터빈과 충돌하는 일은 자주 발생했지만 엔진이 고장나는 경우는 아주 드문 일이었다. 이런 일이 발생하면 조종사는 으레 하나의 엔진으로 착륙을 시도한다. 수많은 새 떼와의 충돌로 엔진 두 개가 고장 나는 일은 그야말로 지극히 드문 일이었다. 인구가 조밀한 맨해튼의 2,800피트 상공에서 엔진 두 개가 고장 나버리는 뜻밖의 사고에 대한 대비책을 세웠던 혹은 훈련을 했던 사람은 없었으리라. 설렌버거는 즉시 행동을 해야 했다.

예기치 못한 상황에 직면했을 때 차분하게 자신의 경험과 지식을 그러모아 익숙한 패턴을 찾는 것이 최선의 방법이다. US 에어웨이스의 은퇴한 조종사 존 윌리John Wiley는 그 당시 이런 말을 했다. "우선 처한 상황을 머릿속 사진으로 찍고서 그걸 자신이 잘 아는 형태로 바꿔야 해요. 그 강을 또 다른 활주로처럼 상상하는 거지요."

설렌버거는 1,549편 여객기를 맨해튼 한복판 근처의 강에 착륙시켰다. 승무원들은 승객들을 비행기에서 나오게 하여 강물에 떠 있는 여객기 날개에서 구조선을 기다리게 했다. 구조선은 빨리 도착했다. 당황해서 물속에 뛰어드는 사람이 생길 경우를 대비해 훈련받은 잠수부들이 탄 경찰 헬기가 그 위에서 맴돌았다.

1549편 여객기에 탔던 승객들은 모두 살았다. 전 세계 방송 기자들은 이를 '허드슨 강의 기적'으로 불렀고 설렌버거는 순식간에 영웅으로 떠올랐다. 그는 두 명의 대통령에게 전화를 받았고 슈퍼볼에서 기립 박수를 받았다. 그의 용단을 다룬 영화로, 클린트 이스트우드가 감독하고 톰 행크스가 차분하고 과묵한 조종사로 나오는 〈설리〉는 최고의 평점을 받았고 2억 달러 이상의 흥행 수익을 올렸다. 하지만 설리('설리'는 전투기 조종사 때부터 사용한 그의 호출명이자 애칭이다 - 역주)의 용단을 압축해서 설명한 사람은 그가 사는, 캘리포니아의 소도시 댄빌의 시장이었다.

"그에겐 결정을 내릴 시간이 2분 있었습니다. 저라면 그 시간에 제 이름도 말하지 못하는데 말이죠." 뉴웰 아르네리치Newell Arnerich 시장이 말했다.

비행기 사고는 흔치 않은 데다 끔찍하기 때문에 항상 사람들의 주목을 받는다. 우리는 이러한 사고 소식을 접하면 우리에게 통제권이 없다는 기분을 느낀다. 하지만 재난과 승리가 뒤섞인 그 사고에 우리는 더욱 주목하지 않을 수 없다. 이 사고는 어떤 위기든 우연적 원인으로 발생될 수 있지만 생존이라는 행운은, 다른 상황에서 행운을 결정하는 요소인 재능과 노력에 달려있다는 점을 떠올리게 해준다. 이 두 가지를 갖춘 사람은 우연히 닥친 위기를 통제하여 운 좋은 결과를 이끌어낼 수 있다. 설렌버거는 40년의 경험을 자랑하는 조종사였지만 정말 중요한 점은 새 떼와의 충돌에서 착륙까지의 208초 동안 그가 해낸 일이었다. 사람들은 평생에 걸쳐 행운을 만들기도 한다. 하지만 위기 상황에선 몇 초 만에 행운을 만들 수 있다.

만일 당신이 조종사가 아닌데도 비행하는 동안 운이 좋기를 바란다면 좋은 소식을 알려주겠다. 바로, 행운은 항상 당신 곁에 있다는 점이다. 나는 'Am I Going Down?'이라는 아주 흥미로운 앱을 발견했다. 이것은 당신이 다음에 이용할 비행기의 세부 정보를 제공하고 다양한 교통 위원회의 공식 자료를 이용해 비행기가 추락할 가능성을 알려주는 앱이다. 이 앱의 개발자는 처음에 비행을 두려워하는 아내를 돕기 위해 이 프로그램을 고안했다. 그는 비행을 두려워하는 사람이라면 수면제를 복용할 필요가 없고 그저 '사실을 제대로 알아야 한다'고 생각했다. 가령, 영국항공 747-400편으로 런던에서 뉴욕까지 간다면 비행기가 추락할 확률은 9백만 분의 1이라는 정보를 이 앱에서 찾을 수 있다. 그러니까 약 2만 5천 년 동안 매일 그 비행기를 타더라도 아무 문제가 없을 거라는 말이다. 그래도 신경 안정제가 필요한가?

나는 이에 대해 바나비에게 말해주었다. 그러자 바나비는 예전에 경비행기 세스나Cessna에 탄 적이 있는데 몇 천 피트 상공에서 엔진이 멎었다고 했다. 객실에 불길한 침묵이 흘렀고 그가 창밖을 보았을 때 프로펠러 한 개가 갑자기 멈추는 모습이 눈에 들어왔다. 그의 심장도 갑자기 멈추는 듯했다. 다행히 조종사는 엔진을 다시 작동시켰다.

좋은 소식이라면 대부분의 항공기 사고가 치명적이지 않다는 점이다. 한 조사에서 5만 3천 명이 관련된 민간 항공기 추락 사고에서 약 98퍼센트의 사람들이 생존한 것으로 나타났다 (솔직히, 경비행기 세스나의 경우 확률이 이보다 낮을 것 같다.) 만일 당신이 사고 현장에 있다면 행운을 만들 방법이 있을까? 2013년에 과학자들과 시험 비행 조종사들은 감지기와 충돌 실험용 마네킹으로 가득 찬 보잉 727기를 멕시코 사막에서 일부러 추락시켰다. 그렇게 해서 비행기 뒤편이 가장 안전한 자리라는 사실을 발견했다. 뒷부분에 앉은 승객의 약 78퍼센트가 살아남았고 앞에서 열두 번째 줄까지의 승객들은 많이 살아남지 못했다 (비행기 날개와 비슷한 선상에 있는 중간 자리에 앉은 승객들은 반 정도 살아남았다.) 연구원들은 비행기 꼬리부터 추락하는, 다른 유형의 추락 사고에선 다른 결과가 나온다는 점을 경고했다.

민간 항공기를 타다가 사망할 확률은 보통 470만 분의 1이다. 따라서 바나비는 일등석으로 업그레이드를 제안받아도 원래 좌석을 고수하는 편이라고 했다. 그는 이미 확률이 이렇게 낮기 때문에 자리를 옮기는 것이 별다른 차이를 만들어내지 못한다고 생각한다. 우리는 안전띠를 매는 것으로 운을 좋게 만들 수 있으며 혹시 비행기가 예상치 못한 착륙을 하면 충격에 대비를 해야 한다. 설리의 비행기에 탄 승객들은 그렇게 했다. 비행기에서 운을 정말 좋게 하고 싶은 사람이라면 안면 마스크나 대용량 퓨렐 손소독제를 가지고 탑승할 수도 있다. 몸에 세균이 침투하는 것이야말로 기내에서 가장 큰 위험일 수 있기 때문이다.

매일 수없이 많은 사람이 전국과 전 세계를 돌아다님에 따라 사람들은 아이디어와 획기적인 방법을 공유하는 데 그 어느 때보다 뛰어나다. 하지만 이에 따라 온갖 바이러스와 박테리아가 뒤섞인 일종의 거대한 항아리가 만들어졌다. 바나비는 이렇게 말했다. "세균이 몸에 침투하면 대부분 하루나 이틀 침대에서 앓다가 일어나기 마련인데 에볼라 같은 바이러스나 살을 파먹는 박테리아는 아주 치명적이죠. 전염병학자들은 그들이 대책을 찾기도 전에 조만간 5억 이상의 사람들의 목숨을 앗아갈 병원균이 등장할 거라며 우려하고 있어요."

우리가 심란한 생각을 하던 차에 바나비는 옥스퍼드 대학에 다닐 때부터 알던 뛰어난 과학자이자 수학자인 파디스 사베티Pardis Sabeti에게 전화를 걸었다. 사베티 박사는 DNA 구조의 변화를 질병과 싸우는 더 나은 방법과 연결하는 획기적인 연구로 20대 중반에 처음으로 학문적 명성을 얻었다. 현재 하버드 대학교 정교수이며 케임브리지에서 롤러블레이드를 타고 수업에 들어가며 얼터너티브 록 밴드에서 노래하는 교수로 알려져 있다.

사베티 박사는 2014년에 서아프리카에서 에볼라가 유행했을 때 한 팀을 이끌었다. 이 팀은 게놈 서열을 이용하여 이 치명적인 병이 어떻게 전염되는지 밝혀내려 했고 이 병을 확인하고 치료하는 방법을 알아내려 했다. 이 병은 그야말로 끔찍했다. 이 병과 맞서 싸울 백신이나 약이 없었다. 사람들은 전염되면 삽시간에 사망했다.

위기 상황에서 행운을 만드는 한 방법은 불운을 피하는 것인데 이렇게 하려면 명철하게 계획을 세워야 한다. "어떤 사람들은 보험에 들면 안 좋은 일이 발생해도 괜찮을 거라고 생각하지만 실은 그렇지 않거든요. 안심하려면 위기에 대비를 해야 해요. 최악의 시나리오를 생각하면 모든 것에 대비할 수 있어요. 에볼라 사태 때 사람들은 그 바이러스가 돌연변이를 일으키지 않을 거라는 전제하에 일을 하더군요. 이보다는 "돌연변이를 일으킬 수도 있는데 그렇다면 어떻게 해야 하죠?"라고 말하는 게 훨씬 바람직해요."

사베티 박사는 위기 상황에서 안일한 생각을 해서도 지나치게 걱정만 해서도 운을 좋게 만들지 못한다고 믿는다. 그래서 사람들에게 끊임없이 "두려워 말고 준비를 하세요"라고 말한다. 에볼라가 발생한 초기여서 미국으로 이 바이러스의 감염자가 들어오기 전 어느 날 사베티 박사는 하버드 대학교 최고 기부자들 회의에서 강연을 했다. "전 그 갑부들에게 집에서 21일 정도 지낼 수 있을 만큼 통조림 제품을 충분히 사두라고 말했어요. 그들을 공포로 몰아넣거나 불안감을 주려고 그런 말을 한 건 아니었어요. 만일 에볼라 사태가 빨리 해결되면 그 식품을 노숙자에게 주면 된다고 했고요. 이렇게 하는 것이 그저 모든 게 잘 될 거라고 생각하며 계속 기다렸는데 상황이 악화되는 것보다 더 낫지 않나요? 그렇게 되면 슈퍼마켓에서 서로를 때리는 영화 장면이 현실이 될 수 있어요."

사베티 박사는 전염병이 유행할 때 정보가 많을수록 운이 더 좋아진다고 생각한다. 세계적인 측면에서, 일반적으로 발견된 사실을 공유해야 공중 보건이 더 향상되는 것이 사실이다. 그리고 이는 개인에게도 마찬가지다. 우리는 현재 일어나는 일을 이해해야 적절한 조치를 취하고 집단 히스테리를 피할 수 있다. 현재 사베티 박사는 세계적 전염병 발생 감시 시스템을 개발하려고 노력 중인데 우선 첫 시작으로 하버드대 학생들이 전염병에 감염되었을 때 사용할 수 있는 앱을 만들었다. 그들은 이 앱에 자신의 증상을 입력하고 상태가 어떻게 악화될 수 있는지에 대한 정보를 얻는다. "전염병은 개별 진단을 내리기 어려워요. 전염병 발생시 99퍼센트의 경우 사람들이 그것에 대해 잘 모르고 그저 치명적이지 않기만 바라죠." 하지만 사베티 박사는 수많은 표본 추출로 정보가 공유되면 무익한 정보보다 유용한 정보가 많아진다고 했다. 그러면 그러한 전염병이 발생되기 시작했을 때 이를 알아차릴 가능성이 높아진다고 말했다.

"우리는 사람들에게 편리한 시스템을 원해요. 그래야 위기 상황에서 곧바로 그걸 이용할 수 있으니까요. 이건 예전에 제가 여행 중 받았던 유괴 방지 훈련 같은 건데…."

"그런 훈련을 받은 적이 있어요?" 나는 놀라서 중간에 끼어들었다.

"네, 여러 번 해봤어요. 사람은 위기에 처하면 시야가 좁아지고 논리적 판단을 못해요. 모든 것이 어둡게 보이죠. 그러면서 뭔가 시도하기도 전에 모든 걸 손에 쥐고 싶어 해요. 행운과 생존에서 가장 중요한 점은 자신이 통제할 수 있는 것과 없는 것을 이해해서 극심한 공포를 피하는 것이에요."

우리가 아무리 운 좋은 삶을 만들기 위한 기회를 잘 붙잡는다 해도 살다보면 우리를 허물어뜨리는 일들이 발생할 수 있다. 질병, 죽음, 정치적 격변, 유괴는 그동안 세운 최선의 계획을 무용지물로 만들어버린다. 상황은 흔히 예상치 못하게 변한다. 작가 조안 디디온Joan Didion은 남편이 심각한 심장 마비로 거실에서 쓰러진 직후 이렇게 썼다.

'삶은 빠르게 변한다.

삶은 순식간에 변한다.

저녁 식탁에 앉은 순간, 내가 알던 삶은 막을 내린다.'

디디온은 비극이 일상처럼 발생한다는 사실에 충격을 받았다. "우리는 끔찍한 불행에 갑자기 직면하면 상상도 못한 일이 너무 평범한 일상에서 일어났다는 사실에 주목하게 돼요." 그녀가 말했다. 비극은 그야말로 청천벽력처럼 발생할 수 있다. 2001년 9월 11일 아침에 하늘은 맑고 구름 한 점 없었다. 흔히 사람들은 그날 아침의 햇빛을 일종의 두려운 존재로 묘사한다. 큰 경고가 있어야 한다는 듯 검은 구름이 약간 드리워지며 뇌우가 살짝 발생하더니 항공기들이 세계 무역 센터와 펜타곤과 충돌했다.

사베티 박사는 개인의 불행이 구름 한 점 없이 맑은 날에도 찾아온다고 생각한다. 에볼라 사태가 발생한 지 얼마 후 사베티 박사는 세계 지도자들이 모인 한 학회에서 개회사를 해달라는 초청을 받았다. 이 학회는 정치인, 유명 인사, 실리콘밸리의 유명인, 세계적 지도자가 모두 모인 행사였다. 애쉬튼 커처와 멕시코 대통령이 미 상원 의원 코리 부커와 첨단 기술 회사의 CEO와 함께 모인 자리를 상상하면 된다. 그들은 오전에 유익한 강연을 듣고 오후에, 사베티 박사의 묘사에 의하면 광적이고 너무 위험한 스포츠 활동을 했다.

그러한 모임에서 기조연설을 하는 것은 중요한 일이다. 이 역할을 맡은 사베티 박사는 매일 한 시간 반씩 스트레칭과 물구나무서기 그리고, 그녀의 표현에 의하면 '유별난 짓'을 하며 그 날을 준비했다. 그곳에 모인 사람들은 사베티 박사의 말에 몹시 공감했고 연설이 끝나자 모두 그것을 주제로 대화하거나 그녀 주위에 모여들었다. "그들은 오후에 제가 무얼 해야 하는지 서로 이리저리 얘기를 나눴어요." 사베티 박사가 말했다. 처음에 사베티 박사는 오후 활동으로 밧줄타기를 계획했으나 이전 해 참가자 한명이 발목이 부러졌다는 사실을 알게 되자 그 계획을 포기했다. 그래서 4륜 오토바이 투어가 가장 안전한 활동이라는 말을 들었을 때 그걸로 바꾸었다.

"그 상황에서 전 사람들 말을 곧이곧대로 믿고 안전에 대해 여러 가지 구체적인 질문을 하지 않았어요. 우리가 길 위를 지나고 있었지만 그 길이 2백 피트의 비탈 옆이라는 걸 전 몰랐어요. 그러다 운전수가 제어력을 잃고 차에서 튀어나갔고 차는 비탈 쪽으로 굴러갔어요."

차에서 튕겨나간 사베티 박사는 바위에 부딪혀 골반과 무릎 뼈가 으스러졌고 머리 부상을 당했다. 몬태나에서 시애틀의 외상 치료 전문 센터로 옮겨진 사베티 박사는 4일에 걸쳐 25시간 동안 수술을 받았다. "의사들은 제가 살아날 확률을 5퍼센트에서 8퍼센트라고 말했어요. 이러한 다발성 외상을 당한 사람들은 대개 죽거든요. 전 불행한 사람들 가운데 운이 좋았던 사람인 거예요."

사베티 박사는 위기와 재난을 다루면서 자신이 겪었던 사고를 항상 떠올렸다. 그녀는 아무리 예측이 불가능한 상황이라도 평소의 준비가 도움이 된다고 생각한다. 워낙 건강했던 그녀였기에 조직이 빨리 재생되었고 몸의 회복력이 좋아 매일 수혈을 받으며 살아남았다.

"제 몸엔 뼈 고정 판이 40개 박혀있고 심한 뇌진탕으로 4개월 동안 글자를 못 읽었어요. 시력은 변했고 만성적 현기증을 앓고 있어요. 저 같은 상태인 사람들은 대부분 직장에 복귀를 안 해요." 사베티 박사가 말했다. 하지만 그녀는 연구소에 복귀했고 몇 달이 걸리긴 했지만 자신이 관심을 기울이는 아이디어들이 다시 넘쳐나고 있다.

지진, 허리케인, 비행기 사고, 에볼라 유행, 치명적인 사고 같은 재난이 발생한 이후에 생존자들의 삶이 이전과 같을 수는 없다. 생존자들의 상태는 완전히 변한다. 그들은 자신이 우연히 살아났다는 사실에 어리둥절해하면서도 자신의 행동이 운명에 영향을 끼쳤다는 사실을 깨닫고 약간의 경외심도 느낀다. 그들은 불행한 상황에서 운 좋은 생존자가 될 방법을 찾았다. 이러한 현실은 두려움을 느끼게 하면서도 정신을 번쩍 들게 한다. 사베티 박사의 육체적 고통은 사라지지 않을 수도 있다. 하지만 그녀는 자신과 타인을 위한 행운을 계속 만들어갈 것이다.

아무도 지진이나 허리케인을 경험하고 싶어 하지 않으며 호텔 화재나 비행기 추락이나 치명적인 사고로 좋은 결과가 발생하는 경우는 많지 않다. 운 좋은 생존자가 되는 것은 그야말로 우연처럼 느껴질 수 있다. 하지만 평소에 기꺼이 준비하고 차분히 생각하고 고도의 뇌기능을 쓰는 사람이라면 운명을 가를 수 있는, 매우 좁지만 운 좋은 가장자리를 차지할 수 있을 것이다.

5부

행운에 취하면
미래는 미리 당겨져 온다

무엇이든 인간의 본성이 될 수 있다.
사랑. 광기. 희망. 무한한 즐거움도.
아룬다티 로이 Arundhati Roy, 《작은 것들의 신》 저자

HOW
LUCK
HAPPENS

무엇이 행운의 삶을 만드는가

14장

자신에게 가능성이 많다는 점을 알아야 한다…
지도가 아닌 나침반을 들고 길을 찾아라…
앞을 바라보며 행운을 만들기.

어느 날, 바나비는 우리가 이룬 진전에 기뻐하며 행운 연구실에서 돌아왔다. 그는 우리가 많은 영역에서 행운의 기회를 만드는 방법들을 찾아냈다고 확신했다. 하지만 다음 단계로 그는 행운이 좀 더 큰 맥락에서 무얼 의미하는지 생각하고 있었다.

"이제 남은 큰 질문은 무엇이 운 좋은 삶을 만드는가 하는 점이에요. 지금까진 행운을 만드는 모든 요소들을 파악했으니 이젠 이 모든 것을 제대로 종합해야 해요."

우리가 다룬 모든 요소에는 직업에서의 성공, 자녀에 대한 확신, 사랑에 대한 열의, 힘든 날을 좋은 날로 바꾸는 능력 등, 스스로 다양한 방식으로 더 많은 행운을 만드는 일이 포함되었다. 이 모든 것은 우리가 앞날의 가능성에 대한 통제력을 느낄 수 있게 해준다. 하지만 이 모든 요소를 한데 모으면 더 큰 의미에서 무엇이 만들어질까?

"그건 약간 베이킹과 같아요. 소금, 밀가루, 물이 있다 해도 이를 어떻게 섞느냐에 따라 결과가 달라진다는 점에서 그래요. 흰 빵 한 덩어리가 될 수도 있고 고급스러운 할라(유대교에서 안식일에 먹는 흰 빵 - 역주)가 될 수도 있어요. 그러니 우리는 자신이 무엇을 더 좋아하고 무엇을 만들려고 하는지 알아야 해요." 바나비가 말했다.

내 눈에 바나비는 흰 빵이나 할라 같은 사람보다는 건포도와 양귀비씨(혹은 이처럼 특이한 재료)가 들어간 통밀빵 같은 사람이었다. 어쨌든 바나비의 말은 아주 타당했다. 우리가 행운과 삶의 여정에서 어디로 가고 있는지 모른다면 좋은 결실을 맺지 못할 것이다.

바나비는 몇 년 전에 삶의 의미와 목적이라는 깊이 있는 주제를 파고들면서 대학생들을 대상으로 조사를 실시했다. 그는 대학교가 인생의 큰 목표를 달성하는 데 얼마나 도움이 되는지 알아내고 싶었다. 하지만 그는 대부분의 학생들에게 인생의 큰 목표가 없다는 사실을 발견했다.

"학생들에겐 자신의 삶에서 무엇이 중요한가에 대한 큰 그림이 없었어요." 바나비가 말했다. 그가 미국 전역에서 만난 학생들은 졸업 후 미래에 대해 모호하게 말했다고 한다. 하지만 그가 본인이 구체적으로 생각하는 직업에 대해 묻자 학생들은 대개 불편한 침묵을 잠깐 보였다가 "구할 수 있는 일이라면 뭐든 해야죠"라든가 "돈 많이 버는 일이요" 같은 말을 했다.* 명확성 부재는 비단 직업과 관련된 것만은 아니었다. 그는 사람들이 자신은 결혼해서 바닷가에 집을 짓겠다든가 고향으로 돌아가 아픈 부모님을 돌보고 싶다는 등의 구체적인 계획을 말한다면 좋겠다고 했다.

"염원이 있을 때 그 염원을 현실로 바꾸기란 굉장히 어려워요. 행운을 만들려면 앞서 생각하고 자신에게 중요한 게 무엇인지 알아야 해요. 그렇지 않으면 강물이 데려다주는 대로 흘러가게 되거든요." 그가 말했다.

"그게 이른바 물 흐르는 대로 간다는 말이군요." 나는 웃으며 말했다.

"하지만 행운이 우리를 찾아오기 전에 우린 올바른 장소에 있어야 해요. 자신이 무엇을 목표로 하고 있는가는 결국 어디에 도달하는가와 큰 관련이 있어요." 바나비가 진지하게 말했다.

대부분의 사람들은 자신이 모든 것을 통제하지 못한다는 점을 이해한다. 바나비와 내가 실시한 설문 조사에서 사람들에게 행운으로 연결되는 삶의 요소가 무엇인지 물었을 때 '인생과 직업을 세심하게 계획한다'는 답은 맨 마지막 순위를 차지했다. 설문 참여자 가운데 50퍼센트가 훨씬 넘는 사람들이 지금까지 한 일이

---

* 사전 계획이 필요한 의대나 건축학부 같은 전문대학에 다니는 학생들은 유일하게 주목할 만한 예외였다.

효과가 없을 때 새로운 방향을 추구하면 행운을 얻을 수 있을 거라고 생각했다. 무려 64퍼센트에 이르는 사람들이 호기심을 갖고 새로운 기회를 찾으면 행운을 얻을 거라고 생각했다.

하지만 바나비는 중요한 세부 사항을 지적했다. 모든 것을 계획하지 못하며 새로운 기회에 마음을 열어야 한다는 응답자들의 생각은 전적으로 맞았다. 흔히 다른 사람들은 알아보지 못할 때 그러한 가능성들을 알아보는 능력이 있으면 행운을 얻을 수 있다. 바나비는 바로 이 점이 미묘한 부분이라고 지적하면서 주변에 있는 것을 알아볼 수 있으려면 어떤 정황이 존재해야 한다고 말했다.

바나비의 베이킹 비유로 돌아가 보자. 부엌에 밀가루, 물, 소금이 있다 해도 빵을 만들겠다거나 먹겠다거나 팔겠다는 등의 목표가 없으면 이 재료들은 그냥 재료일 뿐이다. 만일 당신이 키친에이드(KitchenAid, 미국의 주방 용품 브랜드 – 역주) 제빵 기구를 꺼내 빵을 만들기 시작하면 다른 모든 것을 보는 시각이 바뀐다. 당신은 행운의 마법이 발생할 수 있는 가능성들을 보게 된다. 몇 달 동안 보관장에 처박혀있던 말린 과일, 건포도, 초콜릿 조각이 든 봉지들이 갑자기 새로운 가능성을 띤다. 당신은 이 봉지들을 열어 한데 섞어서 근사한 빵을 만들어낸다. 만일 이 빵을 지역 축제에 가지고 나가 호평을 받는다면 당신은 집에 있는 재료로 만든 것뿐인데 운이 좋다고 겸손하게 말할 수 있다. 하지만 이를 계획된 행운이라고 생각하는 것이 더 정확하다. 당신은 어떤 결과를 미리 예상하지 않았지만 제대로 된 길에 일단 들어섰을 때(빵을 만들었을 때) 여러 기회에 기민해졌고 다른 사람들이 못 보는 기회를 포착했다.

빵을 만드는 일과 관련한 이러한 진실은 한 항공사의 설립에서도 찾아볼 수 있다. 바나비는 최근에 기본적인 서비스만 제공하는 항공사 에어아시아AirAsia를 설립한 기업가 토니 페르난데스Tony Fernandes를 만났다. 두 사람이 대화할 때 페르난데스는 자신이 성공을 거둔 것은 운이 좋아서라고 겸손하게 말했다. 그는 비행기를 타본 적이 없는 절반 이상의 아시아 사람들에게 저가 항공을 제공할 방법을 죽 생각해왔다고 바나비에게 말했다. 그는 시장에 진입할 적절한 시점을 찾고 있었다. 2001년 9월 11일의 비극 이후 비행기 임대비용이 급락했기에 시장에 진출하기가 훨씬 수월했다. 그의 말대로 운이 좋았다.

아니, 이 말이 맞지 않을 수도 있다.

"글쎄요, 바나비 씨는 2000년 말에 무얼 하고 있었는지 모르지만 여기서 전 항공사를 매입해야겠다는 생각을 못했는데요." 나는 바나비가 그 이야기를 해주었을 때 이렇게 말했다.

"그래요, 그가 성공한 건 운이 좋아서였다고 겸손하게 말했지만 사실 그는 계속 계획을 세워왔고 적절한 시기를 기다리고 있었어요. 그리고 상황이 되었을 때 그는 기회를 보고 행운을 붙잡았어요. 그 결과 갑부가 되었고요."*

---

* 페르난데스는 말레이시아 총리를 만나 파산한, 정부 소유의 항공사를 매입하는 문제에 대해 대화를 나누었다. 그는 승인을 받았을 때 주택 담보 대출도 받아가며 돈을 어렵게 모았다. 일 년 만에 빚을 모두 청산했고 이전에 없던 저가 항공을 사람들에게 선보였다.

한창 젊었을 때 나는 통과해야 할 시험이 연속되는 것이 인생이라고 생각했다. 그리고 결국 운 좋은 삶을 누리려면 열심히 노력하고 항상 A를 받아야 한다는 생각을 무의식적으로 했다. 하지만 20대 중반의 어느 시점에 나는 깨달았다. 인생은 학교생활과 같지 않다는 사실을. 강좌와 시험으로 이루어진 한결같은 길을 따라가면 결국 학사모와 가운이라는 승리를 거머쥐는 학교와 달리 사회에서 나는 직업, 사랑, 모험과 관련된 수많은 기회에 직면했고 그 기회들이 나를 어디로 이끌고 갈지도 알지 못했다.

나는 내 경험을 생각해보면 바나비가 인터뷰했던 대학생들이 왜 모호하게 답했는지 이해할 수 있다. 중산층 아이들에게 성공의 길이란 아주 분명하다. 그건 바로, 학교에서 공부 잘하고 SAT 점수를 높게 받고 대학에 합격하는 것이다. 하지만 고등학교 졸업 후에는 자신의 길을 스스로 찾고 자신의 운을 스스로 만들어야 한다는 사실을 깨달으면서 어른이 되어간다.

바나비는 무엇이 중요한가, 무엇이 행운의 삶을 만드는가에 대한 생각은 시간이 지나면서 변한다는 점을 지적했다. 고등학생 때 육상 경기에서 이기는 것이 당신에겐 세상에서 가장 중요한 일처럼 보였을 수도 있다. 하지만 그때 받은 1위 트로피는 이제 벽장 안쪽에 처박혀있을지 모른다. 수년 후 당신은 완벽한 결혼식 생각에만 빠져 수개월을 보냈지만 아이 네 명과 개 두 마리를 키우는 지금은 결혼식 날을 왜 그리 중요하게 여겼는지 기억나지 않을 수도 있다.

트로피와 결혼식은 운 좋은 삶의 일부일 수는 있다. 하지만 한 가지 사건은 좀 더 큰 그림의 일부가 되어야만 행운과 연결된다.

여배우 엠마 왓슨Emma Watson은 엄청난 성공을 거둔 영화 〈해리포터〉에서 헤르미온느 그레인저 역할을 맡으며 첫 연기를 선보였다. 엠마는 시간을 들여 다른 영화를 만들었고 브라운 대학교를 졸업했으며 여성 인권의 국제적 옹호자가 되었다. 이뿐만 아니라 그녀는 혼자 있을 때 항상 마음이 편안해지기 위해 요가와 명상 강사 자격증도 땄다고 한다. 〈프리키 프라이데이〉나 〈해리포터〉의 주연을 맡은 것은 하나의 사건이다. 그 사건을 행운의 삶으로 바꾸는지 아니면 불행으로 바꾸는지는 자신이 어떻게 하느냐에 따라 달라진다. 이는 그 사건 이후에 어떤 길을 가는가, 어떤 행동을 하는가에 달려있다는 말이다.

나는 위대한 재즈 음악가 마일스 데이비스Miles Davis가 생각났다. 그는 틀린 음 같은 것은 없으며 그 다음에 오는 음이 중요한 것이라고 말했다. 또한, 옳은 음 같은 것도 없다고 말했다. 멋지게 시작한 음이 시들하게 끝날 수 있고 무미건조하게 시작한 음이 한 곡의 노래가 될 수도 있다. 어떤 음으로도 반복 악절을 연주할 수 있는 것. 이를 재즈라 부른다. 이는 인생에서 행운을 만드는 능력이기도 하다.

재즈 클럽에서 한 음악가가 다른 음악가의 연주에 뒤이어 전과 다르게 더 긴 연주 혹은, 더 멋진 연주를 이어가는 것을 들을 때

황홀감을 느끼게 된다. 궁극적으로 중요한 것은 그 모든 음들이 서로 잘 어울리는가 하는 점이다.

행운에 이르는 길들은 때로 변화가 많은데 우리는 무의식적으로 삶이란 공평해야 한다고 믿는 듯하다. 그동안 고생해온 사람에게 좋은 일이 발생하면 우리는 안도의 한숨을 쉬며 "넌 그럴 자격 있어"라고 말한다. 우리는 유명인이 어떤 문제에 처했다는 이야기를 들으면 안됐다고 생각하면서도 아주 놀라지는 않는다. 그런 문제 때문에 그 유명인이 좀 더 인간적으로 보일 뿐이다. 아무도 모든 것을 다 가질 수 없다.

나는 행운의 길에 대해, 어떻게 그 길에 들어서거나 그 길에서 벗어나는지에 대해 생각하고 있었다. 그때 요르단의 탈랄 왕자가 전화를 걸어와 자신이 뉴욕을 방문 중이니 한번 만나자고 했다. 우리는 같은 국제기구에서 일했었기에 수년 동안 서로 알고 지냈다. 그는 아주 지적이고 인생을 속속들이 파악하고 있어 나는 그와의 대화를 항상 좋아했다. 그래서 세인트 레지스 호텔에서 커피를 마시자는 약속은 좋은 생각 같았다.

탈랄 왕자는 한 왕의 손주이자 또 다른 왕의 조카다. 그래서 나는 그의 앞에 앉았을 때 그가 별로 힘들지 않게 운 좋은 인생을 누려왔으리라는 생각이 들었다. 정의로 보자면 왕자는 운 좋게 태어난 신분 아닌가. 행운이 하늘에서 뚝 떨어진 것은 아니지만 어쨌든 가문 대대로 이어져온 것은 확실하다. 그는 간편한 차림새였지만 그에겐 결코 사라질 것 같지 않은 당당한 분위기가 있었다.

그는 내가 하는 작업에 대해 정중하게 물었고 그렇게 우리는 행운에 대한 대화를 시작했다. 그는 스스로 선택을 하고 자신의 운명을 만들어야 할 필요성에 대해 몇 가지 사려 깊은 말을 했다. 나는 내 커피잔을 만지작거리다가 마침내 왕자도(그는 평생 '왕자'라고 불려온 사람이었다) 자신의 행운을 스스로 만든다는 개념을 이해하는지 물어보았다.

"물론이죠." 그가 짙은 눈썹을 찌푸리며 말했다.

"어떤 사람들은 왕자라면 이미 행운이 주어진 신분이니 자신의 행운을 만들 필요가 없을 거라고 말할 거예요." 나는 조심스럽게 말했다.

그의 예리한 눈빛을 보니 그가 흔히 기자들이 에둘러서 "어떤 사람들은…"이라고 하는 말을 곧이곧대로 듣지 않는다는 점을 분명히 알 수 있었다.

"그게 제니스 씨 생각인가요?" 그가 물었다.

나는 목을 가다듬고 물을 좀 마셨다. "먼저 말씀해주세요." 내가 이렇게 말하자 그가 그렇게 했다.

그에게 행운이 통째로 주어졌을까? 완전히 그런 것 같지는 않다. 탈랄 왕자는 열여섯 살의 어느 날 홍해의 아카바 만으로 수상 스키를 타러 갔다. 그런데 보트 운전자가 방파제로 너무 가까이 가는 바람에 그는 방파제와 엄청난 힘으로 충돌하고 말았다. 신체 내부에 심각한 손상을 입은 그는 휴스턴 메소디스트 병원에서 8개월 동안 입원했다. 그는 그곳에서 죽음을 넘나들며 간의 절반과 폐의 일부를 잃었다.

"병원에서 8개월을요?" 내가 물었다.

"그러한 상황에 놓이면 앞날을 내다보지 못하고 그저 하루하루를 연명하게 돼요." 그가 말했다.

그는 아무리 왕족이라 해도 누군가 자신의 목숨을 구해주리라고 기대할 수 없었다. 8개월 동안 그는 하루하루를 버텨내었고 결국 살았다. 그는 퇴원을 했고 영국 왕립 육군 사관학교를 졸업한 후 다시 대담무쌍한 사람이 되었다. 방파제 사고가 난 지 10년 만에 그리고, 예쁜 기다 공주와 결혼한 지 단 6개월 만에 그는 또 다시 큰 시련을 맞았다. 바로, 비호지킨 림프종이라는 암 진단을 받은 것이다. 그가 첫 번째 사고 이후 받아온 약물 치료가 그 암의 원인일 수 있었고 아니면, 적어도 상태를 더 악화시킬 요인일 가능성도 있었다. 그래서 그는 다시 병원에 입원해 광범위한 치료를 받았다.*

---

* 물론 탈랄 왕자는 왕족 집안 덕분에 그 나라에서 쉽게 받지 못하는 최상의 의료 서비스를 받았다. 나중에 그의 아내는 킹 후세인 암 센터King Hussein Cancer Center 이사장이 되었고 이곳을 국제적으로 인정받는 기관으로 만드는 데 기여했다. 그녀는 나와 대화를 할 때 요르단의 모든 사람이 남편이 받았던 것과 같은 양질의 치료를 반드시 받을 수 있게 해줄 거라고 말했다. "남편이 암이었을 때 저는 미국으로 갈 수 있는 특권을 누렸어요. 그래서 전 다른 아내들도 다른 어머니들도 다른 자매들도 저처럼 희망을 품을 수 있게 해주는 데 관심이 굉장히 많아요. 그들의 눈물은 제 눈물과 같고 그들의 사랑은 제 사랑과 같아요." 그녀가 말했다.

"그 나이에 가장 원하는 건 그저 목숨을 건지는 것이기 때문에 모든 에너지를 거기에 쏟을 수밖에 없어요." 그가 말했다.

나는 그가 말할 때 행운을 만드는 것이 왜 내게 그렇게 강렬한 화두였는지 깨달았다. 이는 행운을 만들려면 누구나(어떤 사람이든, 출발점이 어떠하든지 간에) 그 원리를 따를 수밖에 없다는 사실 때문이었다. 우연한 사건은 발생하기 마련이며 이때 우리는 이를 어떻게 처리해야 하는가라는 선택에 직면한다. 이 순간 우리가 보이는 노력, 회복 탄력성, 결단력, 끈기는 운 좋은 삶으로 이끌어줄 수 있다. 탈랄 왕자는 굴복하거나 포기하지 않았다. 그는 또 다시 병과 싸워나가며 자신의 삶과 신체를 다시 만들어갔다. 그는 예전에 선택했던 길로 다시 돌아가 군인이 되어 높은 자리까지 올라갔다. 그는 내가 본 사람들 가운데 자세가 가장 꼿꼿했고(마치 내 자신이 실제 그러지 않는데도 구부정한 것 같은 기분이 들 정도였다) 변함없이 당당한 태도를 보였다.

"마라톤을 하신다고 들었어요." 내가 말했다.

그는 양미간을 펴며 살짝 웃었다. "마라톤을 항상 좋아하는 건 아니지만 계속하는 게 가장 좋다고 생각해요." 그는 우아한 영국 악센트로 말했다.

현재 탈랄 왕자는 근육이 붙은 호리호리한 체구로 강인하고 건강하다. 이러한 상태는 행운이 아니라 노력으로 이루어진다.

"전 제 임무와 책임을 진지하게 받아들여요." 그가 말했다.

나는 몇 년 전 한 행사에서 탈랄 왕자를 처음 만났을 때 그가 특권과 행운을 누리며 나는 상상만 할 수 있는 어떤 운 좋은 엘리트 집단에 속해있는 사람이라고 생각했다. 그는 금 소재 커프스 단추와 포켓스퀘어(pocket square, 신사복 가슴 주머니에 장식하는 사각형 천 - 역주)로 장식된, 선이 완벽하게 잡힌 영국식 맞춤 양복 차림이었다. 그때는 그의 사고나 암에 대해 몰랐고 삶이 송두리째 뒤집혔을 때 이를 극복하기 위해 그가 보였던 진정한 강인함에 대해서도 알지 못했다. 나는 이제야 이해하게 되었다. 왕자가 되었건 왕이 되었건 간에 행복한 삶이 보장된 것은 아니라는 사실을. 이러한 사람들도 다른 모든 이와 마찬가지로 스스로 자신의 행운을 만들어야 한다. 탈랄 왕자는 무엇이 되었건 자신의 타고난 이점들은 쉽게 사라질 수 있다는 점을 깨달으면서 운 좋은 길 위에 들어서게 되었다. 우리가 자신과 가족을 위한 행운의 미래를 만들기 위해 분투할 때 그러한 미래를 맞이할 가능성은 아주 커진다.

나는 다음번에 바나비를 만났을 때 탈랄 왕자와의 대화를 말해주었다. 어떤 사람을 겉으로 볼 때 그 사람에게 해당되는 행운의 원천을 오해하기 쉽겠다는 생각이 들었다. 탈랄 왕자가 집안 배경과 직함을 넘어서서 불굴의 용기로 자신의 행운을 만들었다는 내 생각은 맞은 걸까? 아니면, 나는 그의 당당한 매력에 매료된 걸까?

"아뇨, 그 생각은 맞아요." 바나비는 생각에 잠긴 표정으로 고개를 끄덕거렸다. "사람은 하나의 사건으로 행운을 얻지 못하죠. 설령 그것이 타고난 집안 배경이라고 해도 말이에요." 왕족 집안 출신이라는 것은 어릴 때 디즈니 영화의 주연으로 발탁되는 것과 비슷하다. 비슷한 상황에서 나중에 린지 로언처럼 될 수도, 엠마 왓슨처럼 될 수도 있다.

"행운의 삶을 만들 때 모든 것이 지금 발생하는 아주 많은 일들에 달려 있어요. 누구의 인생이든 각각 행운으로 연결되는 인과 구조들이 엮어 큰 고리가 만들어지죠."

그때그때 상황에 맞게 대처하는 것은(각각의 연결 고리를 제 자리에 맞추는 것은) 행운의 가능성을 높이는 한 방법이다. 하지만 앞으로 어떤 일이 일어날지 예측하려고 노력한다고 해서 행운의 가능성이 높아지는 것은 아니다. 매일 수많은 가능성이 우리 주위를 맴도는데 우리가 한두 가지의 사소한 변화만 보여도 새롭고 예상치 못한 결과가 발생될 수 있다. 과학자들은 이를 '카오스 이론'이라 부른다. 수학자이자 기상학자인 에드워드 노턴 로렌츠Edward Norton Lorenz가 컴퓨터 프로그램을 이용해 날씨를 예측했는데 그 예측이 완전히 빗나간 것으로 드러났을 때 처음으로 이러한 현상을 설명했다. 로렌츠는 프로그램에 입력하는 초기 값의 아주 미세한 변화가 이후에 모든 것을 바꾸었다는 결론을 내렸다.* 이는 그

---

* 그는 초기 값으로 .506을 입력했는데 나중에 자신이 .506127을 입력했어야 했다고 말했다.

때까지 나온, 일기 예보가 잘못된 이유에 대한 설명들 가운데 가장 정교한 설명이었을 것이다.

로렌츠는 초기 조건의 아주 미세한 변화가 점점 증폭되어 이후에 발생되는 모든 것을 바꾼다는 점을 보여주었다. 그는 브라질에서 나비 한 마리의 날갯짓이 텍사스에서 토네이도를 발생시킨다는 이미지를 제시했는데 현재 이 이미지는 자주 인용되고 있다. 나비는 날갯짓으로 공기를 아주 살짝 바꿀 정도로 분자를 휘젓는다. 이러한 변화는 점점 커지며 다른 나라로 이동하고, 어느새 불안정한 공기가 텍사스의 부자 동네를 휩쓰는 토네이도로 발전한다. 어쩌면 이 토네이도로 전직 대통령 집이 뒤집히고 폐허 속에서 그를 구해야만 하는 상황이 펼쳐질지도 모른다.

"왜 이런 일이 일어났지? 내가 뭘 잘못했기에?" 그는 이렇게 물을 수 있다.

그가 살면서 잘못한 일들의 목록은 길 수도 짧을 수도 있지만 어쨌든 이는 토네이도나 사고 잔해나 그가 이제 집 없는 사람이 되었다는 사실과 전혀 상관없다.

비현실적으로 들리는가? 종종 있는 일이지만 한 공상 과학 소설가가 과학자들보다 한 발 앞섰다. 작가 레이 브래드버리Ray Bradbury가 쓴 단편 《천둥소리A Sound of Thunder》에서 한 무리의 사냥꾼들이 공룡 시대로 되돌아가는 여행을 한다. 그들이 역사를 뒤엎지 않는 선에서 상황이 전개된다. 가령, 그들은 어떤 공룡이 실제로 죽을 시기가 되었을 때에만 그 공룡을 쏜다. 하지만 그들은 그 여행 후 원래 살던 시기로 되돌아갔는데 현재가 바뀌었다는 사실을 발견한다. 최근에 치른 선거 결과에서도 다른 후보자가 이긴 상태였다. 한 사냥꾼은 자신의 부츠에 나비 한 마리가 으스러져 붙어있는 것을 발견한다. 이어서 그 오래전 그 나비의 죽음이 선거 결과를 바꾸어놓게 된 변화의 시초였다는 사실을 깨닫는다.

나는 바나비에게 카오스 이론 때문에 행운에 대한 우리의 이론이 문제가 되는 것은 아닌지 주저하며 물었다. 만일 나비 한 마리의 날갯짓이나 부츠에 짓눌린 나비가 토네이도와 선거 결과에 영향을 줄 수 있다면 어떻게 우리가 우리의 삶과 행운을 통제할 수 있으리라고 기대하겠는가?

바나비는 진지한 태도로 의자를 앞으로 끌어당겼다. "우리는 사람들이 나비 효과에 대해 이야기하는 것을 들을 때마다 그것 말고도 작용하고 있는 것이 수도 없이 많다는 사실을 기억해야 해요. 그러니까 날갯짓을 하는 나비가 수없이 많다는 거죠! 이 모든 것은 후속 효과를 낼 수 있지만 그 과정에서 우리에겐 상황에 영향을 주고 변화를 줄 수 있는 기회가 많이 있어요."

나는 미소를 지었다. 그렇지! 설령 그 나비가 어떤 점에서는 폭풍우를 일으키더라도 우리에겐 토네이도에 안전한 집을 짓거나, 나쁜 날씨가 발생하지 않는 지역에 살기로 선택할 기회가 있다.

"최악의 경우는 자신이 그 무엇도 통제하지 못한다고 느끼고 시도하는 것을 두려워하는 거예요. 그렇다면 자신의 운명은 나비에 휘둘리게 되는 거예요. 혹은 다른 사람들에게 휘둘리는 거예요. 어떤 일이 벌어지길 마냥 기다리면서 좋은 건 좋은 거고 나쁜 건 나쁜 거니 내가 할 수 있는 일이란 없다고 말하는 어리석은 사람은 되지 말아야겠죠. 나비가 토네이도를 일으킬 수 있을 때는 그 과정에서 그 누구도 아무것도 하지 않을 때에요." 바나비가 말했다.

"그러한 태도가 정말 맘에 들어요!" 나는 환하게 웃으며 말했다.

그 화제에 대해 열정적이었던 바나비는 좀 더 빠른 속도로 말을 하기 시작했다.

"우리에겐 상황을 바꿀 기회가 아주 많이 있어요. 지금 내가 받은 카드가 앞으로 카드놀이를 할 때 계속 써야만 하는 카드는 아닌 거예요. 그 카드를 바꾸기도 하고 어떤 걸 쥐고 어떤 걸 버릴지도 내가 결정해야 하죠."

바나비는 대부분의 사람들이 하는 가장 큰 후회는 과거를 돌아보았을 때 자신의 잠재력을 끌어낼 만큼 최선을 다하지 않았다고 느낄 때라는 점을 지적했다. 행운을 얻는 사람들은 모험을 무릅쓰며 대담하게 목표를 달성하기 위해 최선을 다하는 사람들이다. 시도를 전혀 하지 않는 것보다 시도를 해보고 실패하는 것이 훨씬 가치 있다.

"올림픽 달리기 경주에 나갔다가 금메달을 수상하지 못했다 하더라도 적어도 올림픽에서 뛰어본 거잖아요. 만일 시도도 안 해보고 항상 그때 출전했다면 어땠을까라는 생각에 빠져있다면 엄청난 후회와 비애를 느낄 수밖에 없어요."

이러한 후회를 피한다는 것은 목표를 설정하고 궁극적으로 스스로 운이 좋다고 느끼게 해줄 것이 무엇인지 제대로 아는 걸 의미한다. 이는 한 가지 길을 따라가며 거기에만 머물러야 한다는 의미가 아니지만 어쨌든 자신이 향하고 있는 곳을 잘 알아야 한다. 나는 바나비에게 기업가이자 MIT 미디어랩 소장인 조이 이토Joi Ito가 한 말이 떠올랐다고 말해주었다. 그는 지도보다 나침반을 들고 인생을 탐험하는 것이 낫다고 말했다. 나는 그 말로 연상되는 이미지가 마음에 들었고 그렇게 하는 것이야말로 행운을 얻는 방법이라는 생각이 들었다. 나침반을 갖고 있으면 자신이 가고 싶은 전반적인 방향을 알아야 하며 구불구불한 길을 지날 때는 방심하면 안 된다. 지도를 갖고 있으면 따라가야 할, 정해진 길을 알수 있지만 걷는 과정에서 행운으로 연결되는 굽이 길을 놓칠 수도 있다.

"맞는 말이에요. 예전에 조이와 함께 일한 적이 있어요." 바나비가 말했다. "조이는 천재이고 첨단 기술 세계에서 변화의 엄청난 속도에 대한 말을 자주 했던 사람이에요. 흥미로운 건 시대가 빨리 변할수록 그 나침반 이미지가 유의미하게 느껴진다는 거예요."

빨리 변하는 세상에서 행운을 만들려면 자신이 어디로 향하고 있는지 전반적으로 파악하고 있으면서도 융통성을 발휘하고 중간에 돌아갈 수도 있어야 한다. 올바른 방향으로 간다는 것은 반드시 내비게이션에 나온 점선을 따라가는 것을 의미하지 않는다. 모든 사람이 그 길로 간다면 당신은 다른 길을 선택하고 싶을 수도 있다.

　나침반을 들고 길을 가려면 좀 더 대담해야 하지만 그렇게 할 때 조이 이토가 말한 행운의 기회를 얻을 수 있다. 운동을 엄청 좋아하는 남편과 나는 숲에서 종종 하이킹을 하는데, 확실히 남편은 나침반 같은 사람이다. 남편은 목적지가 어디인지 잘 알지만 자기만의 길로 그곳에 이르고 싶어 한다. 최근에 우리는 운치 있는 산길에서 하이킹을 했다. 그때 나는 돌출된 나무뿌리, 땅바닥에서 들뜬 돌, 날쌘 뱀이 나올까 걱정하며 고개를 숙이고 앞으로 내딛는 내 발만 내려다보았다. 나는 우리가 어디로 향해가고 있는지도 모른 채 다음 발걸음만 생각하며 남편 뒤를 따라갔다.

　"그 멋진 매를 봤어?" 남편은 가파른 오르막길 꼭대기에 다다르자 뒤를 돌아보며 물었다.

　"아니."

　"아까 스트로브 잣나무 구역을 지날 때 우리 바로 위에서 원을 그리며 날았잖아."

　"스트로브 잣나무?"

　"그래, 폭포 지나서 바로 나왔잖아."

　"어떤 폭포?"

　내가 신발 등만 내려다보는 동안 남편은 앞과 위와 온 주위를 바라보는 기술을 온전히 발휘했다. 그랬기에 운 좋게 경치들을 눈에 담았다. 남편은 내가 놓친 경험을 했다. 우리가 인생길을 걸으며 밑만 내려다본다면 행운을 얻을 기회를 놓치게 된다. 당신은 어디로 향하고 있는지 알고 있고 이런 저런 방법으로 그 지점에 도달하리라고 확신한다면 멋진 매를 보기 위해 잠시 멈추더라도 결국 산의 정상에 이를 수 있다.

한 길을 가다가 적절한 때에 다른 길로 바꾸어 가는 것은 인생의 전 여정에서 행운을 만드는 좋은 방법이 될 수 있다. 하지만 대부분의 사람들은 미래를 약간 근시안적인 시각으로 본다. 우리에겐 매일 처리해야 할 일들이 있다. 문제를 해결해야 하고 고된 직장 일을 해야 하며 아이에게 간식을 주고 숙제를 도와주고 아이가 한밤중에 깨면 달래주어야 한다. 우리는 이렇게 당면한 문제들을 해결하면 다행이라고 느낀다. 바나비가 만났던 수업, 맥주, 축구 경기 같은 당면한 일에만 신경을 쓰는 대학생들처럼 우리는 미래가 오리라는 걸 알지만 그 미래가 어떻게든 될 거라고 생각한다.

"그건 마치 《이상한 나라의 앨리스》에서 앨리스와 체셔 고양이가 나누는 대화 같아요. 앨리스는 놀랄만한 곳에 가고 싶어 하는데 그곳이 정확히 어디인지 모르니까 고양이가 그냥 계속 걸어가면 어디든 도착할 거라고 말하잖아요." 바나비가 말했다.

재미있는 대사지만 대부분의 사람들이 이렇게 한다. 인생이 어떻게든 흘러갈 거라고 생각하며 그냥 걸어간다는 말이다. 행운을 만드는 데 열정적인 사람들은 체셔 고양이의 조언을 무시하고, 자신이 도달하고 싶은 좋은 곳을 잘 아는 상태로 목적지를 향해 간다. 바나비의 말처럼 그들은 계획을 세우고 그것을 고수하며 설령 계획이 실패하더라도 다른 일을 그리고, 또 다른 일을 시도한다. 그러다 마침내 과거의 실패들을 성공의 원동력으로 잘 엮어낸다.

바나비는 얼마 전 캘리포니아에서 열린 학회에 다녀온 상태였다. 그곳에서 그는 새로운 방향으로 가야 할 때를 제대로 파악해 인생에서 행운을 만든, 인상적인 사람들을 몇 명 만났다고 했다. 그 가운데 한 명이 20세기폭스의 전직 제작 사장이자 파라마운트 픽쳐스의 CEO인 쉐리 랜싱Sherry Lansing이다.

"랜싱을 만나서 정말 좋았겠어요. 항상 제 롤모델이었는데!" 내가 말했다. 랜싱은 여성이 성공하기 쉽지 않은 시대에 스스로 자신의 행운을 만들었다. 쉐리 랜싱은 할리우드 제작사의 첫 여성 사장이 되었고 〈위험한 정사〉, 〈타이타닉〉 등 수많은 성공작을 선보였다. 랜싱은 그녀와 동종 업계에 있는 모든 여성에게 귀감이 되었으며 창의적이고 친절하고 아름다운 여성으로도 유명했다.

"랜싱은 외모도 그렇고 모든 게 여전해요. 사실 눈부시던데요. 학회실로 들어올 때 랜싱에게 빛이 나는 듯했어요."

"그렇게 말해주지 그랬어요." 내가 말했다.

랜싱은 60세가 되었을 때 예상치 못한 일을 했는데 바로, 화려한 할리우드의 삶에 마침표를 찍은 것이다. 사람들은 충격을 받았다. 아무도 마땅히 그래야 하는 상황이 되기 전에는 세간의 주목과 자신의 영향력을 포기하지 않는다. 하지만 랜싱은 그 자리에서 내려오기로 결심했다.

"아무리 지금 하는 일을 좋아하더라도 그걸 내려놓고 새로운 길로 가야 할 때를 알아야 해요."랜싱은 바나비에게 이런 말을 하고서 약간의 조언을 해주었다. "변화는 사람을 젊게 해줘요. 그러니 변화를 결코 멈추면 안돼요."

같은 일을 되풀이해서는 행운의 삶을 만들지 못한다고 판단한 랜싱은 암 퇴치와 공교육 쇄신을 위한 여러 프로젝트에 참여했다. 10여 년이 지난 지금 랜싱은 한때 영화 제작에서 찾았던 즐거움을 여러 가지 새로운 방향에서 찾고 있다. 이 때문에 그녀는 현재 행복하며 여전히 빛을 발한다.

바나비는 그 학회에서 아리아나 허핑턴Arianna Huffington과도 대화를 나누었다. 허핑턴은 무일푼으로 자신의 이름을 딴 허핑턴 포스트를 창립해 나중에 AOL(미국의 인터넷 서비스 업체 - 역주)에 3억 1,500만 달러에 매각했다. 랜싱과 마찬가지로 허핑턴은 운 좋은 삶의 방정식에는 적절한 때에 가던 길을 바꾸는 것이 포함된다는 사실을 이해하고 있었다.

과단성 있는 허핑턴은 살면서 많은 길을 지나왔다. 작가에서 운동가, 국회의원 아내, 캘리포니아 주지사 후보, 보수 언론인, 진보 언론인에 이르기까지. 하지만 그녀는 〈허핑턴 포스트〉로 세계적으로 인정을 받았다. 그녀는 바나비에게 예전에 매일 열여덟 시간씩 일했노라고 말했다. 하지만 어느 4월의 오후에 탈진으로 책상에서 쓰러졌고 그 바람에 머리가 책상 모서리에 부딪히며 광대뼈가 부러졌다. 그녀의 다음 기억은 피가 흥건한 바닥에 자신이 있었고 '이런 게 성공이란 말인가?'라는 생각을 했다는 사실까지였다.

허핑턴은 랜싱과 마찬가지로 삶에 다른 의미를 부여할 무언가에 초점을 맞추어야 할 때라고 결심했다.

"전 길을 걸으면서도 전화를 하거나 문자 메시지를 봤어요. 그러다 어느 날 소호에서 제가 사는 곳 근처를 둘러보다가 가장 아름다운 건물을 발견했어요. 친구에게 그 건물이 언제 들어섰냐고 물어봤더니 1929년이라고 하더라고요. 전 그것 말고 내가 놓친 게 뭐가 있나 생각해봤어요." 그때 허핑턴은 주의를 기울이지 않으면 기분을 좋게 만들어주는 아름다운 건물 같은 소소한 것들을 놓치기 쉽다는 생각을 하게 되었다. 어쩌면 건강한 삶을 위한 기본 요소 같은 중요한 것들도 놓칠 수 있다.

"전 기진맥진하도록 일하는 데 너무 익숙해져있었는데 바닥에 쓰러진 사건을 계기로 제 삶을 들여다보면서 다시 생각해볼 수 있었어요." 허핑턴이 말했다. 그녀는 재정적 성공과 함께 정신적, 정서적으로도 일종의 행운을 얻게 되었다. 그러면서 허핑턴 포스트를 떠나 스라이브 글로벌Thrive Global로 명명한 회사를 통해 건강과 균형을 전파하기 위한 새로운 길에 들어섰다. 그녀는 사람들에게 수면을 더 취해야 한다고 권하는 캠페인도 벌였다. 어쩌면 행운이란 좋은 꿈과 함께 올지도 모른다.

가던 길을 갑자기 바꾸는 방식으로 행운을 만든다는 것에 대해 계속 생각하고 있었다. 그러던 차에 몇 달 전 센트럴 파크에서 바나비와 산책을 했던 코넬 대학교 빅터 니 교수가 바나비에게 다시 전화를 걸어와 첨단 기술 회사에 대한 조사에서 자신이 이룬 진전에 대해 말해주었다. 그는 성공의 한 가지 지표는 회사가 '사고의 전환'을 빨리 할 수 있는 능력이라는 점을 발견했다.

"첨단 기술 회사의 기반은 끊임없이 바뀌어요. 6개월 전에 유망했던 것이 이젠 구식이 되어버리죠. 새로운 시장의 핵심 역량을 재해석하는 능력이 갈수록 중요한 기술이 되어가고 있어요." 빅터 교수가 말했다. 그는 이전에 우리에게 설명했던 '지식의 확산'을 새롭게 활용하는 일이 중요하다고 했다. 우리는 어떤 새로운 길을 선택하든지 간에, 한 상황에서 습득한 지식을 이와 관련 없는 다른 상황에서 성공과 행운을 발생시키는 데 활용할 수 있다.

첨단 기술의 천재나 언론계 거물만이 사고 전환의 가치를 볼 줄 아는 것은 아니다. 바나비는 대부분의 사람들이 살아가면서 자연스럽게 사고의 전환을 한다고 지적했다. "대학 생활을 성공적으로 마친 후 직업을 구하기도 하고 부모가 되기도 하죠. 새로운 형태의 행운을 만들기 위해 방향을 바꾸는 다양한 시점들이 존재해요."

예전에 바나비가 누구나 살면서 맞닥뜨리는 언덕과 골짜기를 보여주기 위해 거꾸로 뒤집은 V모양을 내게 그려줬던 것을 기억하는가? 지금 그는 내게 언덕을 올라 한 영역에서 행운을 만드는 과정에는 그 언덕을 다시 내려오는 일도 포함된다는 사실을 상기시켜주었다. 한 봉우리에서 다른 봉우리로 곧장 점프하려고 시도하는 사람도 있겠지만 운 좋은 삶에는 두 정상 사이에 놓인 시간들도 포함된다.

운 좋은 삶을 만든다는 것은 현재 위치에 감사하면서도 새로운 기회를 위해 앞을 바라볼 줄 아는 것을 의미한다. 우리에겐 삶이 변화함에 따라 새로운 도전을 발견하고 새로운 장소에서 행운을 발견하는 용기가 필요하다.

이는 운 좋은 삶을 만들기 위한 좋은 출발점이다. 하지만 우리에게 필요한 것이 한 가지 더 있었다. 바나비와 나는 그것이 무엇인지 알아낼 생각이었다.

15장 | 자신이 운 좋은 사람이라고 생각하는가?

스스로 운이 좋다고 믿어라…
성공과 실패를 똑같이 대하라…
자신이 행운을 만들 수 있다고 믿어라.

어느 날 길을 걸으며 깨달았다. 바나비와 함께 행운을 조사하며 많은 시간을 보낸 이후 내가 예전보다 좀 더 운이 좋다고 느낀다는 사실을. 그동안 나는 기회를 알아보고, 사려 깊은 행동을 하며, 다른 사람들이 그만둘 때 끈기 있게 나아가라고 나 자신을 격려해왔다. 나는 우리가 삶의 모든 측면을 때로 우리가 인지하는 것보다 더 많이 통제할 수 있다는 사실에 고무되었다. 우리가 어떤 사람이든지 간에 행운은 거저 주어지지 않는다. 행운이 발생하도록 스스로 노력해야 한다.

하지만 나는 좀 더 원대한 관점에서 무엇이 행운을 만드는가라는 바나비의 질문에 여전히 강한 흥미를 느꼈다.

그래서 다음번에 만났을 때 나는 그 질문을 바나비에게 해보기로 했다.

"행운의 삶이란 무엇인가요?" 내가 물었다.

"자신의 꿈과 잠재력을 깨닫는 삶이라고 봐요." 바나비가 이 말을 하고 나를 보더니 웃음을 터뜨렸다. "빨리 답했는데 만족스럽지 못한가봐요?"

"그래요." 내가 동의했다. "한번 이렇게 생각해보세요. 행운의 삶이라는 측면에서 바나비 씨의 롤 모델은 누구인가요? 지금 당장이라도 기꺼이 자리를 바꿀 수 있는 그런 사람 말예요."

바나비는 잠시 허공을 응시했다. 나는 그가 머릿속으로 다양한 가능성들을 쭉 확인하고 있다는 점을 알 수 있었다. 나는 아이스티를 홀짝거리며 기다렸다. 결국 나는 그가 최근에 만났던 엄청난 갑부 두 명을 언급했다. 그들은 개인 전용기로 이동하고 자기가 소유한 섬을 방문하며 자신의 대저택에서 회의를 하는 사람들이었다. 바나비는 많은 갑부를 알고 있다. 이들 가운데 많은 이에게 자선 사업으로 큰 영향을 끼치는 방법을 조언해주었기 때문이다. 행운의 삶을 누려온 사람들을 찾는다면 우선 그러한 사람들이 생각날 것 같았다.

"전 그들을 좋아하고 그들이 가진 자산으로 세상에 할 수 있는 일에 대해 감탄해요. 하지만 그들도 한 개인으로서 다른 사람들처럼 현실과 고투하며 살아요." 바나비는 한 사람은 이혼을 여러 번 겪었고 또 한 사람은 다 큰 자녀 때문에 골머리를 앓고 있다고 말했다. "그들은 어떤 면에선 엄청난 성공을 거두었지만 모든 면에서 남들보다 더 운 좋은 삶을 만들었을까요? 그건 모르겠어요."

"그러면 그걸 알아보기 위해 아내와 딸들을 그런 삶과 바꿔보고 싶은 의향은 없는 건가요?"

"당연히 없죠!" 그가 웃으며 말했다. "전 이미 운 좋은 사람인 걸요!"

우리가 전국적으로 실시한 설문 조사의 마지막 질문은 '당신은 스스로 운 좋은 사람이라고 생각합니까?'였다. 약 67퍼센트의 사람들이 그렇다고 응답했고 33퍼센트의 사람들이 아니라고 응답했다. 바나비와 나는 사람들로 하여금 자신이 남보다 더 운 좋은 사람이라고 여기게 만드는 특정한 요소가 있는지 궁금했다. 그래서 바나비는 인구학적 차이를 찾기 위해 데이터를 분석했지만 아무것도 발견하지 못했다. 자신을 운 좋은 사람이라고 생각하는 것은 사는 지역, 자신이 버는 금액, 자신의 성별, 결혼 여부와 관련이 없었다.

이렇게 외부적 요소가 스스로 운 좋은 사람이라는 인식에 영향을 주지 않는다면 자신을 운 좋게 만들어 주는 요소는 그저 스스로 그렇다고 느끼는 생각일까? 자신의 태도와 긍정성과 희망적인 생각은 자신이 운 좋은 인생을 살았는지 정의하는 궁극적인 요소일 수 있다.

나는 다음날 저녁 한 와인 시음회에서 로제 와인을 홀짝이며 이 부분에 대해 곰곰이 생각했다. 남편의 친구로 사교적이고 유쾌한 의사 마이클 노코모비츠가 준비한 시음회였다. 시음회 장소는 흥미가 느껴지는 사람들로 가득했다. 나는 저녁이 끝날 무렵에 조나단 스탬러Jonathan Stamler라는 과학자를 만났는데 그는 그 행사에 참여하려고 클리블랜드에서 날아왔다. 그는 내가 행운에 대한 조사를 하고 있다고 하자 곧장 대답했다.

"제가 연구실에서 일하는 사람이라 행운에 대해 잘 알고 있어요!"

스탬러 박사는 재미있고 똑똑했으며 나중에 안 사실이지만 세포에서 단백질 기능과 관련된 발견으로 세계적으로 유명한 사람이었다. 그는 최근에 노벨상을 받은 친구이자 동료인 사람에 대해 곧바로 말해주었다. 그는 행운이 과학에서 상당한 역할을 한다고 생각했다. 여기서 말하는 행운은 우연히 찾아오는 것과는 아주 다른 행운을 말한다.

"그 친구는 정말 훌륭한 과학자라 실력 있는 수많은 연구원이 그 친구의 연구실에서 일하고 싶어 해요. 그 친구는 지원자들을 인터뷰할 때 오래 이야기를 나눈 후 마지막으로 "당신은 운이 좋습니까?"라고 질문해요. 아니라고 답한 사람은 아무리 실력 있어도 고용되지 않아요." 스탬러 박사는 열띤 목소리로 말했다.

"그건 나폴레옹 이론인가요?" 나는 전해지는 이야기로, 이 위대한 황제가 전쟁을 벌일 때 "내겐 뛰어난 장군보다 운 좋은 장군이 있는 게 더 낫다"고 말한 것을 언급한 거였다.*

스탬러 박사는 미소를 지었다. "그것보단 좀 더 미묘해요. 연구를 할 때 내가 운이 좋을 거라고 믿는 것이 중요하거든요. 어떤 발견을 하든 창의력, 열린 마음, 의외의 것을 기꺼이 시도하려는 태도가 필요해요. 뭔가 획기적인 것을 발견할 수 있다는 긍정적 태도와 믿음이 필요하고요. 만일 스스로 운이 없다고 생각한다면 정말 그렇게 되기 마련이에요."

나는 이번에도 미소를 지었다. 최고의 과학자들이 연구실에서 행운을 얻기 위해선 올바른 관점을 지녀야 한다고 생각한다면 우리가 뭔가 중요한 결론에 도달할 것 같은 생각이 들었다.

그곳을 둘러보면서 그곳의 누구든 긍정적인 태도로 행운을 만들 수 있으리라는 생각이 들었다. 이를 증명이라도 하듯 빅토리아 제임스라는 젊은 여성이 와서 우리의 와인 잔을 채워주었다. 사람들은 젊은 외모에 상냥한 태도를 보이는 빅토리아를 그냥 직원 정도로 생각할 수도 있을 것 같았다.

"많은 사람이 저를 휴대품 보관소 안내원으로 착각해요." 그녀가 환하게 웃으며 말했다.

하지만 그녀는 음식 업계에서 아주 유명한 사람이었다. 그녀는 소믈리에(손님이 주문한 요리와 어울리는 와인을 손님에게 추천하는 일을 전문으로 하는 사람 - 역주) 자격증을 소지한 최연소 여성이었다. 로제 와인을 다룬 책도 썼으며 아주 유명한 음식점 몇 곳에서도 평

---

* 이러한 말의 몇 가지 형태가 나폴레옹이 한 말로 전해지지만 진짜 출처를 정확히 찾기가 쉽지 않다. 나는 그가 쓴 글에서 이런 글귀를 발견했다. '전쟁은 우발적인 일들로 이루어진다… 유리한 순간이 한 번 있는데 최고의 기술은 그 순간을 포착하는 것이다.' 나는 이 말이 마음에 들었다. 이 말은 우리가 지금까지 해 온, 기회를 파악한 후 행운이 발생하게 만들어야 한다는 말과 맞아 떨어지기 때문이다.

판이 자자했다. 겨우 20대 중반인 그녀는 세계를 여행하면서 와인을 맛보며 시간을 보내고 우리가 모인, 미쉐린 가이드(음식점에 별을 매겨 평가한 내용이 담긴 안내서 - 역주)에서 별을 받은 그 음식점에서 값비싼 와인을 사고파는 일을 감독했다.

"빅토리아 씨는 본인이 운 좋은 사람이라고 믿나요?" 나는 그녀가 우리의 대화에 합류했을 때 물었다.

"이 업계에서 일하려면 그렇다고 믿어야 해요!" 그녀는 웃으면서 한 때 비상계단 화분에서 피노 누아Pinot Noir 포도를 키우려고 시도했던 일을 시인했다. 그 모험은 성공하지 못했다. 하지만 자신을 믿으면 행운의 순환이 많은 방향에서 발생된다. 지금 그녀에겐 상을 수상한 캘리포니아 산 로제 와인을 만드는 남자 친구가 있다. 이 와인에 들어가는 포도는 진짜 토양에서 키운다.

와인 전문가가 된다는 것은 젠체하려는 심리가 담긴 포부처럼 느껴질 수 있고 우리 같은 현실적인 사람들에겐 행운의 삶으로 이어지는 길처럼 보이지 않는다. 하지만 빅토리아는 현명하고 실용적이며 상류 사회와는 거리가 멀어 보였다.

"전 열 세 살 때 종업원으로 처음 일해 봤어요." 그녀가 말했다.

빅토리아는 집 근처에 있는 한 식당을 발견했는데 그곳 주인은 미성년자가 일하는 것을 눈감아주었다. "그곳에선 여종업원들을 그냥 플로Flo라고 불렀어요." 그녀가 말했다.

빅토리아는 몇 년 후 대학 입학을 위해 돈이 필요하자 종업원보다 바텐더가 돈을 더 많이 번다는 사실을 알게 되었다. "하지만 전 와인이나 술에 대해 전혀 몰랐기 때문에 배우기로 결심했어요.” 빅토리아는 강좌를 듣고 그 분야의 친구들을 사귀며 끊임없이 공부하고 맛을 보았다. 그러면서 와인에 새로운 열정을 느꼈다. 당당한 중년 남성들이 그 분야를 독식하고 있다는 사실을 알게 된 그녀는 소믈리에 시험을 보기 전 2만 가지 내용을 기록한 플래시 카드를 만들었다.

빅토리아는 행운이 깃든 자신의 미래를 믿었다. 그리하여 시험에 합격하였다. 그녀는 와인 전문가들의 화려한 핵심 인사들에게 환영받지 못하더라도 괜찮다고 생각했다. 그녀는 결연했고 긍정적인 태도를 지녔다. 그렇게 자신의 행운을 만들었다.

빅토리아는 다시 자리를 떴다. 나는 스탬러 박사에게 재능이 결단력과 행운을 얻을 수 있다는 믿음과 결합될 때 얼마나 좋은 결실을 맺을 수 있는지에 대한 궁금증을 드러냈다.

“박사님은 친구 분처럼 노벨상을 타실 거라고 생각하세요?” 내가 이렇게 묻자 그는 놀란 표정을 지었다. 내가 도발적인 질문을 하긴 했지만 나중에 믿을만한 정보원을 통해 그가 노벨상 후보에 자주 오른다는 사실을 알게 되었다.

“상을 타기까진 많은 요소들이 필요해요.” 그가 말했다. 국제적 찬사를 받을만한 비약적 업적은 시작 단계일 뿐이었다. 학계에서 정치적인 행동을 하고 사람들을 자기편으로 만들 필요가 있었고 우선 자신을 충분히 믿어서 다른 사람들도 믿게 만들 필요도 있었다. 이른 아침에 스웨덴 한림원에서 수상 소식 전화를 받는 것은 항상 완전히 놀라운 일로 묘사된다. 하지만 그건 난데없이 발생하는 일이 아니다. 대부분의 수상자들은 행운이 찾아올 수 있도록 그동안 엄청난 노력을 기울인 사람들이다.

나는 로제 와인을 홀짝이며 과학자가 되고 싶든 소믈리에가 되고 싶든 아니면, 노벨상을 받고 싶든지 간에 "당신은 운 좋은 사람입니까?"라는 질문에 항상 그렇다고 대답할 수 있어야 한다는 점을 깨달았다. 행운이 깃든 삶의 첫 단계는 긍정적인 태도이기 때문이다. 이것은 신비적 힘이나 운명 예정론을 믿는다는 의미가 아니다. 스스로 자신의 행운을 만들 수 있다고 믿을수록 그렇게 할 가능성이 높아진다는 것을 의미할 뿐이다. 우리는 자신이 행운을 얻을 가치가 있다고 믿어야 행운이 깃드는 인생을 만들 수 있다.

며칠 후 바나비와 나는 행운이 깃드는 인생을 만드는 것이 무엇인가를 주제로 계속 대화를 나누었다. 그때 바나비는 자신이 아는 정신과 의사이자 교수로 수십 년 동안 행복한 삶의 요소를 통찰해 온 조지 베일런트George Vaillant 박사에 대한 이야기를 했다. 이러한 통찰은 이론적인 것이 아니었다. 베일런트 박사는 하버드에 다녔던 수백 명의 남자들을 그들이 대학 2학년인 1938년부터 사망할 때까지 추적했던 유명한 조사를 주도했다. 그 당시 이 대학에 남학생뿐이었다. 그는 이제까지 행해진 조사 가운데 가장 장

기간 진행된 이 조사에서 행복하고 건강한 삶의 요소를 들여다보았다.

"그 연구진은 본질적으로 행운이 깃든 삶의 요소를 발견하려고 한 것과 같아요. 베일런트는 항상 그 답이 명확하다고 내게 말했어요. 사람들은 지난날을 되돌아볼 때 자신을 행복하게 만든 것이 명성이나 부나 대단한 성과가 아니라 인간관계의 질이었다고 생각했어요."

이 조사는 75년 동안 이어졌고 현재도 진행 중이다.*

"베일런트는 이 조사의 결과를 네 단어로 정리할 수 있다고 말했어요."

"그게… 뭔가요?"

"행복은 사랑이다. 이상 끝."

나는 웃음을 터뜨렸다. "그런데 이건 남자들만 조사한 결과잖아요."

베일런트 박사는 50세에 형성된 행복한 인간관계는 80세가 되었을 때 콜레스테롤 같은 수치보다 더 정확한 건강 지표라는 사실을 발견했다. 여기서 말하는 인간관계란 온 마음과 꽃을 바치고 축하 카드를 보내는 그런 관계만 뜻하지 않는다(어떤 낭만적 관계에서도 언쟁과 난관은 발생하기 마련이다). 이 조사에서 만족스러운 인간

---

* 현재 베일런트 박사는 병마와 싸우고 있어서 새로운 책임자 로버트 월딩거Robert Waldinger가 이 조사를 이어받았다. 애초에 이 조사에 참여한 사람들의 자녀들 1,300명 정도가(여자 아이들도 포함된다.) 진행 중인 조사에 참여하기로 동의했다.

관계란 내가 상대방을 믿고 기댈 수 있는 관계인 것으로 드러났다. 낭만적 관계를 넘어선 인간관계는 중요했다. 조사 결과 친구를 만들고 사람들과 대화하고 상대방을 내편으로 만드는 능력은 장기적인 행복과 행운에 기여한 것으로 나타났다.

나는 집으로 돌아가 베일런트 박사가 그 조사에 대해 썼던 많은 논문과 책 가운데 일부를 읽어보았다. 그는 우리가 일반적으로 삶에서 행운의 지표라고 생각하는 사회적 계층, 부모의 성공, 종교 등 가운데 상당수가 큰 영향을 끼치지 못한다는 결론을 내렸다. 지성이나 정치 이념도 행복한 삶의 공식에 큰 역할을 하지 못한다고 판단했다. (가장 진보적인 사람들이 성생활을 가장 활발하게 한다고 밝혔으나 왜 그러한지 명확하게 설명하지는 않았다.) 그는 정말 중요한 것은 긍정적인 감정이라고 결론지었다. 사랑, 희망, 즐거움 같은 것은 단순히 좋은 감정이 아니라 행운이 깃드는 삶과 인간의 생존에 필수적 요소라고 강조했다.

'우리는 긍정적인 감정을 의식의 영역으로 끌어내야 하며 과학으로 이를 연구하는 것을 중시해야 한다.' 베일런트 박사는 이렇게 썼다.

수십 년에 걸친 조사 결과를 보면 스스로 운이 좋다고 느끼며 만족스러운 인생을 살려면 행복해야 한다는 점을 알 수 있다. 긍정적인 것을 추구해야 하며 이를 자연스럽게 공유해야 한다.

나는 이러한 부분에 대해 바나비에게 설명을 더 해주었다. 그러자 바나비는 자신의 신념이 자신의 행운과 운명을 결정한다는 개

넘은 종교적, 철학적인 뿌리가 깊다고 지적했다. 바나비는 자선 활동을 하면서 넬슨 만델라, 달라이 라마, 최고의 랍비 조나단 색스, 릭 워렌 목사, 데스몬드 투투 대주교 같은 중요한 종교 지도자와 사회적 지도자를 만나고 함께 여행하는 특별한 기회를 얻었다. "그분들은 우리가 사건들을 각자의 시각으로 걸러서 바라본다는 점을 각자의 표현 방식으로 내게 말해주었어요. 누구나 세상을 인식하는 각자의 틀이 있는 것이죠. 그런데 특정한 시각을 지닌 사람들은 다른 사람들에 비해 더 성공하는 경향이 있어요."

우리는 우리의 사고를 그러니까, 머릿속에 있는 관점의 틀을 바꿀 때 개인적으로나 세계적 수준에서나 행운을 만들 수 있다. 가령, 마하트마 간디Mahatma Gandhi는 백 년 전에 폭력이 아닌 비폭력 시위로 탄압에 반대했다. 간디는 우리의 관점과 태도가 우리 자신과 타인을 위한 미래를 만든다고 믿었다.

"간디는 우리의 생각이 행동이 되고, 행동은 습관이 되며, 습관은 운명이 된다고 믿었어요. 그러니 자신이 처음에 품은 신념은 자신이 창조하는 운명으로 고스란히 연결되는 거죠." 바나비가 말했다.

나는 고개를 끄덕였다. 바나비가 간디를 언급하는 소리를 들으니 기분이 좋았다. 몇 개월 전에 간디의 손자 아룬 간디와 한 프로젝트를 진행했기 때문이다. 이제 80대인 아룬 간디는 10대 시절 아시람(힌두교도들의 수행자의 마을 – 역주)에서 할아버지와 함께 살 때 배웠던 사랑과 희망의 메시지를 전파하는 데 헌신하고 있다. 아룬은 그 당시 할아버지가 "너는 네가 세상에서 보고 싶은 변화의 중심이 되어야 한다"라고 했던 말을 굳게 믿고 있다. 우리는 어떤 상황에 처하더라도 희망과 기대를 품고 살면서 자신과 타인을 위한 행운을 만들어야 한다. 또한, 자신이 원하는 밝은 미래를 선택하여 그것이 이미 이루어진 듯 살아가야 한다.

긍정적인 태도에는 많은 측면이 있다. 자신의 밝은 미래를 믿는다는 것은 일상에 매일 햇살이 내리쬔다는 것을 의미하지 않는다. 이는 포괄적인 시각을 지닌다는 것을 의미한다. 간디는 오랫동안 감옥생활을 했지만 더 나은 미래를 만들 수 있다는 열정과 신념으로 이 시기를 좋은 결실로 바꾸었다.

바나비는 부정적인 시각을 지닌 사람들은 경계하고 의심하기 때문에 때로는 나쁜 일이 발생되는 것을 막기도 한다는 점을 지적했다. "하지만 이 세상에선 나쁜 운을 단순히 피하는 것만으론 충분하지 않아요. 행운을 만들고 앞으로 나갈 희망적인 방법을 찾기 위해 긍정성이 필요해요." 그가 말했다.

🍀

나는 20대 초반에 재치 있고 똑똑하며 엄청 근면한 톰이라는 남자를 만났다. 그는 일찍이 성공을 거두었고 계속 성공 가도를 달릴 것처럼 보였다. 나보다 몇 살 더 많았던 그는 시작부터 잘못되었던 결혼 생활을 끝내는 중이었고 메릴랜드 교외의 저택을 떠나 맨해튼의 원룸형 아파트로 옮겼다. 어느 날 저녁, 내가 방문했을 때 그는 침대 가장 자리에 걸터앉아 교외에 있던 집의 벽장 하나가 현재 아파트보다 조금 더 컸다고 말했다.

"하지만 이 공간 말곤 정말 필요한 게 없어. 왜 필요하겠어? 그 큰 벽장과 큰 집이 날 행복하게 해주지 못했는데. 여기엔 내가 원하는 모든 게 있어. 너무 다행이라는 기분이 들어." 그가 말했다.

나는 그 말을 들은 순간 약간 어리둥절했다. 톰은 내가 아는 사람들 가운데 의욕이 가장 넘치는 사람이었기에 원룸형 아파트 그 이상의 것을 원해야 마땅했다. 하지만 주위를 둘러보며 만족감을 드러내는 그가 편안하고 진지해 보였다. 그제야 나는 그에게서 묻어나는 진실함을 이해했다. 그건 행운이 깃드는 삶을 만드는 비밀 같은 거였다. 톰은 끈기와 포부와 창의적 에너지가 넘치는 사람이었다. 하지만 그는 누구나 실수를 저지르며 불의의 운명에 처할 수 있다는 사실을 은연중에 이해했고 이러한 현실 때문에 긍정적 태도를 잃지 않으려 했다. 자신이 무엇을 소유했든 무엇을 성취했든 늘 긍정적인 면을 찾았다.

무엇보다, 어떤 상황에서도 긍정적인 면을 발견하는 능력이 행운이 깃드는 삶을 만드는 요소일 수 있다.

톰과 나는 몇 년 동안 친한 친구로 지냈다. 그는 주요 투자 은행의 임원이 되었을 때 내게 소식을 알려왔다. 어느 날, 나는 그가 일하는 건물의 경영진 근무 층에 있는 그의 개인 식당에서 함께 점심 식사를 했다. 우리가 앉은 테이블에서 자유의 여신상과 함께 광활한 강 풍경이 내려다보였다. 온 세상이 글자 그대로도, 비유적으로도 그의 발밑에 있었다.

"선배는 항상 좋은 것을 찾아내는 능력이 있는데 이젠 그걸 찾으려 너무 애쓰지 않아도 되겠네." 나는 창문 쪽을 가리키며 말했다.

그는 어깨를 살짝 으쓱이더니 말했다. "삶에선 좋은 일도 나쁜 일도 일어나기 마련인데 그런 일에 너무 좌지우지되면 안 되지." 그는 '주위 모든 사람이 이성을 잃고 너를 비난하더라도 침착할 수 있다면'이라는 시구가 나오는 러디어드 키플링Rudyard Kipling 의 시에 항상 고무되었다고 말했다.

나는 그가 좋아하는 시구를 몇 해 동안 여러 번 언급했던 터라 고개를 주억거렸다. "만일 네가 성공과 실패를 만나게 되더라도 이 두 협잡꾼들을 같은 것으로 여길 수 있다면." 나는 그 시의 다른 시구를 읊조렸다.

톰은 놀란 표정을 짓더니 웃음을 터뜨렸다. "내가 한동안 그렇게 말했던 것 같은데. 어쨌든 성공과 실패를 같은 것으로 여기는 건 아주 중요해. 삶에서 행운을 만들기 위해 최선을 다해야 하지만 어떤 일이 발생하더라도 내가 통제할 수 있는 건 내 태도뿐이거든."

톰의 이론을 시험이라도 하듯 아주 잘나가던 그의 투자 은행이 몇 년 후 파산했다.* 그는 엄청난 충격을 받았다. 그는 다음에 무엇을 해야 할지 알지 못했고 황야를 헤매고 있는 기분을 느꼈다. 하

---

* 톰은 리먼 브라더스의 고위 간부였다. 2008년에 미국 정부는 금융 기관들에 구제 금융을 해주었으나 리먼 브라더스는 몰락하게 놔두었다. 이에 대한 이유는 명확하게 밝혀지지 않았다. 많은 사람이 리먼 브라더스의 파산이 세계적인 경제 위기로 이어졌다고 생각한다.

지만 결국 다른 주요 금융 기관의 고위직에 다시 자리를 잡았다. 나는 어느 날 그가 일하는 곳에서 함께 식사를 했다. 그의 새로운 개인 식당에서 내려다보이는 경치는 더 장관이었다.

"자리를 잘 잡았네." 나는 유니폼을 입은 웨이터가 식당을 드나들 때 말했다.

톰은 항상 그렇듯 현실적이었다. "내가 성공과 실패를 같은 것으로 본다는 건 이미 잘 알 텐데." 그가 미소를 지으며 말했다.

톰은 내게 훌륭한 교훈을 깨닫게 해주었다. 어떤 일이 발생하든지 간에 내 인생을 운이 좋다고 보는지 나쁘다고 보는지 나 스스로 결정해야 한다는 점을. 저 높은 곳에서 멋진 식사를 하든 지상의 원룸에서 지내든 그의 철학은 똑같았다. 그는 자신의 포부에 집중하며 긍정적인 태도를 계속 키웠고 자신이 가는 길에 어떤 새로운 난관이 닥쳐도 이를 받아들였다.

나는 출장을 신속히 가야 해서 공항으로 가는 택시에 올라탔다. 평소에 나는 여유 시간이 있을 때 휴대폰을 들여다본다. 하지만 그동안 행운에 대해 많은 생각을 하고 나를 에워싼 세상에 주목해 온 나는 휴대폰을 들여다보지 않고 창밖을 내다보기로 했다.

아침 일곱 시의 도로는 한산했고 택시는 빠르게 달렸다. 아침 공기가 쌀쌀하고 파란 하늘이 짙은 회색 구름에 대부분 가리어져 있었다. 하지만 계속 물끄러미 쳐다보고 있노라니 구름에 가리어진 해의 후광이 하늘의 한 부분을 환하게 밝히었다. 마치 초기 르네상스 시대의 그림에 등장하는 신성한 존재의 형상 같았다. 잠시 후 해가 구름 속에서 완전히 솟아나오면서 수면에 빛이 반사되어 우리가 지나가던 좁다란 강물이 반짝반짝 빛났다. 사방에서 빛이 일렁거렸다. 숨이 막힐 듯 아름다운 광경이었다. 그러다 잠시 후 구름이 다시 드리워지며 그 광경이 가뭇없이 사라졌다.

차를 타고 계속 가고 있으니 평소에 시끄럽고 드세던 뉴욕시가 조용하고 유약하게 느껴졌다. 북적대는 사람들과 차량이 없으니 도시가 연약하게 보이면서 여러 다리와 건물이 아이의 장난감보다 견고하지 않은 듯한 기분마저 들었다. 반짝이는 빛의 향연을 본 것은 행운이었다. 내 눈으로 보았기 때문에 행운이었다. 하지만 나는 우연히 발생한 일로 나의 하루가 바뀔 수 있다는 걸 알았다. 하늘에서 유성이 떨어질 수도 있고 튼튼하지 못한 다리가 무너질 수도 있다. 우리가 아주 정성들여 꾸려온 인생이 실은 모래와 이긴 흙 위에 세워진 것이라는 사실이 드러날 수도 있다. 무작위적 상황에 대해 내가 할 수 있는 일은 없다. 다만 그것에 대비만 할 수 있을 뿐.

나는 계속 창밖을 보며 우리가 삶의 모든 것을 통제하지 못하지만 우리가 생각하는 것 이상으로 통제할 수 있다는 점을 깨달았다. 우리는 우리의 기회와 시각과 전반적인 인생길을 선택할 수 있다. 결국, 우리가 사랑하는 사람들과 우리가 그들과 함께 공유한 경험들이 없다면 인생에 무엇이 남을까? 우리는 우리 자신과 타인을 위해 발견한 즐거움을 통해 행운의 삶을 만들어간다. 성공과 실패를 똑같이 대하는 법을 배우면 어떤 상황에서도 행운을 만들 수 있다.

행운은 어떤 순간의 일이 아니라 우리가 평생 만들어가는 것이다. 나는 수면에 햇빛을 만들어놓지 않았지만 스스로 시선을 돌려 그 광경을 음미했다. 우리는 그러한 햇빛의 또 다른 광경들을 계속 발견할 수 있다. 그렇게 할 때마다 우리는 우리 자신의 행운을 만들고 있는 것이다.

🌸 감사의 말

바나비와 나는 이 글을 쓰면서 행운을 얻으려면 다른 사람들의 도움이 얼마나 많이 필요한지 알게 되었다. 우리는 훌륭한 저작권 대리인이자 친구이고 조언자이며 격려자이기도 한 앨리스 마텔에게 크나큰 감사를 전한다. 질 슈왈츠먼은 모든 작가가 원하는 편집자다. 똑똑하고 통찰력 있으며 각 장을 처음보다 더 매끄럽게 만드는 능력이 있다. 리자 캐시티, 엘리나 베이스베인, 캐리 스웨토닉, 이반 헬드, 크리스틴 볼, 존 파슬리 등 더튼의 팀원들에게 우리의 마음 깊이 감사를 전한다. 세부 계획을 세우는 데 도움을 준 마를렌 라이언과, 행운을 만드는 것에 대해 알아가며 우리가 느낀 흥분을 공유해준 모든 친구에게도 감사를 전한다.

이 책을 쓰기 위해 조사를 하는 과정은 굉장히 즐거웠다. 우리는 수많은 사람을 인터뷰하고 다양한 영역의 전문가들과 대화를 나누었으며 만나는 모든 사람에게 무엇인가를 배웠다. 그 모든 분께 감사를 드린다. 이 책에 그 분들의 이야기를 많이 담아내었기에 독자 분들은 그 이름들을 이미 알고 있을 것이다. 하지만 시간을 내주고 열린 마음을 보여준 마틴 셀리그만, 수잔 그린필드, 댄 애리얼리, 폴 잭, 헬렌 피셔, 아리아나 허핑턴, 레오나르드 플로디노프, 조쉬 그로반, 쉐리 랜싱, 더글라스 윅, 헨리 자레키, 밥 맨코프, 디팩 초프라에게 특별히 감사를 드린다.

많은 분이 지혜를 공유해주었다. 비록 그 분들의 생각을 이 책에 명확하게 언급하지 못했지만 그분들은 우리의 사고 과정에 엄청난 도움이 되어 주었다. 크리스타 티페트, 스티브 마리오티, 하워드 가드너, 빌 드레이튼, 마크 거슨, 댄 골드스타인, 마이클 모부신, 세스 고딘, 스티븐 코슬린, 스탠리 골드스타인, 로버트 프랭크, 톰 스콧, 피나 템플턴, 모니카 셀레스, 존 스컬리, 앤디 아루룩, 폴 어빙, 릭 반 펠트, 핀-인, 린 플린, 샬롯 리, 이사야 카시브스키, 안젤라 덕워스, 마티 마커스, 게일 마커스, 패티 니거, 렙 레벨, 에이미 레벨에게 우리의 마음을 담아 감사를 드린다.

바나비는 오랫동안 행운과 모험에 대한 생각을 발전시켜왔고 위대한 사상가들과 나눈 대화를 통해 사고를 다듬어왔다. 바로, 언스트 마이어, 조나단 색스, 마틴 노윅, 존 크렙스, 리처드 도킨스, 존 카시오포, 제프 엡스타인, 하워드 누스바움, 피어트 헛, 데이비드 크라카우어, 존 보겔, 존 템플턴, 리온 쿠퍼맨, 프리먼 다이슨, 매튜 비숍, 존 브록만, 조이 이토, 네드 펠프스, 린다 스톤, 이제혁, 주데아 펄, 마이클 셔머, 놀란 부슈널 등이다. 그들의 생각과 그들이 준 영감이 없었더라면 그 여정의 결과가 달라졌을 것이다.

바나비와 나는 일하고 생각하며 노트북 컴퓨터와 함께 많은 시간을 보냈다. 하지만 하루의 막바지에는 노트북에서 고개를 들고 사랑하는 가족과 함께 보내는 것이 우리에겐 가장 중요한 일이다. 배우자와 자녀들에게 깊은 포옹을 하고 고마움을 느끼는 시간이다. 바나비와 나는 사랑의 측면에서 운이 좋다는 것이 무엇을 의미하는지 알고 있다.

HOW
LUCK
HAPPENS

HOW
LUCK
HAPPENS